Gabriele Kieser
Christus im Armen

Studien zur systematischen und spirituellen Theologie

18

Herausgegeben von
Gisbert Greshake, Medard Kehl
und Werner Löser

Gabriele Kieser

Christus im Armen

Zur Bedeutung der Armut und des Armen bei Léon Bloy

echter

Die Deutsche Bibliothek – CIP-Einheitsaufnahme

Kieser, Gabriele:
Christus im Armen: Zur Bedeutung der Armut und des Armen
bei Léon Bloy / Gabriele Kieser. – Würzburg : Echter, 1996
(Studien zur systematischen und spirituellen Theologie ; 18)
Zugl.: Freiburg (Br.), Univ., Diss., 1995
ISBN 3-429-01829-3
NE: GT

Umschlag: Ernst Loew
Druck und Bindung: Echter Würzburg
Fränkische Gesellschaftsdruckerei und Verlag GmbH
ISBN 3-429-01829-3

Vorwort

Die vorliegende Arbeit wurde im Sommersemester 1995 von der Theologischen Fakultät der Albert-Ludwigs-Universität, Freiburg im Breisgau, als Dissertation angenommen und kann nun zum 150. Geburtstag Léon Bloys in diesem Jahr erscheinen.
Danken möchte ich allen, die zu ihrem Entstehen beigetragen haben: zuerst Herrn Prof. Dr. Gisbert Greshake, der mich auf Léon Bloy gestoßen hat und mit großem Interesse den Fortgang der Arbeit begleitete.
Herrn Prof. Dr. Peter Walter danke ich für das Erstellen des Zweitgutachtens, den Herausgebern der »Studien zur Systematischen und Spirituellen Theologie« für die Aufnahme in diese Reihe sowie den Bistümern Würzburg und Freiburg für ihre Zuschüsse zur Drucklegung.
Sodann gilt mein Dank Sr. Ignatia Kretz (OSB), die mir als erste half, einen Zugang zu der mir völlig fremden französischen Welt um die Jahrhundertwende zu finden, und die mir in treuer Verbundenheit durch Höhen und Tiefen beistand.
Eberhard Pfister danke ich für die Hilfe am Computer, Dr. Eva-Maria Faber für das Lesen der Korrektur. Joachim, Sanni, Josef und Walter haben mir wie selbstverständlich ihre materielle Hilfe, wann immer ich sie brauchte, zuteil werden lassen.
Die Arbeit ist in einer für mich schweren und dunklen Phase entstanden. Daß ich an den erlebten Enttäuschungen nicht ganz verzweifelt bin, verdanke ich Dir, Ines. Dankbar für unsere Freundschaft widme ich Dir diese Seiten.

Freiburg im Breisgau, im Mai 1996 *Gabriele Kieser*

Inhaltsverzeichnis

Einleitung

1. Der »Renouveau Catholique«

Léon Bloy ist einer der Hauptvertreter des »Renouveau Catholique«. Diese Bewegung stellt keine einheitliche geistige Bewegung dar, es handelt sich vielmehr um einen am Ende des 19. und Beginn des 20. Jahrhunderts sich ereignenden Aufbruch, der vor allem in der Literatur Frankreichs tiefe Spuren hinterläßt (neben Léon Bloy sind Paul Claudel, Joris-Karl Huysmans, Charles Péguy nur einige der wichtigsten Vertreter). Dabei stoßen wir auf keine homogene, gemeinsam aufbrechende Gruppe, sondern es begegnen uns sehr unterschiedliche Geister, die eine radikale Rückwendung zu den Werten der katholischen Kirche verbindet.[1]

Der Höhepunkt des Materialismus und Positivismus im 19. Jahrhundert forderte diese starke Reaktion heraus. Fast alle Vertreter des »Renouveau Catholique« sind Konvertiten, die ihre Begegnung mit dem Katholischen als entscheidenden Umbruch erfahren hatten. Diese Erfahrung gibt ihnen zum einen die starke Überzeugungskraft, die in ihrem Umkreis viele weitere Konversionen hervorruft, zum anderen einen ausgeprägten Rigorismus, der in Extremen denkt und die Masse der Gläubigen und Kirchenführer abschreckt, so wie sie ihrerseits abgeschreckt sind von der Lauheit der Masse und ihrer Führer. Unerträglicher noch als diese Lauheit ist der im 19. Jahrhundert weit verbreitete religiöse Sentimentalismus. In Notre-Dame de Paris hatten Lacordaire und andere Priester zwischen 1835 und 1851 eine Reihe von Gebetsvereinigungen gegründet und unzählige religiöse Schriften verfaßt, die allgegenwärtig die Frömmigkeit der meisten bestimmten, eine Frömmigkeit, die für die Vertreter des »Renouveau Catholique« aus nichts anderem als aus einer Ansammlung von Gefühlskitsch bestand. Dieser Süßlichkeit - auch und gerade der gängigen Herz-Jesu-Verehrung - treten sie mit einem unsentimentalen, Nachfolge des Gekreuzigten fordenden Christentum entgegen. Sie leiden an der Entstellung ihres Glaubens an Jesus Christus. Drastisch formuliert Bloy:

---

1 Vgl. Jürgen Grimm (Hrsg.), Französische Literaturgeschichte, Stuttgart 1991, 279.

»Seine Priester und Seine Gläubigen, eifernd hingegeben dem stinkenden Götzen, der aus ihrem Herzen auf seinen Altar steigt, haben ihn mit so vernichtender Lächerlichkeit verunglimpft, sagen wir nicht der Anbetung, sondern der allerembryonalsten religiösen Zärtlichkeitsanwandlung, so daß zu dieser Stunde das Wunder der Wunder wäre, Ihm einen Kult wiederzuerwecken.«[2]

Der »Renouveau Catholique« ist geprägt von einem starken Antirationalismus. Dem rationalistischen Irrweg der Sorbonne entgegengesetzt, gründet der Glaube allein auf der göttlichen Offenbarung und der Tradition. Mystische Elemente und Visionen spielen eine große Rolle. Man muß sich dem Unverständlichen anheimgeben, dann und nur dann wird man auch von seiner Wahrheit durchdrungen werden. Ein solcher Glaube wird immer eine Angelegenheit weniger sein, etwas anderes wird nicht erwartet oder angestrebt. Es herrscht eine gewisse »Ghetto-Mentalität« vor. Erst die »zweite Generation« (z.B. Jacques Maritain) wird über diese Grenzen hinaus das Erkannte weitergeben wollen und auch der Vernunft wieder den ihr gebührenden Rang zuweisen. Hatte an der Sorbonne bei der Jahrhundertwende noch die Meinung geherrscht, man könne unmöglich »intelligent *und* katholisch« sein, so entwickelt sich bald eine katholische Intelligenz, die das intellektuelle Milieu Frankreichs in der ersten Hälfte des 20. Jahrhunderts wesentlich mitbestimmte.[3]

2. Léon Bloy und die Theologie

Mit keinem Schriftsteller unserer Zeit sei es ihm so kurios ergangen wie mit Léon Bloy, bekennt Karl Pfleger.[4] Neugierig geworden durch einen Bekannten, der »nach Léon Bloy keine anderen französischen Bücher mehr vertragen« konnte[5], fing er an, auf die Suche nach Bloys Büchern zu gehen.

»Wenn einer mehr als dreißig Bücher geschrieben hat, kann man nicht alles von ihm lesen. Aber die Hälfte seiner Bücher habe ich ungefähr

---

2 Verzw 221f.

3 Vgl. zu diesen Ausführungen: Richard Griffiths, Révolution à rebours, Paris 1971, 16-18.

4 Vgl. Karl Pfleger, Geister, die um Christus ringen, Heidelberg 1946, 79.

5 Vgl. ebd.

gelesen, eines nach dem anderen, zuerst mit Verwunderung, dann mit innigster Anteilnahme und Ergriffenheit, dann erschüttert und aufgerüttelt in meinem ganzen seelischen Zustand und mit dem Gefühl eines Blinden, dem nach langer Nacht plötzlich die Augen aufgehen und der die Welt zum ersten Mal in ihrem wahren Lichte sieht und sich anschickt, ein neues Leben anzufangen, - um schließlich, nachdem ich ein Jahr von ihm beherrscht und fast tyrannisiert war, ihm den Abschied für immer zu geben mit der kühlen, feindseligen Erwägung, daß sein 'absoluter' Katholizismus jedenfalls nicht für mich und meinesgleichen bestimmt sei.«[6]

Erst Jahre später fand Karl Pfleger den Weg zurück zu Bloy, reifer geworden dem großen Dichter die Mängel verzeihend, die ihm in der flammenden Begeisterung des Anfangs unerträglich waren.[7]
Karl Pfleger ist nur ein Beispiel dafür, wie sehr Bloy Menschen in seinen Bann zieht, sei es, daß sie ihn hoch verehren, sei es, daß sie ihn verachten. Und viele werden wohl Phasen der Verehrung und der Verachtung Bloys in ihrem Leben kennen. Man kann sich mit ihm nicht einfach unparteilich auseinandersetzen, Bloy fordert zur Entscheidung, die weit über eine intellektuelle Zustimmung oder Ablehnung hinausreicht, und er provoziert zum Widerspruch.[8]
Es ist von daher kein leichtes Unterfangen, die Schriften Bloys als Gegenstand einer Doktorarbeit zu nehmen. Ich habe in der Zeit meiner Beschäftigung mit Bloy beide verstehen gelernt: die von ihm Begeisterten und die von ihm Angewiderten. Oft schüttelte es mich vor Ekel, oft quälte ich mich gelangweilt durch endlos scheinende Bücher, und vieles blieb mir verschlossen. Manches mußte ich wieder und wieder lesen, bis ich ahnen konnte, was gemeint ist, bis ich Zusammenhänge entziffern konnte, bis ich nicht mehr durch den verwirrenden Vordergrund provoziert und abgelenkt wurde. Bloy strapaziert die Geduld.

---

6 Ebd.

7 Vgl. ebd. 82ff.

8 Dies gilt bis heute, wie die empörte Reaktion auf die 1995 erschienene italienische Übersetzung von *Le Salut par les Juifs* zeigt, die Jan Roß in der FAZ folgendermaßen kommentiert: »Seinen vorerst letzten Skandal hat Léon Bloy im vergangenen Jahr ausgelöst.« Interessant ist auch, wie Roß seinen Artikel beendet: Auf Bloys Verwandtschaft mit den Kirchenvätern anspielend, zeigt er zuerst die darin liegende Problematik, schließt aber dann: »Dort wie hier bleibt ein unauflöslicher Rest an Heiligkeit«: Jan Roß, Gekreuzigtes Geld, in: FAZ 86, 11. April 1995, L 29.

Und wer nicht bereit ist, sich von ihm strapazieren zu lassen, der wird nie etwas von ihm lernen.
Bloy ist Schriftsteller, kein Theologe. Warum aber dann doch eine Doktorarbeit über seine »Theologie«, über das, was ihm zum Thema »Christus im Armen« ein-fällt[9]? Es ist in den letzten Jahren viel über dieses Thema der Theologie diskutiert worden. Und vielleicht kann es gerade da einmal heilsam sein, aus dem »Binnenmarkt der Theologie« auszusteigen und auf einen zu hören, der Theologische Fakultäten eher belächelte, der aber das Thema Armut mit seinem ganzen Leben ausfüllte und einer der großen Zeugen dieses »Jesus Christus im Armen« war. Wenn wir uns auf seine - manchmal auf den ersten Blick eher obskur anmutenden - Gedanken einlassen, könnte es sein, daß wir durch ihn Sachverhalte sehen werden, an denen wir, ohne es zu bemerken, immer nur vorbeigeschaut haben. So gesehen ist Bloy auch etwas für Theologinnen und Theologen, obwohl er primär »für die vor dem Abgrund taumelnden untergehenden Seelen« schreibt, die in der Theologie eher selten geworden sind. Bei Jacques Maritain lesen wir:

> »Ich verstehe sehr gut, daß für Gemüter, denen das Taumeln vor dem Abgrund, vor dem Abgrund nach oben wie vor dem nach unten, glücklicherweise erspart blieb, der Fall Bloy ein recht dunkles Rätsel ist. Aber ich kann es nur immer wieder sagen, für untergehende Seelen, die die Schönheit in der Verfinsterung suchen, wäre eine ruhigere Art, die Grundlehren des Christentums zu verteidigen, wirkungslos. Die reine Theologie würde nicht mehr auf sie wirken, denn ihre Vernunft ist durch den Irrtum zu schlaff geworden; sie bilden sich ein, daß der Gehorsam des Glaubens unvereinbar sei mit den Kühnheiten des Verstandes oder mit dem Spiel und der Freiheit der Kunst und der Schönheit; schließlich schreckt sie die Mittelmäßigkeit sehr vieler Christen ab. Wenn Bloy seinen Ekel über jede Lauheit hinausschreit, wenn er seinen Durst nach dem Unbedingten von den Dächern herabruft, wenn er den Glanz des Glaubens sehen und berühren läßt, flößt er diesen Hungrigen die Vorahnung der Herrlichkeit Gottes ein. Aber das alles hätte keine endgültige Wirkung ohne das Geheimnis dieses großartigen Bettlers und zornigen Rufers, ich meine ohne seine uneigennützige Liebe: seine

---

[9] »Einfällt« ist ein bewußt so gewählter Ausdruck, da Bloy sich immer als »Sprachrohr Gottes« versteht, so daß durch ihn Gott buchstäblich ein-fällt; es geht ihm - zumindest ist er selbst der Überzeugung - nie um Eigenes.

Liebe zu Gott und zu den Menschen ist es, die alles mit sich fortreißt.«[10]

Léon Bloy ist umstritten, zumal unter den Theologen, sofern sie ihn überhaupt kennen. Die Schwierigkeiten fangen da an, wo »man versucht, die poetische Sprache durch eine rationale zu ersetzen, seine Werke wie eine Seite der Philosophie oder der Theologie zu lesen«, kommentiert Jacques Petit.[11] Viele haben sich zu dieser Fehleinschätzung verleiten lassen und wandten sich kopfschüttelnd von Bloy ab.[12] Dem aber geht es nicht um wissenschaftliche Diskurse, »sondern einfach darum, das Mysterium zu bestätigen, die Gegenwart des Mysteriums, zum Ärgernis der Dummköpfe oder der pedantischen Theologen, die behaupten, es sei doch alles ganz klar«[13]. »Der Künstler gelangt zum Ziel, wo der Philosoph scheiterte«, sagt Stanislaus Fumet.[14] Und Jacques Maritain: »Die mystische Sprache nimmt sich vor allem zum Ziel, die Wirklichkeit erahnen zu lassen, als ob man sie berühre, ohne sie auszusprechen, während die philosophische Sprache sich befleißigt, sie auszusprechen, ohne sie zu berühren.«[15] Bloy benutzt die Sprache in einem anderen Sinn, als wir sie normalerweise in der Theologie benutzen, erklärt Jacques Maritain:

> Er gebraucht »die menschliche Sprache nicht, wie es die Metaphysiker und die Theologen in ihren Formulierungen tun, zu dem Versuch, das, was wir von der übersinnlichen Wirklichkeit wissen können, in der unvollkommenen Weise unserer Begriffe auszudrücken, sondern im

---

10 Jacques Maritain, Vorwort zu: Léon Bloy, Der beständige Zeuge Gottes, Salzburg 1953, 18.

11 Vgl. Jacques Petit, Léon Bloy, Paris 1966, 74.

12 Man kann dann leicht zu einem Urteil kommen, das Karl-Heinz Menke bezüglich der Stellvertretung so faßt: »Bloys Sprache, die ständig Vokabeln des Strafrechts und des Handels verwendet (rechnen, berechnen, ausgleichen, aufwiegen), verrät, daß die 'eigentliche Stellvertretung' der nicht berechnenden Liebe Christi aus dem Blick gerät«, worauf Menke sich Huysmans (!) zuwendet. Siehe dazu: Karl-Heinz Menke, Stellvertretung, Freiburg 1991, 421f.

13 Jud 398.

14 Stanislaus Fumet, Mission de Léon Bloy, Paris 1935, 335.

15 Jacques Maritain, a.a.O. 20. An anderer Stelle fügt er hinzu: »Combien de malentendus on éviterait si l'on distinguait comme il faut ces deux registres«: Cahier de l'Herne. Léon Bloy, Paris 1988, 443.

Gegenteil zu dem Versuch, das zu beschwören, was in dieser Wirklichkeit die Enge unserer Begriffe überflutet und uns unbekannt bleibt«[16].

Er selbst sagt, es bliebe ihm nichts übrig, als »paradoxal et déconcertant« zu schreiben.[17]
Das tut Bloy nicht aus einer bloßen Laune heraus, sondern in prophetischer Absicht, um die Schlafenden aufzuwecken[18] »zur Buße oder zum Entsetzen«[19]. Bloy geht dabei zuweilen recht unsanft vor und begründet dies:

»Es ist leicht, die Seelen zu entnerven dadurch, daß man sie einzig lehrt, die Brüder zu lieben, unter Nichtachtung aller anderen Weisungen, die man ihnen vorenthält. Derart ergibt sich eine weichliche und klebrige Religion, die in ihrer Auswirkung noch bedrohlicher ist als selbst der Nihilismus. Das Evangelium aber kennt schreckliche Drohungen und Schlußfolgerungen. An zwanzig verschiedenen Stellen trifft das Anathema Jesu nicht Dinge, sondern Menschen, deren Unwesen er mit erschreckender Deutlichkeit aufzeigt. Darum gibt er doch sein Leben für alle hin, aber nachdem er uns die Weisung hinterließ, auf den Dächern zu reden, wie er selbst geredet hat. Er ist das einzige Vorbild, und Christen können nichts Besseres tun, als seinem Beispiel folgen. Was wäre von der Nächstenliebe eines Menschen zu halten, der seine Brüder vergiften ließe aus Besorgnis, dem Ruf des Giftmischers zu schaden, wenn er sie warnte? Ich aber sage, daß die wahre Barmherzigkeit darin besteht, laut zu rufen, und daß die wahre Liebe unerbittlich sein muß.«[20]

Die Unerbittlichkeit hat ihren Grund darin, daß noch Zeit ist, höchste Zeit vielleicht. »Ich wende mich nicht an Leichen, sondern an lebende

---

16 Ebd. 19f.

17 Vgl. J III, 130.

18 Vgl. den großartigen Text in *Die arme Frau*, 355, wo Bloy uns Gedanken eines Priesters vorlegt, die er seiner langweiligen Predigt zum Trotz hat: »Ach, Herr, ich bin ein schlechter Priester. Du hast mir die schlafende Herde anvertraut, und ich kann sie nicht aufwecken. Sie ist so widerlich, so stinkend und so grauenhaft in ihrem Schlaf! Und siehe, auch ich schlafe ein, weil ich sie immer schlafen sehe …«

19 Vgl. Blut 293.

20 Verzw 269.

Menschen«, schreibt Bloy[21], das heißt an Menschen, die noch umkehren können.

Um diese Umkehr zu beschleunigen, ist das Übertreiben bei Bloy ein fast durchgängiges Stilmittel[22], das manchmal ans Absurde grenzt. »Man sieht das Böse dieser Welt nur richtig, wenn man es übertreibt«, schreibt er in seinem Tagebuch.[23] Wir werden das in Erinnerung behalten müssen, um später nicht vorschnell eine Idee abzutun, weil sie auf den ersten Blick absurd, übertrieben, brutal oder vermessen erscheint.

Um mit Stanislaus Fumet zu schließen: »Es gibt eine unabweisliche Wahrheit in der Tiefe der Intuition Bloys, und nur indem er sie formuliert, riskiert die ihm eigene Glut sie zu verfälschen.«[24] Es wird also unsere Aufgabe sein, durch die jeweilige Formulierung hindurch auf das Eigentliche und Gültige zu stoßen.

3. Arme und Armut bei Bloy

> »'Ihr werdet allezeit Arme bei euch haben.' Seit diesem unergründlichen Wort hat kein Mensch jemals sagen können, was die Armut eigentlich ist. Die Heiligen, die sie liebend umarmt und ihr viele Kinder gezeugt haben, behaupten, daß sie unendlich liebenswert sei. Wer mit dieser Gefährtin nichts zu tun haben will, stirbt zuweilen vor Entsetzen oder Verzweiflung unter ihrem Kuß, und die Menge des Volkes wandert 'vom Mutterleib zum Grabe', ohne sich etwas unter diesem Ungeheuer vorzustellen. Wenn man Gott fragt, so antwortet er, daß Er Selbst Der Arme ist: *Ego sum pauper.* Wenn man ihn nicht fragt, entfaltet er seine Majestät.«[25]

Bloy verwendet das Wort »der Arme« bzw. »Armut« in einer Vielzahl von Bedeutungen, unsystematisch, manchmal widersprüchlich. Die

---

21 Léon Bloy, Lettres aux Montchal, Paris 1959, 273.

22 Stanislaus Fumet schreibt: »Le fait est que Léon Bloy ne sait pas s'interdire l'exagération: elle est dans son art et dans sa philosophie comme dans sa nature«: Mission de Léon Bloy, 249.

23 J III, 314. Hierbei ist auch der Hinweis von Stanislaus Fumet nicht zu vergessen: »Léon Bloy, comme écrivain, était un fruit du XIXième siècle et l'un des points culminants du romantisme exaspéré; ...il se trouvait être de la même souche que Baudelaire et Edgar Poe. Lui aussi avait des intentions pour l'horrible ...«: a.a.O. 249.

24 Ebd. 335.

25 ArmeFr 226.

Extreme sind auf der einen Seite die freiwillig gewählte, geliebte Armut der Heiligen, auf der anderen Seite jene Armut, die Verzweiflung und Tod nach sich zieht.
Spricht Bloy von der freiwillig gewählten Armut, setzt er ihr oft das Elend gegenüber. So schreibt er - das eigene Los betreffend: »Das Elend wird vielleicht verschwinden. Ich sage das Elend, nicht die Armut, die ein unschätzbares Gut ist, dessen wir nie beraubt zu werden hoffen.«[26] Im Zusammenhang mit seiner allegorischen Schriftdeutung[27], mit der er durch Abbé Tardif de Moidrey bekannt wurde, die er dann aber vor allem durch die Visionen Anne-Marie Roulés und seine eigene Fähigkeit zur Imagination ausgebaut hat, kommt Bloy zu der eigenartigen Aussage:

> »Die Armut sammelt die Menschen, das Elend trennt sie, weil die Armut zu Jesus gehört und das Elend zum Heiligen Geist. Die Armut ist das Relative - Mangel an Überflüssigem. Das Elend ist das Absolute - Mangel an Notwendigem. Die Armut wird gekreuzigt, das Elend ist das Kreuz selbst. Jesus trägt das Kreuz, das heißt, die Armut trägt das Elend. Jesus am Kreuz, das ist die Armut, die auf dem Elend verblutet. Diejenigen Reichen, die nicht ganz verworfen sind, können die Armut begreifen, da sie selbst in einem gewissen Sinne zu den Armen gehören, das Elend aber können sie nicht begreifen. Vielleicht können sie Almosen geben, aber ihrer selbst können sie sich nicht entäußern.«[28]

Eigenartig ist hier vor allem, daß Bloy Jesus hier das »Relative« zuordnet[29], obwohl er sonst immer wieder darauf besteht, daß Jesus, weil er Gott ist, nur das Absolute verkörpern kann, daß »Jesus in seinem Herzen litt mit dem ganzen Bewußtsein eines Gottes, daß sein Herz alle Menschenherzen und alle Menschenschmerzen von Adam bis zum Weltende umfing«[30]. Bei aller Zurückhaltung gegenüber dem Ver-

---

[26] J III, 91.

[27] Vgl. z.B. Jud 367-370.

[28] Blut 184.

[29] »Das Elend ist das Fehlen des Notwendigen, die Armut das Fehlen des Überflusses«, stellt Bloy als »Grenzziehung« zwischen Elend und Armut fest. Es bleibt zu bemerken, daß es sich hier um eine Überlegung im Anschluß an das Bemühen Charles Péguys handelt, diese beiden genau auseinanderzuhalten und damit zu trennen. Bloy hält diese Systematisierung aber nicht durch. Vgl. J II, 292.

[30] Ebd. 143f. An anderer Stelle schreibt er: »Man braucht keinen dicken exegetischen Kommentar durchgearbeitet zu haben, um zu wissen, daß Jesus - wie es

such, die Widersprüche im Werke Bloys auflösen oder wegdiskutieren zu wollen, sei dennoch eine Annäherung an den Gedanken Bloys von der Armut Jesu als »relativer« gewagt.[31] Bloy inszeniert eine Gegenüberstellung der Leiden, die Jesus von Nazaret, als Mensch in Galiläa und Judäa wandelnd, ertragen mußte, mit der Gesamtheit aller Leiden aller Zeiten. Diese Gesamtheit ordnet er nun dem Heiligen Geist zu, der - in jedem leidenden Menschen wohnend - ganz tief in dessen Leiden anwesend ist, gewissermaßen eins wird mit dem Leidenden, ja, der dessen Leiden, dessen Kreuz selbst wird. Betrachtet Bloy diese Gesamtheit aller Leiden der Geschichte, spricht er vom Elend. Demgegenüber nennt er das Leiden des einzelnen Mannes aus Nazaret Armut. Natürlich ist diese Gegenüberstellung für Bloy letztlich nicht durchhaltbar, da er Jesu Leiden immer schon über den eigenen Horizont hinaus in universaler Perspektive deutet. Der »Sprung« von der Gegenüberstellung beider Begriffe auf ihre innere Zuordnung hin gelingt Bloy durch die Betonung der Zusammengehörigkeit von Jesus und seinem Kreuz, »Jesus trägt das Kreuz, das heißt, die Armut trägt das Elend. Jesus am Kreuz, das ist die Armut, die auf dem Elend verblutet«. Der relativen Armut (des einzelnen) mag man mit Almosen beikommen können (was Bloy an anderer Stelle übrigens auch verneint![32]), dem Elend aber kann man nur noch mit der Hingabe des eigenen Lebens für die Elenden antworten. Dies tat Jesus. Im Leben Jesu ist das Elend durch das Kreuz aufgebrochen: Es gibt seither nicht mehr das isolierte - relative - Einzelleiden, alles Leiden ist eins geworden im Kreuzesleiden Jesu Christi. Jesus eint in sich das Elend, das eigentlich Auseinanderstrebende, Abtrennende, indem er, wie es nur ein Gott kann, das Absolute verkörpert.

---

auf jeder Seite des Alten und des Neuen Testaments steht - wirklich der wahre Arme war, der Ärmste der Armen, unergründlich ärmer als der ganz von Würmern zerfressene Hiob, um zu wissen, daß er die ganze zur Person gewordene Armut war«: Jud 324.

[31] Marie-Joseph Lory hat in seiner Dissertation 1951 die manchmal widersprüchliche und zufällige Art der Schriftdeutung Bloys ausführlich und kompetent besprochen, so daß wir hier darauf verzichten können und auf die entsprechenden Seiten seiner Arbeit verweisen: La pensée religieuse de Léon Bloy, Paris 1951, 151-174.

[32] Vgl. unten S. 157.

Dennoch: Häufiger verwendet Bloy den Begriff »Armut« synonym zu *Elend*[33] und vor allem zu *Leiden* und *Schmerz*. Dann unterscheidet er zwischen dem freiwillig Armen und dem unfreiwillig Armen. Vom freiwillig armen Heiligen sagt er dann, er sei gar kein Armer, er sei ein Liebender[34], denn »die wahre Armut ist unwillentlich und ihr Wesen ist, niemals begehrt sein zu können«[35]. Hier spricht Bloy aus eigener Erfahrung. Wie zwiespältig oft seine Beziehung zur Armut war, werden wir sehen: Zwar behauptet er immer wieder, seine Armut - und gemeint ist hier: sein Elend! - nicht bloß zu erdulden, sondern sie erwählt zu haben[36], doch versucht er ihr nach Kräften zu entkommen und nutzt jede Gelegenheit, die sich dazu bietet[37]. »Er hat sie nicht wie der heilige Franziskus oder der heilige Benedikt Labre mit Begeisterung umarmt«, wie Stanislaus Fumet formuliert.[38] Und weiter: »In den Augen Bloys ist die freiwillige Armut der verhängten Armut ungleich, die man nicht um die Heirat gebeten hat, die man in der Dunkelheit seines Geistes und seines gelähmten Herzens erleidet; sie ist eine Art Verurteilung zu erzwungenen Verdiensten, sie vermindert auf schreckliche Weise die Freiheit, mächtig nimmt sie den Kampf mit dem freien Willen auf, um ihn herauszufordern.«[39] Mit den Worten Bloys:

> »Das bedeutet keineswegs, daß die Armut erniedrigend ist, sie kann es gar nicht sein, da sie der Mantel Jesu Christi ist. Aber mehr als jedes andere Leiden hat sie die Macht, den menschlichen Wesen die Last des Leibes und die armselige Sklaverei des Geistes spürbar zu machen. Es

---

33 Bloy kann dabei dann auch die Armut dem Heiligen Geist zuordnen. So schreibt er über die Liebe, die der Name des Heiligen Geistes ist: »Ce nom de la Troisième Personne divine appelle le nom du Pauvre, comme l'abîme invoque l'abîme. C'est vrai qu'on ne peut pas faire un pas dans la vie sans trouver un pauvre, parce qu'on ne peut pas faire un pas sans rencontrer Dieu qui est le vrai Pauvre en ce monde où ne se trouve pas son royaume, et l'oubli, l'*omission* du pauvre est par conséquent, le plus énorme attentat dont notre vermine soit capable«: Colomb 306. Bloy wiederholt diesen Text in: Belluaires 373.

34 Vgl. Verzw 384.

35 Ebd.

36 Vgl. z.B. TB II, 69.

37 Vgl. unten S. 28[127] und S. 38[161].

38 Stanislaus Fumet, Léon Bloy. Captif de l'absolu, Paris 1967, 247.

39 Ebd.

ist eine pharisäische Grausamkeit, von Sklaven die geistige Freiheit zu verlangen, die nur Freigelassenen möglich ist.«[40]

Mit dieser Form der verhängten Armut werden wir in dieser Arbeit hauptsächlich konfrontiert. Armut in diesem Sinn ist eigentlich jede Form von Leid, das gleich welchem Menschen auferlegt ist. In diesem Leiden aber setzt sich, wie wir sehen werden, die Agonie Jesu Christi fort. Denn immer leidet er *in* den Leidenden mit. Wenn Jesus sein Kreuzesleiden auch freiwillig auf sich genommen hat, so umfaßt dieses doch alles, gerade auch das unfreiwillige, Leid der Menschengeschichte. Die unwillentlich Armen - die Mieter, die das Brot ihrer Kinder den Hausherren übergeben müssen[41], die Fabrikarbeiterinnen und -arbeiter[42], die Kinder, die in den Fabriken grausam ausgebeutet werden[43], die Menschen in den Kolonien[44], die Bergarbeiter[45], die vor Elend in die Prostitution getriebenen Frauen[46] u. a. m. - hat Bloy im Blick, wenn er von der Agonie Jesu Christi spricht. Was sie mit Jesus Christus verbindet, ist, daß sie leiden.

»Seit zwanzig Jahrhunderten schließt sich diese Wunde nicht. Es gibt unzählige beklagenswerte Menschen, Frauen, Greise und kleine Kinder, es gibt Lebendige und Tote. Dieses ganze Volk blutet, diese ganze Menge vergießt Blut und Wasser am Kreuz des Elends, im Abendland und Morgenland, unter allen Himmelsstrichen, unter den Händen aller Henker, unter allen Geißelschlägen, in den Kriegsstürmen der Menschen und in den Unwettern der Natur - seit so vielen Jahrhunderten.«[47]

Gegen diese Armut ist die »willentliche Armut noch ein Luxus und infolgedessen keine wirkliche Armut«[48]. Wir werden noch sehen, wie

---

40 ArmeFr 128.

41 Vgl. Blut 240.

42 Vgl. ebd. 258f.

43 Vgl. ebd. 261f.

44 Vgl. ebd. 232ff.

45 Vgl. ebd. 188f.

46 Vgl. ebd. 192f.

47 Ebd. 215.

48 Ebd. Und weiter heißt es: »Der hl. Franz von Assisi war ein Liebender, kein Armer. Er war in keinem Sinn bedürftig, da er seines Gottes teilhaft war und durch seine Verzückung der sinnlichen Welt entrückt. Er war überströmt vom

die willentliche mit der »wirklichen« Armut in Beziehung steht. Wir werden auch sehen, wie Jesus Christus in beiden Formen der Armut - wenn auch auf unterschiedliche Weise - gegenwärtig ist.

4. Zur Methode und zum Stand der Forschung

Léon Bloy ist kein logischer Denker, er erfaßt die Dinge intuitiv, begabt mit einer außerordentlichen Imagination[49]. Darum werden wir auch nicht auf geradem Weg seine Gedanken darlegen können. Es geht vielmehr um ein Umkreisen des Themas, vergleichbar einer Bergwanderung, die uns spiralförmig den Berg immer neu umgehen läßt. Der Gipfel kommt schon früh in den Blick, immer wieder auch aus ganz ähnlicher Perspektive, nur eben von einer Stufe höher aus, bis wir ihn dann endlich ganz nahe haben und schließlich erreichen. So werden wir das Thema früh schon zum Greifen nahe haben, und es doch - indem wir es aus verschiedenen Richtungen und Höhen betrachten - immer intensiver erfassen.
Bloy selbst weist wiederholt darauf hin, daß er eigentlich nur ein Thema hat, das er immer neu aussagt.[50] Man braucht einen geduldigen Blick, um ihm in den Kern dieses Themas zu folgen. Wer den geraden Weg gehen möchte und meint, damit abzukürzen, wird am Ende wenig verstanden haben. Hier liegt auch der Grund für eine methodische Besonderheit dieser Arbeit: Wir bemühen uns, Bloy »zuzuhören«, lassen ihn selbst in zahlreichen Zitaten zu Wort kommen; denn die Sprache Bloys ist eine literarische Sprache mit eigener Aussagekraft, die sich nicht, ohne wesentlich an Inhalt zu verlieren, in systematische Zusammenfassungen umsetzen läßt.
Wer Bloy verstehen will, muß ihn selbst irgendwie »kennen«, muß seine Person im Hintergrund seiner Worte sehen. Darum ist das erste Kapitel nicht nur Einleitung und Hinführung, sondern schon wesentlich Inhalt. Stanislaus Fumet, einer seiner wichtigsten Biographen, behauptet sogar: »Um Bloy lesen und verstehen zu können, muß man ihn lieben; sonst wird der Leser nichts von dem ahnen, was sein Werk

---

Gold seiner leuchtenden Zerlumptheit...«: ebd.

49 Vgl. Marie-Joseph Lory, La pensée religieuse de Léon Bloy, 38-56.

50 Vgl. unten S. 63.

beinhaltet.«[51] Zumindest muß man bereit sein, sich auf ihn einzulassen, die sich aufdrängenden Widersprüche einmal beiseite zu schieben, den Gedanken Bloys Raum zu geben, was immer auch heißt, ihn selbst in das eigene Leben hineinzulassen.

Während Léon Bloy in Deutschland ein Unbekannter geworden ist (nachdem er in den Jahren 1940-1960 auch hier einen großen Verehrerkreis hatte), hat das Interesse an ihm in Frankreich bis heute nicht nachgelassen. Zwischen 1964 und 1975 wurde unter Leitung von Joseph Bollery und Jacques Petit das Gesamtwerk neu herausgegeben. Ununterbrochen erscheinen Bücher und Artikel, die sich mit Bloy beschäftigen.[52] In jüngster Zeit wurde ihm ein *Cahier de L'Herne* gewidmet[53] und in Paris wurde eine *Société des Études Bloyennes* gegründet, die seit 1988 acht Nummern des *Bulletin de la Société des Études Bloyennes* herausgab, in denen Texte von und über Bloy veröffentlicht wurden.[54]
Noch immer ist die Forschungsarbeit des 1967 verstorbenen Joseph Bollery wesentlicher Ausgangspunkt aller weiteren Untersuchungen.[55] Er hat in seiner minuziösen dreibändigen Biographie ebenso wie in den von ihm in den Jahren 1924-1938 herausgegebenen *Cahiers Léon Bloy* das Leben Bloys in seinen Verwicklungen zugänglich gemacht und sein eigenes Leben ganz in den Dienst am Andenken Bloys gestellt.[56] Die

---

51 Stanislaus Fumet, Léon Bloy. Captif de l'absolu, 249.

52 Einen Einblick in die Fülle der Sekundärliteratur bietet die Bibliographie von Michel Arveiller in: Cahier de l'Herne. Léon Bloy, 470-493.

53 Cahier de L'Herne. Léon Bloy, dirigé par Michel Arveiller et Pierre Glaudes, Paris 1988. Diesem Cahier folgte in der Schweiz: Les Dossiers H. Léon Bloy, dirigé par Michel Aubry, Lausanne 1990.

54 Vgl. Cahier de l'Herne. Léon Bloy, 492f. - Die Gründer dieser *Société des Études Bloyennes* schlossen sich nach einem Richtungsstreit mit später hinzugekommenen Mitgliedern zur *Association pour la Recherche Bloyenne* zusammen, einer Forschergruppe ohne weitere Mitglieder, die in der *Revue des Lettres Modernes* publiziert.

55 Joseph Bollery, Léon Bloy. Essai de biographie, 3 tomes, Paris 1947-1954. Cahiers Léon Bloy (1924-1939), revue animée par Joseph Bollery. Réédition offset, Génève 1973.

56 Den ihm von Michel Arveiller zuerkannten Titel »Serviteur de Léon Bloy« trägt er unbestritten zu recht.

Veröffentlichungen Stanislaus Fumets[57], Hubert Colleyes[58], Albert Béguins[59] und Jacques Petits[60] geben (ebenso wie die Arbeiten Karl Pflegers[61] in Deutschland) einen geistlichen Einblick in Leben und Werk Léon Bloys.

Marie-Joseph Lory veröffentlichte 1951 als nach meinen Recherchen erster Franzose eine Dissertation über Léon Bloy mit dem Titel »La pensée religieuse de Léon Bloy«. Lorys Verdienst ist nicht nur, daß er Bloy an der Sorbonne einführte (Bloy selbst hätte das wohl nicht für möglich gehalten!), sondern diese »große These« blieb bisher die einzige, die versucht, einen Überblick über das gesamte religiöse Denken Bloys zu geben.[62] Danach folgten Untersuchungen über einzelne Aspekte des Denkens Bloys, einzelne Werke, Fragen des Stils oder Bloys Beziehungen zu anderen Autoren und Zeitströmungen. In zeitlicher Reihenfolge: 1975 von Robert Bessède »La crise de la conscience catholique dans la littérature et la pensée française à la fin du XIXe siècle«[63], 1976 von Bernard Sarrazin »L'Interprétation symbolique de la Bible par Léon Bloy« und von Jean-Claude Polet »Barbey d'Aurevilly et Léon Bloy face à l'Angleterre«, 1980 von Albert Rombeaut »La Présentation de l'exégèse: stratégies et conditions de la pratique bloyenne«, 1981 von Pierre Glaudes »*Le Désespéré,* étude crisologique«, 1986 ebenfalls von Pierre Glaudes »L'oeuvre romanesque de Léon Bloy« und von Mireille Dereu »Le Style de Léon Bloy«. In England erschien 1966 die Dissertation von Richard Griffiths »The

---

57 Stanislaus Fumet, Mission de Léon Bloy, Paris 1935; ders., Léon Bloy. Captif de l'absolu, Paris 1967.

58 Hubert Colleye, L'Ame de Léon Bloy, Paris 1930; ders., L'homme de l'absolu, Bruxelles 1943.

59 Albert Béguin, Léon Bloy l'impatient, Fribourg 1944; ders., Léon Bloy mystique de la douleur, Paris 1948.

60 Jacques Petit, Léon Bloy, Paris 1966.

61 Karl Pfleger, Geister, die um Christus ringen, darin: Bloy der Pilger des Absoluten, Heidelberg 1946; ders., Das Mysterium der Armut bei Léon Bloy, in: Léon Bloy, Das Heil und die Armut, Heidelberg 1953; ders., Ein Dokument der Liebe, Vorwort zu: Léon Bloy, Briefe an seine Braut, Heidelberg 1958 (6.Auflage); ders., Nachwort zu: Léon Bloy, Dem Teufel aufs Maul geschaut, Freiburg 1962.

62 Vgl. Cahier de l'Herne. Léon Bloy, 475ff.

63 Unter dem Titel »Une solitude révolutionnaire« behandelt der fünfte Teil Léon Bloy: (1) Le Lamentateur. (2) L'apôtre des derniers temps, 501-611.

reactionary revolution«[64]. In den USA entstanden drei Doktorarbeiten zu Bloy: 1966 von Joyce O. Lowrie »The violent Mystique«, 1973 von Jennifer Birkett »Imaginative exploitations of theological doctrines in the work of Léon Bloy« und im gleichen Jahr von Susan Sotiroff »Fictions, reality and prophecy in the novels of Léon Bloy«.
Obwohl in Deutschland und der deutschsprachigen Schweiz schon früh die ersten Thesen über Bloy entstanden[65] (Wilhelm Dillinger, Das Frankreichbild im Werke Léon Bloys, Bonn 1937; Lotte Kaupp, Versuch über den Stil Léon Bloys, Zürich 1937; Helene Kuhlmann, Die Armut als lebensgefährdende und lebensformende Kraft im Werke Léon Bloys. Ein Beitrag zur geistesgeschichtlichen Interpretation seines Werkes, Lengerich 1939[66]), fehlen weitere Arbeiten über ihn.[67] Bloy wird gelegentlich in theologischen Werken erwähnt, manchmal auch zitiert, aber wenig ernstgenommen.[68] Eine Ausnahme bietet das Kapitel, das sich in den von Gisbert Greshake und Josef Weismayer herausgegebenen »Quellen geistlichen Lebens. Die Neuzeit« mit Léon

---

64 In französischer Übersetzung: Révolution à rebours. Le renouveau catholique dans la littérature en France de 1870 à 1914, Paris 1971.

65 Auf philosophischem Gebiet legte Martha Romeissen bereits 1935 in der Reihe *Studien und Bibliographien zur Gegenwartsphilosophie* eine Untersuchung (keine Dissertation) vor: Katholizismus und Mystik bei Léon Bloy, Leipzig 1935.

66 Diese Dissertation von Helene Kuhlmann wurde nicht rezipiert. Dies dürfte auch auf den offen zu Tage getragenen Antisemitismus Helene Kuhlmanns zurückzuführen sein (vgl. 90f!). Sie korrigiert die entsprechenden Passagen für die ausführliche Einführung einer von ihr herausgegebenen Textsammlung: Die Stimme, die in der Wüste ruft, Recklinghausen 1951, in der sie eine Zusammenfassung ihrer Dissertation vorlegt. Diese Einführung gibt den kompetentesten Zugang zu Bloy in deutscher Sprache.

67 Erfreulicherweise erschien 1995 eine sehr schöne Ausgabe von Bloys *Auslegung der Gemeinplätze* in der von Hans Magnus Enzensberger herausgegebenen Reihe *Die andere Bibliothek*. (Der Hinweis »Deutsche Erstausgabe« ist allerdings nur teilweise richtig, da Karl Pfleger bereits 1962 unter dem Titel *Dem Teufel aufs Maul geschaut* 80 der 310 Gemeinplätze veröffentlichte.) Die anderen ins Deutsche übersetzten Hauptwerke Bloys sind leider seit Jahren vergriffen. Zuletzt erschien 1983 eine Übersetzung in Auswahl von Bloys *Unliebsamen Geschichten*. Diese mit einem sehr einseitigen Vorwort von Jorge Luis Borges versehenen Schauergeschichten (von Bloy zur wöchentlichen Unterhaltung der *Gil Blas*-Leser 1892 erdacht) sind keinesfalls repräsentativ. Es liegen noch zwei Textsammlungen vor: Léon Bloy, Der beständige Zeuge Gottes. Eine Auswahl aus dem Gesamtwerk von Raïssa und Jacques Maritain, Salzburg 1953 und: Léon Bloy, Der Schrei aus der Tiefe, Einsiedeln 1987 = Hans Urs von Balthasars Übertragung von: Léon Bloy, Textes choisis par Albert Béguin, Fribourg 1943.

68 Als Beispiel diene: Karl-Heinz Menke, Stellvertretung, Einsiedeln 1991, 421f. Selbst Eugen Drewermann greift auf Bloy zurück: Kleriker, München 1989, 526.

Bloy auseinandersetzt.[69] Hier wird er als »Wegbereiter einer neuen Spiritualität der Communio und der Solidarität mit den Armen, die eigentlich erst in der Gegenwart ihre Tragweite zeigt«, gewürdigt. Eine spezifische Untersuchung zu dieser Thematik hat bisher noch nicht stattgefunden. Zwar beinhalten alle theologischen Arbeiten über Bloy auch Abschnitte über »Communion des Saints« und »Solidarité«, aber nirgends wird der ganze, originelle Kern dieses Hauptthemas Bloys herausgeschält und in seinen Konsequenzen bedacht. Wir werden mit der vorliegenden Arbeit versuchen, diese Lücke zu schließen.

---

69 Gisbert Greshake/Josef Weismayer, Quellen geistlichen Lebens. Neuzeit, Mainz 1989, 290-297.

Erstes Kapitel

Der »arme« Pilger Léon Bloy

I. Etappen des Lebens[70]

»Ich habe nicht getan, was Gott von mir wollte, das ist gewiß. Im Gegenteil, ich habe geträumt, was ich von Gott wollte ... Sagen Sie nur nicht, daß dies bei jedermann der Fall ist. Gott hat mir den Sinn, das Bedürfnis, den Instinkt - ich weiß nicht, wie ich es ausdrücken soll - für das Absolute gegeben, wie er Stacheln dem Stachelschwein und dem Elefanten einen Rüssel gegeben hat. Eine außerordentlich seltene Gabe, die ich seit meiner Kindheit gespürt habe, eine gefährlichere und qualvollere Fähigkeit noch als das Talent, da sie den dauernden und leidenschaftlichen Hunger nach dem, was nicht auf Erden existiert, miteinbegreift, und dadurch die völlige Einsamkeit nach sich zieht. Ich hätte ein Heiliger werden können, ein Wundertäter. Ich bin ein Literat geworden.«[71] (Léon Bloy, 1915)

1846-1864

Léon Bloy wird am 11. Juli 1846 in Périgueux geboren. Sein Vater arbeitet als Ingenieur in einem Büro. Da seine Mutter von schwacher Gesundheit ist, bleibt der Vater sich in der Sorge um die sieben Söhne - Léon ist der zweitälteste - oft selbst überlassen. Er ist eher kühl - im Gegensatz zur spanischstämmigen Mutter - und streng, wie damals üblich.[72]

Ähnlichkeit verbindet Léon mit seiner Mutter: »Ich erinnere mich, wie ich als Kind, als ganz kleiner Knabe, oft mit Unwillen, mit Empörung mich geweigert habe, an Spielen und Vergnügungen teilzunehmen...

---

70 Vgl. die sorgfältige Zusammenstellung von Michel Arveiller, Repères chronologiques, in: Cahier de l'Herne. Léon Bloy, 19-26. Wichtigste Quelle zur Biographie Bloys bleibt nach wie vor Joseph Bollerys dreibändige Ausgabe, erschienen 1947 bis 1954 in Paris. Eine wertvolle Quelle ist Maurice Bardèche, Léon Bloy, Paris 1989: Diese Biographie versucht, »de le (Léon Bloy) faire sortir de la sacristie dans laquelle on l'a trop longtemps tenu enfermé« (vgl. Waschzettel des Buches).

71 Léon Bloy, Lettres à Frédéric Brou et Jean de La Laurencie, Paris 1927, 106f.

72 Es ist nicht gerechtfertigt, aus den Ausführungen Bloys in seinem Roman *Der Verzweifelte* die wirkliche Situation herzuleiten, wie Maurice Bardèche in der Auseinandersetzung mit Bloys Jugendtagebüchern zeigt: vgl. MB 22f.

Ich hielt es für edler, zu leiden und mich leiden zu machen, indem ich darauf verzichtete. ... Das bloße Wort 'Unglück' riß mich in einen Begeisterungssturm hinein. Ich denke, daß ich das von meiner Mutter hatte, deren spanische Seele gleichzeitig so glühend und so düster war...«[73] Von ihr fühlt er sich auch in seiner eigenartigen Bestimmung verstanden. So schreibt er später seiner Braut: »Meine Mutter ... hat, indem sie ein berühmtes, einst für einen großen Kirchenlehrer geprägtes Wort benützte[74], oft zu mir gesagt: 'Mein lieber Junge, du bist ein Ochse, da ist nichts zu machen, aber ein Ochse, der mit seinem Gebrüll einmal die Christenheit in Erstaunen setzen wird.'«[75]
Ganz anders der Vater, der vergebens versucht, aus ihm einen soliden Ingenieur zu machen. Léon besucht von 1852-1860 die Schule, wo er Außenseiter bleibt. Im April 1860 greift er auf dem Schulhof Mitschüler, die ihn hänselten, mit dem Messer an, worauf sein Vater ihn vom Lycée nehmen muß.[76]
Bis Mai 1864 arbeitet er nun zuhause, wo ihn der Vater unterrichtet, und in dessen Büro. Erstmals verspürt er im Januar 1862 das »mächtige Verlangen, Dichter zu werden«, und vernachlässigt die Arbeit.[77] Die harte Kritik des Vaters für seine Tragödie in Versform »Lucrèce« läßt ihn jedoch vorerst alle literarischen Versuche beenden.[78]
Blanc de Saint-Bonnet, sein späterer großer Lehrmeister und Freund, wertet die Kindheit Bloys einmal so: »Sie waren ein verwöhntes Kind und sind in Gefahr, die Nachwirkungen davon Ihr ganzes Leben lang zu spüren.«[79] Ganz anders ist der Eindruck, den er selbst in seinem oft als Autobiographie bezeichneten Buch »Der Verzweifelte« gibt. Maurice Bardèche spricht in diesem Zusammenhang von einem wenig bekannten Charakterzug Bloys, »seiner außerordentlichen Fähigkeit zur Verstellung« (»son extraordinaire puissance de dissimulation«). Es ist wichtig, diesen in Erinnerung zu behalten, da er sich in den Werken

[73] Braut 120.

[74] Da es sich hier immerhin um Thomas von Aquin handelt, spüren wir etwas von dem ausgeprägten Selbstbewußtsein Bloys bzw. seiner Mutter.

[75] Braut 90.

[76] Vgl. Verzw 38.

[77] Vgl. MB 19.

[78] Vgl. MB 20.

[79] MB 21.

und selbst in seinen Tagebüchern durchhält.[80] Eine Ausnahme bilden die - erst vier Jahre nach seinem Tod veröffentlichten - »Briefe an seine Braut« Jeanne Molbech.

1864-1870

Der Vater beschließt 1864, Léon nach Paris zu schicken, wo er ihm eine Arbeit im Büro einer Eisenbahngesellschaft verschafft. Der Chef ist ein Freund des Vaters. »Nie liebte Bloy seine Eltern so wie damals, und nie interessierten sie sich so für ihn«, schrieb Marie-Joseph Lory, und nach Bardèche könnte sein Tagebuch in dieser Zeit die Überschrift tragen: »Würdig sein meines Vaters«.[81]
Ab 1865 kommt es zu ersten Auflehnungen. Mit Freunden lernt Léon die Freiheit kennen und entfernt sich vom Weg, den der Vater vorgezeichnet hat. Für ein halbes Jahr schreibt er sich in der Schule für Bildende Kunst bei Isidor Pils ein, gibt seine Arbeit auf, muß sie jedoch, weil der Vater die Pension nicht bezahlt, wieder aufnehmen. Er geht unregelmäßig zur Arbeit und treibt sich viel herum, im August 1866 kündigt er, wie später noch so oft. Es folgt die Zeit immer neuer Arbeitssuche und immer neuen Scheiterns, und Bloy beginnt, seinen Lebensunterhalt zu erbetteln.[82] Bloy selbst schreibt 1874 in einem Brief über diese Zeit: »Bin nach Paris wie ein Abenteurer gekommen, hatte den Glauben verloren, keinen Sou, war neidisch, ehrgeizig, faul und empfindlich.«[83]
1867 lernt er den Leninisten Alexander Herzen kennen (Herzens Parolen: »Es lebe das Chaos und die Zerstörung! Es lebe der Tod!«[84]) und wird überzeugter Sozialist und Gotteshasser.[85] Bloys Elend und sein

---

[80] Vgl. MB 23: »Un trait de caractère de Léon Bloy, précoce et durable: il est discret, renfermé, se communique peu sur ce domaine réservé qui est pour lui sa 'vie privée'«. (Vgl. Fußnote 115).

[81] Vgl. MB 24.

[82] Um seine Wohnung zu bezahlen, versucht er, eine Freundin seiner Eltern für eine von ihm erfundene junge Witwe zu interessieren. Das mißlingt. Die Karriere des »undankbaren Bettlers« beginnt also in Wirklichkeit mit einem Betrug. Auch geht es ihm beim Betteln nicht um die »gloire de Dieu«, wie er später sagt, sondern darum, sich durchzuschlagen. Vgl. MB 33.

[83] Brief an Dom Guéranger, Abt von Solesmes, August 1874, in: Bol I, 198.

[84] Vgl. Alexander Herzen, Textes philosophiques choisis II, Moskau 1864, 401.

[85] Vgl. MB 36.

unstillbarer Hunger nach Gerechtigkeit finden hier erstmals ein Ventil.[86]

Die Begegnung mit dem katholischen Schriftsteller Barbey d'Aurevilly (vgl. S. 55 und S. 118) im Dezember 1867 und die Aufnahme in den Kreis seiner »familiers« beginnen, sein Leben zu verändern. Bloy bewundert den berühmten Schriftsteller und Antirepublikaner, und Barbey ermuntert ihn, seinem literarischen Talent zu trauen.

Er liest sehr viel, unter dem Einfluß Barbeys auch Joseph de Maistre und Vicomte Louis de Bonald, die ihn bleibend beeindrucken und zum Gegner der Revolution und der Kommune machen.

Er lernt autodidaktisch Latein, liest die Vulgata und die Kirchenväter und findet mehr und mehr Zugang zum katholischen Glauben, für den er sich am 29. Juni 1869 »endgültig und definitiv« entscheidet.

Sein leidenschaftliches Verlangen nach Gerechtigkeit ist auch jetzt die Triebfeder: Wird es bei Alexander Herzen gestillt, wenn das Volk die Waffen nimmt, so erfüllt Christus diese Sehnsucht viel sicherer als jeder Aufstand. Es genügt zu rufen: »Christ ist erstanden!«[87]

Wie sehr Leben, Glauben und Schreiben Bloys von diesem Ansatz geprägt bleiben, werden wir später zu untersuchen haben.

1870-1873

Nach schwerer Krankheit und moralischer Krise verspürt Bloy erstmals den Wunsch, Benediktiner zu werden. Doch geht er zu seinen Eltern zurück, und zwei Monate später wird er Soldat im Krieg gegen Deutschland. Bloy ist begeistert: »Mein Vaterland ist vor allem die Kirche, und ich bin Soldat Christi.«[88] Er sieht den Krieg als Kreuzzug gegen die Lutheraner zur Befreiung Europas.[89]

Nach der schmerzlichen Niederlage beschreibt er diese in seinem ersten Artikel »Héroisme« als Strafe Gottes für die Verbrechen Frankreichs seit 1793 (=Hinrichtung Ludwig XVI): »Die absolute Wahrheit ... ist, daß Gott uns zugrunde richten möchte und damit schon begon-

---

86 Vgl. MB 36-38.

87 Vgl. MB 45.

88 Aus einem Brief von 1870, in: Bol I, 118.

89 Vgl. ebd.

nen hat.«[90] Schon in einem seiner ersten Texte erscheint also Bloys Idee der »großen Katastrophe«, die er bis in seine letzten Tage hinein erwarten wird.

Nach dem Krieg bleibt Bloy bis 1873 bei seinen Eltern, übernimmt die Erziehung seines Bruders Jules und arbeitet in einem Büro. Er ist sehr einsam.

Die Mystik, die seiner starken Fähigkeit zur Imagination entgegenkommt, prägt Bloy zunehmend. Vor allem liest er Anna-Katharina Emmerichs »Die schmerzreiche Passion von unserem Herrn Jesus Christus« und Angela von Folignos »Buch der Visionen und Instruktionen«. Vieles, was er später zum Thema Leid oder Schmerz sagt, hat hier seine Wurzeln.

In dieser Zeit werden ihm seine Pariser Freunde Georges Landry und Victor Lalotte sehr wichtig. Immer deutlicher wird ein ihn lebenslang dominierender Zug: Das Bedürfnis zu lieben und sein Leben zu geben. Für Bloy bedeutet diese Liebe auch, alles in seiner Macht Stehende zu tun, um den Freund zum Glauben zu führen. Kein Opfer scheint ihm dafür zu hoch. Wenn er liebt, ist er bereit, alles zu geben.[91] Mit Selbstverständlichkeit erwartet er das gleiche von seinen Freunden: »Ich sage, daß einer mein Freund ist, wenn er bereit ist, durch mich und für mich zu leiden.«[92] Dieser Art zu lieben werden wir im Leben Bloys noch häufig begegnen. Sie ist einer der praktischen Seiten seiner Theorie der »communion des saints«. In diesem für ihn so wichtigen

---

90 Inédits 19.

91 An Lucile Ladotte, die gläubige Schwester Victors, schreibt er am 7. Dezember 1873: »Combien de fois j'ai béni le Dieu de toute bonté de m'avoir accordé, dans mon indigence infinie, l'inestimable consolation de posséder un si tendre ami. Toutes mes communions sont pour lui. Il est dans toutes mes prières. Tout ce que j'offre à Dieu, je l'offre pour lui. Pour lui ma ferveur, pour lui mes sécheresses, pour lui mes chagrins et mes joies, pour lui le martyre de mon coeur et le cruel martyre de mon esprit, pour lui enfin toutes mes espérances. Ah! je voudrais acheter sa conversion au prix du plus long et plus douloureux purgatoire. Avec quelle joie je souscrirais à un tel marché! Chère âme de mon ami et cher ami de mon âme! J'ai offert à notre cher Sauveur Crucifié, à notre douce Mère du Sacré-Coeur, à tous les anges et à tous les Saints du Ciel le pauvre sacrifice de mon bonheur, de mon repos, de ma santé, de ma vie, j'ai même fait le sacrifice le plus cruel pour un vaniteux comme moi, le sacrifice de ma pensée dont je suis si fier, j'ai prié Dieu de faire de moi un imbécile, un objet de dégoût afin que mon bien-aimé frère Victor devint en effet victorieux de lui-même et serviteur fidèle de N.-S. J.-C. ...«: in: Bol I, 173.

92 Z.B. Léon Bloy, Lettre à Michel Ménard, in: Bol I, 293.

Gedanken erhält er wesentliche Anregung von Blanc de Saint-Bonnet (vgl. S. 107), mit dem er Ende 1871 erstmals den Kontakt sucht[93]. Von ihm schreibt er: »Niemand hat größeren Einfluß ausgeübt auf mein moralisches und intellektuelles Leben.«[94] Wie sehr das zutrifft, werden wir sehen.

Blanc de Saint-Bonnet bestätigt Bloy nicht nur in seinen Gedanken (und bringt ihn darin voran), sondern auch im Vertrauen auf die Kraft seiner Sprache: »Welche Waffen! Welchen Soldaten stellen sie der heiligen Sache in Aussicht!«[95] Dies führt zu einer wichtigen Wandlung im Leben Bloys: Aus einem Schüler wird ein von sich Überzeugter, und Bloy hört nie mehr auf, an sein Genie zu glauben.[96]

1873-1877

Mit nichts als der ersten Miete kommt Bloy 1873 nach Paris zurück und überläßt sich ansonsten der »göttlichen Vorsehung«[97].

Er findet mehrere Gelegenheitsarbeiten von kurzer Dauer und kann auch erste Artikel für Zeitungen schreiben, was er den Beziehungen zu Blanc de Saint-Bonnet und Barbey d'Aurevilly zu verdanken hat (u. a. auch im »L'Univers« von Louis Veuillot, in »La Restauration« von Georges de Cardonal und in der »Revue du Monde Catholique« von Victor Palmé). Er scheitert aber regelmäßig an seinen überspannten Erwartungen und seinem - für die damalige Presse - untragbaren Stil.[98]

1874 ist ein Jahr bitterer Armut für Bloy. »Ich sterbe vor Hunger«, schreibt er[99]. Und an Barbey d'Aurevilly: »Ich rette mich nur durch

---

93 Bloy hatte zuvor seine Bücher »La restauration francaise« (das er später im Auftrag von Blanc de Saint-Bonnet überarbeitet) und »De la douleur« gelesen und schrieb ihm darauf einen begeisterten Brief: vgl. MB 71.

94 Zitiert in: MB 62.

95 Zitiert in: MB 71.

96 Vgl. MB 75.

97 Nach der Kündigung des ersten Arbeitsplatzes geht er zu »Unserer Frau vom Sieg« und bittet unter Tränen. »Eine halbe Stunde später hatte ich einen Arbeitsplatz«: vgl. MB 79f.

98 Vgl. MB 83-86.

99 Brief an Dom Guéranger, in: Bol I, 200.

die tägliche Kommunion, und es ist mir passiert, daß ich keine andere Nahrung hatte.«[100]
Vier Jahre lang nimmt er nun eine regelmäßige Arbeit an, zuerst als Kopist bei einer Direktion, dann als Bürogehilfe bei der Eisenbahngesellschaft, der er 1878 kündigen wird, um in die Grande Trappe zu gehen.
Barbey d'Aurevilly rät Bloy wieder, Benediktiner zu werden, aber es widerspricht wohl zu sehr seiner rebellischen Natur.[101]
Paul Bourget und Jean Richepin werden seine engen Freunde; er versucht, sie zum Glauben zu bewegen.[102]
1876 lernt Bloy Ernest Hello (vgl. S. 59) kennen, einen Schüler von Joseph de Maistre (vgl. S. 103), der selbst literarisch tätig ist, der aber auch Angela von Foligno und Ruysbroeck übersetzt hat. Hello ist ein draufgängerischer Geist und ein zurückhaltender Schreiber. Nach außen will er keinen Anstoß erregen, aber im Privaten wütet sein Zorn gegen die Lauen, d. h. für ihn gegen die katholische Presse, gegen die kirchliche Hierarchie, gegen alle Schönfärber und die Christen, die den intellektuellen Absolutismus und Fanatismus ablehen.[103] Dieser Anathematismus hat großen Einfluß auf Bloy.
Wichtiger ist allerdings noch eine andere Verwandtschaft: Hellos Selbstverständnis hat den Grund in einer Erleuchtung durch einen maronitischen Mönch 1858, der ihm zugesagt hat: »Du wirst ein großer Gesandter Gottes sein ...«[104] Er fühlt sich als der einzige, der den integralen Katholizismus verteidigen kann. Der Sieg Gottes braucht auch Hellos Triumph, mit dem dieser sein Leben lang rechnet.[105] Aber er wird nicht erhört wegen der Gleichgültigkeit der Menschen - wie er meint. »Ich wurde von den Menschen getreten, wie die Wahrheit von ihnen getreten worden war. Der Stein ... ist zum Eckstein geworden. Ich habe das Gewicht der totalen Ungerechtigkeit

---

100 Bol I, 195.

101 Vgl. Bol I, 193.

102 An Paul Bourget schreibt er: »Je regarde tout ce qui n'est pas fait pour Dieu comme indigne de l'attention humaine ... Tout ce qui ne se fait pas pour l'amour de la Très Sainte Vierge est mauvais«: zitiert in: MB 105.

103 Vgl. MB 106f.

104 MB 113.

105 Vgl. ebd.

der Welt getragen, absolute Ungerechtigkeit, perfekte Ungerechtigkeit ... Die katholische Presse ist eines der Dinge, die Jesus Christus in der modernen Welt sterben ließen.«[106] Wie bei Bloy später wird nicht unterschieden zwischen der eigenen Ablehnung und der Ablehnung Jesu Christi.

Wie oft hören wir Bloy in den gleichen Tönen! Auch er verkündet mit triumphierender Stimme das Ende der Welt und will es beschleunigen. »Der Prophet kündet das Ende und führt es herbei.«[107] Die Besessenheit vom nahenden Ende ist eine Erwartung, die sich aus seinem leidenschaftlichen Verlangen nach Gerechtigkeit gleichsam wie von selber ergibt. Sie wird zu einer »obsession délirante«, die die Begegnung Bloys mit der Prostituierten Anne-Marie Roulé zu einer dramatischen Krise werden läßt, die für sein Leben ausschlaggebende Wichtigkeit haben sollte.[108]

Bevor wir uns dieser Beziehung zuwenden, müssen wir uns noch mit einer anderen Facette des Seelenzustands Bloys in dieser Zeit beschäftigen: Der Zerrissenheit zwischen seinem fanatischen Wunsch zu leiden und der Unfähigkeit dazu. In einem Brief an Blanc de Saint-Bonnet schreibt er 1873: »Ich wollte, daß Gott mich auf die grausamste Art der Welt leiden ließe. Ich erbitte mir von ihm nur absolut eine Sache: die Kraft.«[109] Und 1877 an Michel Menard: »Ich will, ich muß leiden, ich akzeptiere es, ich will es, und trotzdem kann ich manchmal nicht mehr. Die Natur führt in mir einen schrecklichen Kampf gegen die Gnade.«[110]

Es ist ein Zwang, den er sich antut, der ihn verleitet, die Dinge zusätzlich zu dramatisieren[111]. Es ist die verkrampfte Jagd nach einem Ideal, das er als das wesentlich Christliche ansieht und das ihn doch ständig überfordert. »Er ruft den Schmerz herbei und lehnt gleichzeitig jede Form des Leidens, die Armut, die Demütigung, die Verbannung,

---

106 MB 114f.

107 Vgl. z.B. TB III, 61.

108 Vgl. MB 115.

109 Bol I 171.

110 Bol I 296.

111 Nachdem Maurice Bardèche das Klagegeschrei Bloys wiedergegeben hat, erinnert er daran, daß dieser damals noch eine feste Anstellung hatte, und fragt: »Est-ce qu'il n'y a pas un peu de vanité à croire qu'on imite Jésus-Christ parce qu'on a des souliers percés et un chapeau en triste état?«: MB 112.

die Ungewißheit ab, Leiden, die nicht von Gott kommen, aber von Menschen, und die oft nichts anderes sind als Verletzungen der Eigenliebe«, kommentiert Maurice Bardèche.[112]

1877-1882

Wir kommen hier zu einem »der entscheidendsten und tragischsten Abschnitte im Leben Léon Bloys«[113]: In das Jahr 1877 fallen wesentliche Ereignisse: Die Begegnungen mit Anne-Marie Roulé (»Veronika«) und Abbé Tardif de Moidrey, der Tod seines Vaters am 24. Mai und schließlich am 18. November der Tod seiner Mutter.
Im Februar lernt Bloy die Prostituierte Anne-Marie kennen und beginnt ein Verhältnis mit ihr.

> »Ich habe ein armes Ding von Mädchen gekannt, Veronika, das war aller Kenntnis so bar, als man es nur sein kann, aber ihr Herz war eine Flamme wie das vereinigte Geleucht aller Gestirnskonstellationen. Nichts wußte sie, nichts kannte sie als ihr eigenes Nichts und den über alle Verstandeswesen hinausgehobenen Gehorsam, so wie ihn die reine Liebe verlangt. Deswegen wurde sie erhoben bis zur Schau der Glorie Gottes und wurde so großer Erleuchtungen teilhaft, daß ich nicht daran denken kann, ohne vor Bewunderung und Schrecken zu erstarren.«[114]

Anne-Marie ist wie er 1846 geboren und wurde - da unehelich - in ein Kinderheim von Augustinerinnen gegeben. Erst als die Mutter im Alter pflegebedürftig war, zogen beide zusammen. Nach deren Tod 1874 gab Anne-Marie sich der Prostitution hin. Ihre fromme Kindheit wäre mit 16 (oder 19) Jahren beinahe ins Kloster gemündet, doch wurde sie wegen ihrer Herkunft abgewiesen. Sie wurde Schneiderin und verwandelte sich dann in Paris »rasch in jenes seltsame und ungestüme Mädchen, in das Léon Bloy sich 'wegen ihrer ungeheuren Eigenartigkeit' verliebte«, und dessen sinnlicher Anziehungskraft er regelrecht verfiel. Drei Jahre später schreibt Bloy: »Die Wohnung, die Anne-Marie zu jener Zeit bewohnte, war so fühlbar vom Teufel besessen,

---

[112] Vgl. MB 112.

[113] Jacques Maritain im Vorwort zu: Léon Bloy, Briefe an Veronika, Wien 1948, VII.

[114] Braut 91.

daß ich darin vor Entsetzen zu sterben vermeinte. Vielleicht war es ein entarteter Zug zum Über-Natürlichen, der mich immer wieder dahin trieb.«[115]

Nach 3 bis 4 Monaten überkam ihn dann »ein heftiges Verlangen, die Seele zu retten«.[116] Doch das ging nicht ohne mühsamen Kampf auch gegen die eigene Leidenschaft. Tragisch wird es, als er ein Telegramm erhält, nach Perigueux zu seinem sterbenden Vater zu kommen. Bloy verliert nur eine Nacht - die er mit Anne-Marie verbringt -, kommt aber dadurch zu spät. Der Vater ist schon tot. Die »glückliche Nacht mit Anne-Marie« war die »Nacht der Agonie seines Vaters«! Bloy ist entsetzt!

Nach seiner Idee der »Balance« (dazu S. 73) ist der Tod des Vaters der Preis für sein Vergnügen. Er fühlt sich als »Vatermörder«, sieht von diesem Punkt her seine ganze Vergangenheit neu, spürt seine Undankbarkeit und beschließt, daß es höchste Zeit sei, sein Leben zu ändern. Er will Trappist werden![117] Dieser tiefe und schmerzliche Einschnitt ist der biographische Ausgangspunkt, von dem aus sich manches Vehemente seiner Theorie der »Balance« klärt.

Auf Drängen Bloys läßt sich Anne-Marie in die »Erzbruderschaft vom reinsten und unbefleckten Herzen Mariä für die Bekehrung der Sünder« eintragen und bricht von diesem Tag an mit der Prostitution. Sie geht zur Beichte und am 13.7. mit ihm zur Kommunion. Sie findet so schrittweise den Weg zurück zur Kirche.[118]

Zweimal in dieser Zeit hält sich Bloy in der Grande Trappe de Soligny auf. Beim ersten Mal (22.9.-2.10.1877) sagt ihm sein Beichtvater Pater Roger: »Sie besitzen ihr Herz noch nicht, und darum sind Sie nicht im Stande, es zu geben.«[119]

Dieser Möglichkeit beraubt, bricht der Zwiespalt nur noch heftiger auf. Im »Verzweifelten« erzählt Bloy auf dem Hintergrund des Selbsterlebten die Geschichte von Marchenoir und Veronika. Marchenoir fragt in der Grande Chartreuse um Aufnahme an, worauf ihm der

---

115 Vgl. Jacques Maritain, a.a.O. VIIIf.

116 MB 119.

117 Vgl. MB 119f.

118 Vgl. Jacques Maritain, a.a.O. X. Vgl. auch den Brief Bloys vom 12. Juli 1877, ebd. 7f.

119 Bol I, 330.

Pater antwortet: »Sie sind liebesentflammt, es springt in die Augen.« Darauf schreibt Marchenoir vor der Rückkehr an Veronika:

»Ich bin in leidenschaftlicher Liebe zu Ihnen entbrannt ... Was soll aus uns werden? Nur zwei Auswege gibt es: Sie retten mich, oder ich vernichte Sie ... Sie werden sich zu unvorstellbarer Zurückhaltung verdammen müssen, denn ich glühe in mir seit der Erregung dieser Reise wie eine schlecht gelöschte Fackel ... Ob Sie nun meine Frau würden oder meine Geliebte, die Abscheulichkeit wäre gleich endlos. Ich fände auf Ihrem Lager und in Ihren Armen Ihre ganze Vergangenheit dem Abgrund wieder entstiegen, in den Ihre Buße sie gestürzt hat ...«[120]

Wenn es auch einen vergleichbaren Brief an die wirkliche Anne-Marie so nicht gibt, scheinen hier doch die mächtigen Skrupel auf, die Bloy zersetzen. Bloy versucht, zwei unversöhnliche Dinge zu vereinen: die große Liebe, die wie ein heißes Fieber auf ihn gefallen ist, und die Verbote der Religion gegen die Sünde des Fleisches. Er schreibt Anne-Marie am 21. Juli 1877: »Ich möchte Dich retten, meine liebe Kleine, ich wünsche es aus aller Kraft, und Du weißt, daß ich Manns genug bin, um vor keinem Opfer zurückzuschrecken, damit wir dieses Ziel erreichen. Und ich selbst will ja auch nicht verlorengehen - das geschieht aber, wenn ich mit Dir falle, wie wir dies vorgestern getan haben."[121]

In der Beziehung zu Anne-Marie findet Bloy zum ersten Mal die Möglichkeit, »den großen Fluß von Empfindungen und Zärtlichkeit auszugießen, der in ihm ist«.[122] So beschließt er - trotz allem - nach dem Tod seiner Mutter im November 1877, Anne-Marie zu heiraten. Dieser Plan scheitert jedoch an der verweigerten Unterstützung und Zusage der Pflegemutter von Anne-Marie, die sich für nicht zuständig erklärt.[123]

Die finanziellen Zustände wurden immer katastrophaler, da Bloy sich - um Anne-Maries Schulden bezahlen zu können und sie vom Zwang der Prostitution zu befreien - in einen Schuldenwirrwarr verstrickt hatte, der ihn nun zu erschlagen droht. Aus dieser ausweglosen Situation

---

120 Verzw 157.

121 Léon Bloy, Briefe an Veronika, 9.

122 Vgl. MB 121.

123 Vgl. MB 122f.

flieht Bloy in die Grande Trappe, wo er über zwei Monate verweilt (3.6.-10.8.1878). Um dies zu ermöglichen, kündigt er seine Arbeitsstelle und überläßt Anne-Marie sehr unsicheren finanziellen Verhältnissen.

Als er nach Paris zurückkehrt, erwarten ihn zwei »Wunder«: Der Sturm um seine Schulden hat sich gelegt, und er kann wieder vor seinen Gläubigern erscheinen. Und Anne-Marie erlebt in der Kapelle von Sacre-Coeur eine tiefe Verwandlung. Bloy schreibt: »Die Liebe Gottes brach wie ein Blitz über sie herein.«[124] Sie wird fähig zu tiefem mystischen Erleben. »Gott und das Gebet - unablässiges und hemmungsloses Gebet -, haben völlig von ihr Besitz ergriffen. Nachdem sie erst Bloys Katechumene gewesen war, wird sie nun die, die ihn erleuchtet«, schreibt Jacques Maritain [125].

Die materielle Not bleibt. Sie leiden Hunger, und Bloy ist ständig auf Arbeits- oder Geldsuche. Doch wird er überschüttet von geistlichem Trost: Anne-Marie begeistert ihn durch ihre »Offenbarungen« und ihre Schriftauslegung. Jacques Maritain bezeugt aus der persönlichen Begegnung: »Wenn Léon Bloy von dieser Zeit sprach, da er seine Vormittage in Saint-Sulpice damit verbrachte, sämtlichen Messen, die daselbst gelesen wurden, in Gebet und Tränen beizuwohnen, hat er uns häufig beteuert, daß er damals so viele Gnaden der Erleuchtung empfing, daß er, der seither fast ständig in der Nacht des reinen Glaubens gelebt hat, in seinen Büchern weiter nichts zu tun brauchte, als all das in ihnen auszumünzen, was er in jenen Jahren empfangen und in seinem Herzen bewahrt hatte.«[126]

Sehr bereichernd wirkt auf Bloy auch die Begegnung mit Abbé Tardif de Moidrey, der sein geistlicher Leiter und Beichtvater wird und ihn in seine besondere Art der Schriftauslegung einführt. Dieser nimmt ihn 1879 erstmals nach La Salette mit und möchte, daß Bloy ein Buch über diesen so sehr in Vergessenheit geratenen Wallfahrtsort schreibt.[127] Er kann und möchte Bloy dafür die finanziellen Mittel zur Verfügung

---

[124] Von Jacques Maritain zitiert, a.a.O. XIII.

[125] Jacques Maritain, a.a.O. XIII.

[126] Jacques Maritain, a.a.O. 138 (Anmerkung zum Vorwort).

[127] Bloy träumt nun davon, der »promoteur« von La Salette zu sein, wie sein ehemaliger Freund Henry Lasserre es von Lourdes geworden war. Er träumt von Erfolg und Reichtum: vgl. MB 131.

stellen. Doch völlig überraschend stirbt der Abbé im September 1879. Er hatte sich wohl noch bemüht, ein Testament zugunsten Bloys zu verfassen, doch leider unleserlich. So geht der Lebenskampf für Bloy weiter, und er ist unendlich traurig über den Verlust dieses Freundes. Die allegorische Schriftdeutung von Tardif de Moidrey und die Idee Hellos vom nahe bevorstehenden Ende kommen nun in Bloy zusammen. Anne-Marie, von dieser apokalyptischen Ungeduld Hellos und Bloys mitangesteckt, sagt für Ostern 1880 den Weltuntergang voraus und offenbart Bloy etwas, was das große Geheimnis seines Lebens bleiben wird.

Als das Ende nicht eintritt, ist die Enttäuschung riesig. »Ich bin verletzt in meinem Glauben, meiner Hoffnung und Liebe. Ich würde mich schämen, einen räudigen Hund so zu behandeln, wie Gott mich behandelt.«[128] Und: »Bin ohne Brot, ohne Zukunft, ohne Hoffnung, mit einer schrecklichen Wunde im Herzen.«[129]

Im September 1880 unternehmen Bloy und Anne-Marie gemeinsam eine einmonatige Pilgerreise nach La Salette[130]. Sie erwarten weiterhin mit wechselndem Datum das Kommen des Parakleten.

Anne-Marie wird 1882 endgültig wahnsinnig: Zuerst kann Bloy sie vier Monate lang noch selbst pflegen und wacht ununterbrochen bei ihr, dann aber erkennt sie ihn nicht mehr und glaubt, er sei der Entführer des wahren Bloy. Bloy muß den Arzt holen, der sie in die Irrenanstalt einliefern läßt, wo sie erst am 7. Mai 1907 stirbt, ohne den Verstand wieder erlangt zu haben.

In der Zeit der Beziehung zu Anne-Marie verändert sich Bloys Gefühl für die eigene Verantwortung. Bloy hatte in den Pariser Jahren vieles begonnen und wieder beendet, lebte ziemlich wahllos vor sich hin und war unfähig, seinem Leben eine wirkliche Richtung zu geben. Er hatte irgendwelche Ideale, war aber nicht stark genug, diese in der Realität aufrechtzuerhalten. Gerade die Beziehung zu Anne-Marie zeigt: Er kann weder sein Reinheitsideal leben, noch die Liebe, die ihn mit Anne-Marie verbindet. So bringt er mit diesem Hin und Her wohl auch manchen Zwiespalt in das Leben dieser Frau. Der Zusammenfall des Todes seines Vater und einer Liebesnacht mit Anne-Marie erschüttert

---

[128] MB 136.

[129] Bol I, 428.

[130] Finanziert von Mme Hayem, Graf Gobineau u.a.: vgl. MB 138.

den Richtungslosen: Bloy ist schockiert und der festen Überzeugung, die verbotene Liebesnacht sei der Auslöser des Todes gewesen, sicher nicht in einer oberflächlichen Art und Weise, aber in einem subtilen Zusammenhang der Schicksale. Bloy will nun Mönch werden, um Buße zu tun. Wir können darin das lebensgeschichtliche Paradigma für Bloys Theorie des »übernatürlichen Gleichgewichts« sehen. Er wird von nun an sensibel dafür, daß die Handlungen des einen sich im Leben des anderen auswirken, daß wir nicht isoliert leben und es somit nicht gleichgültig ist, was wir tun und was wir nicht tun. Jede unserer Handlungen wirkt in die Geschichte der anderen hinein, jede kann weltverändernd sein, jede ist von unersetzbarer Wichtigkeit, auch wenn das unserer Wahrnehmung verborgen bleibt. Und Bloy erkennt, wie wir immer schon in der Schuld der anderen stehen, weil wir uns von unseren eigenen Interessen treiben lassen. Er wird sich bewußt, daß die anderen auf uns angewiesen sind und daß wir darin schrecklich versagen können. Auch wenn Bloy nach der Krise, die Anne-Maries Fortgang bei ihm auslöste, lange Zeit brauchte, bis er sich zu dieser moralischen Größe aufschwingen konnte, hat alle Ernsthaftigkeit, die später sein Leben für viele so glaubwürdig machte, hier ihre Wurzeln. Er wird zeitlebens von Anne-Marie geprägt bleiben und bis zuletzt sein eigenes Martyrium und das Ende der Welt erwarten.[131]

1882-1889

In der Folge erlebt Bloy eine Zeit tiefer Depression und Verzweiflung. Er schreibt darüber 1890 an seine Braut Jeanne Molbech:

> »Seit der schrecklichen Katastrophe Veronikas ist der Geist des Gebets von mir gewichen. In meinem Herzen hat sich so etwas wie ein Geschwür gebildet, eine schmerzende Wunde, die durch allerlei weiteres Elend noch erweitert und verschlimmert worden ist. Dazu bin ich noch den zügellosen Begierden meiner Sinnlichkeit ausgeliefert worden, und meine frühere Frömmigkeit, die wirklich außerordentlich war, habe ich nicht mehr finden können. Dann geschah es, daß ich mich oft gegen Gott empörte und ihm vorwarf, mich im Stich gelassen zu haben und ein zu harter, furchtbarer Herr zu sein für die, die ihn lieben. Dies bittere Weh, mich als einen Heimatlosen, einen Verworfenen betrachten zu

---

[131] Vgl. Raïssa Maritain, Les grandes amitiés, Paris 1949, 438f.

müssen, hat sich allem anderen Leid hinzugesellt und sein Gewicht grausam schwer gemacht.«[132] Und deutend fügt er hinzu: »Ich bat Gott, mich für meine Brüder und für ihn selbst leiblich und seelisch leiden zu lassen. Aber ich dachte da an ganz edle Leiden, an eine Art von reineren, feineren Leiden, die, wie ich heute verstehe, immer noch, im ganzen, Freude ergeben hätten. Ich dachte nicht an diese Höllenqual, die er mir geschickt hat: sich anscheinend von mir zurückzuziehen und mich schutzlos im Ring meiner grausamsten Feinde stehen zu lassen. Als dies Wunder von Weib, das ich Veronika nannte, in meine Obhut gegeben wurde, hielt ich meine Leidensbitte für erhört, ich hatte ja tagtäglich schwer zu leiden unter der nie aussetzenden Drohung einer äußersten Armut, vor der ich dieses Gefäß grenzenloser Anbetung zu bewahren hatte. Aber zu gleicher Zeit war ich solcher Offenbarungen und himmlischer Freuden teilhaftig, daß ich den Neid der Engel hätte erregen können. Also war das auch nicht das echte, rechte Leiden. Dann aber, als Gott mir wieder wegnahm, was mir anzuvertrauen er mich gewürdigt hatte, dann sollte ich endlich erfahren, was es heißt, wahrhaft unglücklich zu sein!«[133]

Bloy hat inzwischen einige Artikel geschrieben. Fast von Anfang an macht er von sich reden. Maurice Bardèche resumiert: »Zwei Seiten von ihm, eine Begegnung, und man ist entsetzt oder begeistert.«[134] 1882-84 veröffentlicht Bloy nun regelmäßig im »Chat Noir«, der Revue eines gleichnamigen Kabaretts von Freunden, wo Bloy mit der Visitenkarte »Léon Bloy - Abrißunternehmer« (»entrepreneur de demolitions«) verkehrt. Auch im »Foyer Illustré« werden seine Artikel gedruckt. Francis Magnard, der Direktor des »Figaro«, stößt auf ihn und engagiert ihn 1884. Nach drei Monaten der Zusammenarbeit - ein Artikel alle zwei Wochen - meint Bloy, nun das Recht zu haben, »sich zu amüsieren«: Er möchte eine alte Rechnung mit dem ehemaligen Freund Jean Richepin begleichen und holt zu einer »öffentlichen Geißelung« aus, die Anfang Mai zur Kündigung führt.[135]
1884 erscheint sein erstes Buch »Le revelateur du globe« über Christoph Kolumbus, das - wie all die folgenden - erfolglos bleibt. Er veröffentlicht weiter Pamphlete und Polemiken. 1885 versucht er es

---

[132] Braut 194.

[133] Ebd. 197f.

[134] MB 128.

[135] Vgl. MB 165f.

mit einer eigenen Revue »Le Pal«, von der vier Nummern erscheinen, die fünfte bekommt er nicht mehr finanziert. Voller Haß gegen alle religiöse und gesellschaftliche Mittelmäßigkeit ruft er zur Intoleranz auf und zieht über alle möglichen Zeitgenossen her.[136] Bloy entschuldigt das später mit seiner Jugend (er ist fast 40 Jahre!). Der Grund liegt wohl eher in der persönlichen Verzweiflung dieser Jahre. Bedauerlicherweise machen sich viele dieser Zeitgenossen jetzt ein Bild von Bloy, das sie zeitlebens nicht mehr zu revidieren bereit sind.

Auf Anregung von Paul Victor Stock schreibt er seinen ersten Roman, der unter dem Titel »Der Verzweifelte« 1886 erscheint und einen der Höhepunkte im Werk Bloys darstellt[137].

Wichtige Freunde sind in diesen Jahren Maurice Rollinat, Charles Buet[138], Louis Montchal, Joris-Karl Huysmans (vgl. S. 120) und Villiers d'Isle-Adam, die ihn mit ihren Geldzuschüssen über Wasser halten, obwohl sie selbst oft nicht viel zum Leben haben. Bloy empfindet das als sehr selbstverständlich.[139] »Einen Freund erkenne ich daran, daß er mir Geld gibt«, ist einer seiner häufigen Aussprüche.[140]

Als Bloy als Mitarbeiter beim »Gil Blas« dann kurze Zeit selbst einmal wohlhabend ist, zieht er sich von Huysmans und Villiers zurück, was ihm beide recht übelnehmen[141].

Nachdem im Mai 1889 Barbey d'Aurevilly starb, den er noch treu in den letzten Tagen besuchte, obwohl die Beziehung sehr an Bedeutung verloren hatte, verschied im August Villiers. Huysmans hatte Bloy nicht ans Krankenbett gerufen, so daß sich Bloy schmerzlich ausge-

---

[136] Vgl. MB 175-180.

[137] Auch hier vergreift er sich manchmal im Ton, wie er später selbst zugibt: vgl. Stanislas Fumet, Mission de Léon Bloy, 123-128.

[138] Von ihm bekommt er den Rat, sich den Patres der Grande Chartreuse anzuvertrauen. Er geht im Oktober 1892 für ca. drei Wochen dorthin und ist tief beeindruckt. Neben stärkender Freundschaft und Verbundenheit erhält er von dorther auch immer wieder finanzielle Unterstützung.

[139] Vgl. MB 217f : »Quand Villiers revint à Paris, il lui restait vingt-cinq francs sur lesquels il donna cinq francs à Léon Bloy. 'Je suis à peu près brouillé avec Villiers', annonca Bloy à Louis Montchal trois semaines plus tard.«

[140] Vgl. z.B. TB I, 58.

[141] »'Il mène une vie de vadrouille, dit Huysmans, et il ne lui sort pas une âme éclatante depuis qu'il manie des Louis.' Trois mois plus tard, la condamnation est prononcée: 'Je le vois très peu maintenant. Pendant son opulence, il a été à peu près ignoble et j'en ai profité pour l'écarter ... Je le vois au café de temps en temps, et ça me suffit.'«: MB 221.

stoßen fühlt und untröstlich ist, seinen langjährigen Freund nicht mehr gesehen zu haben. Die Freundschaft mit Huysmans bricht mehr und mehr auseinander.

Auch Frauen spielen in diesen Jahren im Leben Bloys eine große Rolle. Seit er in Paris ist, hat er immer wieder Kontakt zu Prostituierten.[142] Nachdem er mit Anne-Marie eine Frau gefunden hatte, die er liebte, stand er nach ihrer Einlieferung in eine Anstalt wieder allein da, viel mehr allein als zuvor.

So läßt er sich 1883 auf ein Verhältnis mit der arbeitslosen Schauspielerin Henriette Vilmont ein, das bald darauf tragisch mit ihrem Selbstmord endet. An seine Braut schreibt er später darüber:

> »Ich hab' Dir einmal gesprochen von einem armen jungen Weib, das war von einer ergreifenden Schönheit und hat mich geliebt bis in den Tod, den ich in meinem Buch 'Der Verzweifelte' mir selber zuschreibe. Sie wurde meine Freundin, die Unglückselige. Aber beinahe in erster Stunde begriff ich, daß ich mich geirrt hatte und daß sie nicht diejenige war, die ich suchte: da war die Hölle ausgebrochen! Das arme Opfer las in meiner Seele und starb daran ...«[143]

Bloy ist tief erschüttert.

Im Januar 1884 lernt er Berthe Dumont kennen, eine Mischung aus Arbeiterin, Bettlerin und Prostituierte. (Da sie morphiumsüchtig ist, braucht sie diese verschiedenen Tätigkeiten, um sich Geld zu verschaffen). Sie wird Bloys Maitresse, und beide leben mit Berthes Mutter zusammen.[144] Berthe hat Tuberkulose. Als Bloy in der Nacht auf den 11. Mai 1885 versucht, ihr noch etwas zum Essen zusammenzubetteln, stirbt sie während seiner Abwesenheit und ruft während ihrer Agonie umsonst seinen Namen. Bloy ist untröstlich und hält die darauffolgende Einsamkeit kaum aus: »Die Wahrheit ist, ich wußte nichts von mir, es brauchte den Tod meiner Geliebten, um mich kennenzulernen, um

---

142 Vgl. MB 30.

143 Braut 198. Irrtümlich wird diese Stelle von manchen Biographen (z.B. Stanislas Fumet) auf Berthe Dumont hin interpretiert, was keinen Sinn ergibt.

144 Was damals durchaus üblich war, auch Huysmans und Villiers leben mit einer Maitresse: vgl. MB 188.

mein Bedürfnis nach Zärtlichkeit zu entdecken, ein Bedürfnis, genauso absolut und beherrschend, wie die Notwendigkeit zu atmen.«[145]
Aus einem kurzen Verhältnis zu Eugénie Pandeloup geht 1888 sein erster Sohn Maurice hervor, der bei der Mutter lebt und schon im Juli 1900 an Hirnhautentzündung stirbt.
1887 bekennt Bloy: »Ich bin ein Sklave der Liebe, vom erstbesten Käufer zu kaufen. Wenn es Gott ist, gehöre ich ihm, ist es eine Kreatur, gehöre ich ihr.«[146]
Seine vielen Irrwege auf der verzweifelten Suche nach der Liebe einer Frau, der er sich ganz hingeben kann und die ganz ihm gehört, werden erst das langersehnte Ende nehmen, wenn er im August 1889 zum ersten Mal seiner späteren Frau Jeanne Molbech begegnen wird. Etwas später wird er ihr dann schreiben:

»Es kommt zum Beispiel vor, daß ein Königssohn zur Strafe für einen Fehler oder durch das bloße Machtwort eines geheimnisvollen Zauberers verwandelt, in die Gestalt eines Ungeheuers hineingebannt wird und in dieser scheußlichen Verkleidung sein Jammerleben hinschleppen muß bis zum Tag, wo eine sehr reine, tugendliche Jungfrau ihm ihre Liebe schenkt und seine Gattin zu werden verspricht. Dann bekommt er seine wahre Gestalt wieder zurück, und ihr Glück ist vollkommen. Nun gut, ich bin sicher, einfach felsenfest sicher, daß das unsere Geschichte ist.«[147]

1889-1890

Am 19.8.1889 wird Bloys Freund Villiers d'Isle-Adam beerdigt, einen Tag später lernt er Jeanne Molbech kennen[148], die dreißigjährige Tochter eines dänischen Dichters. Im Vorwort zu den »Briefen an seine Braut« erinnert sich Jeanne 1921:

»Er wurde mir vorgestellt, unterhielt sich angeregt mit mir und versprach mir seinen Roman 'Der Verzweifelte'. Die gemeinsame Freundin, bei welcher diese Begegnung stattfand, sagte mir, als wir alleine waren, das sei ein entsetzenerregendes Buch. Wer oder was er selber sei? Die Antwort folgte der Frage wie ein Keulenschlag, darin klang für

[145] Léon Bloy, Lettres aux Montchal, 38.

[146] MB 171.

[147] Braut 199.

[148] Für Bloy ist dieses Zusammentreffen der Ereignisse kein Zufall!

mich etwas wie die eherne Wucht des Schicksals, die keinen Raum zu Bedenklichkeiten mir ließ, sondern mich gleich in seinen Bann riß. Die Antwort sprach: 'Ein Bettler.'«[149] Und ein paar Tage später bei Coppée, »da stand ich unvermutet Léon Bloy ganz allein gegenüber. Während ich auf den Hausherrn wartete, hatte ihn die alte Haushälterin hereingeführt. Das Dienstmädchen brachte ihm Wein, in den Wein tauchte er ein Stück Brot. Da schaut er mich und sagt: 'Mein Fräulein, das ist mein Mittagessen.' Ich war noch niemals in unmittelbare Berührung mit der Armut gekommen, zu meiner Schande sei es gesagt, und daß man nicht einmal etwas zum Mittagessen haben könnte, war für mich bis jetzt ein unvollziehbarer Gedanke gewesen. Ich nahm neben ihm in einem Lehnstuhl Platz, und dann begann jene unvergeßliche Unterhaltung, eigentlich eher ein Monolog, in dem dieser außergewöhnlich kindhafte Mensch die Geheimnisse seines Lebens vor mir enthüllte. Vor einem armen Mädchen, das wohl nur verstand, ihm zuzuhören, dessen Herz sich aber, auch wortlos, mit unwiderstehlicher Gewalt in seines stürzte.«[150]

Was für Bloy die Liebe Jeannes bedeutet, bleibt selbst vielen seiner Freunde verborgen.[151] Auch er spürt die Nähe, fühlt sich endlich ganz verstanden[152] und schreibt ihr am nächsten Tag:

»Es ist sicher, daß es Wesen gibt, die im unfehlbaren Gewebe des göttlichen Planes ihre genaue Entsprechung zueinander haben; mögen Erdteile und Meere, verschiedene Sprache und Lebensgewohnheiten, mögen alle Hindernisse, die irgendwie menschliche Existenz voneinander trennen können, zwischen ihnen liegen, sie werden sich dennoch treffen,

---

[149] Jeanne Bloy im Vorwort zu: Braut 41.

[150] Ebd. 43.

[151] »Da fällt mir jetzt gerade ein Wort des Grafen de Lorgues ein. Der sprach mir einmal von Dir und meinte, Deine Liebe zu mir sei wahrscheinlich größer als meine für Dich. Der gute alte Herr wollte das bemerkt haben. Ich erwiderte nichts darauf, wozu auch? Wenn ich von Dir rede, bin ich sehr zurückhaltend. Meine Liebe sitzt mir so tief im Herzen und hat eine so innerliche Art, daß ich sie zu entweihen fürchtete, wenn ich vor fremden Leuten damit Aufhebens machte. Möge die Seligkeit dieser Liebe, Du meine Teuere, unter uns beiden bleiben als unser Geheimnis, als unschätzbarer Schatz. Meine Zurückhaltung in diesen Dingen ist so groß, daß möglicherweise noch andere Freunde die Ansicht des Grafen teilen. Ganz belanglos für uns. Jedenfalls erkläre ich es von vorneherein als eine Unmöglichkeit, daß Du mich mehr liebst, als ich Dich liebe«: Braut 210.

[152] Vgl. ebd. 50 bzgl. Georges Landry: »...ein wahrer Freund, den ich buchstäblich ins Herz geschlossen habe. Aber das ist der Unterschied: Er hat auch in 25 Jahren nicht begriffen, was Sie im ersten Augenblick erfaßt haben.«

und zwar in dem Augenblick, den der allbestimmende Gott aus dem Abgrund seiner ewigen Himmel heraus für die Begegnung festgesetzt hat. Und weil ich denke, daß es so steht mit uns zweien, darum ist meine Seele so selig heut morgen.«[153]

Und am Morgen nach dem ersten Kuß, drei Wochen später:

»Gott im Himmel, endlich die Sicherheit, zu lieben und wahrhaftig geliebt zu werden! Grenzenlose Freude! Mir verschlug's den Atem, ich war wie vernichtet, selig vernichtet, meinte, sterben zu müssen vor Glück. Unfähig, zu lesen oder zu schreiben, unfähig, meine Aufmerksamkeit auf etwas anderes abzulenken, war ich; alles, was ich fertigbrachte, wurde zu einem Aufschrei des Dankes zum Himmel, der der Not meiner geplagten Seele sich gnädig neigte. Ich bin wie von Sinnen in meinem Zimmer herumgerannt, hab' mich auf das Bett geworfen, hab' die Kissen naßgemacht mit meinen Tränen. Aber Tränen von unsagbarer Süße - es waren die Tränen von ehemals, die lieben, heiligen Freudentränen, die von Gott kommen, welche die Seele erlösen und vom Tod aufwecken ...«[154] Und weiter: »Seltsam, ich fühle mich vor Ihnen, ich komme mir bei Ihnen, meine teure Liebe, vor wie ein krankes kleines Kind. Gäbe uns Gottes Gnade die Erfüllung unserer Wünsche, oh, dann würde ich mich in Ihre Arme, an Ihr Herz flüchten wie in eine Burg. Diesen Mann, der den Ruf hat, für seine Feinde so stark und hart und furchtbar zu sein und doch so schwach ist in Ihrer Gegenwart, - Sie würden ihn vor sich selber und seinen Gedanken beschützen. Ja, süße Freundin meiner Seele, Sie würden mein Gewissen und mein Licht sein, und durch Sie hindurch würde ich immer meinen Erlöser und den Heiligen Geist schauen.«[155]

Am 27.5.1890 fand die Hochzeit statt, und was Bloy in seinem Brief ersehnt hatte, blieb während 27 Jahren Ehe ungetrübte Wirklichkeit.

»Bevor man in das Haus Bloys eintritt, muß man in das Haus Gottes eintreten«, kommentiert Hubert Colleye 1944 die Konversion Jeanne Molbechs im März 1890. Und: »Sie gab, was sie hatte dem Bettler: ihr Herz und ihr Leben. Als Gegenleistung führte der Bettler sie zu

---

[153] Ebd. 45.

[154] Ebd. 55f.

[155] Ebd. 58.

Gott.«[156] Auch davon geben die »Briefe an seine Braut« ein schönes Zeugnis. Bloy drängt sie nicht sehr, er gibt Antwort auf ihre Fragen und erklärt ihr, was für ihn die Dinge des Glaubens bedeuten.[157] Als es dann soweit ist, schreibt er: »Ich bin tief ergriffen von dem Gedanken, daß Du jetzt in die Kirche eintrittst, daß Du auch der äußeren Wirklichkeit nach eine Tochter des Heiligen Geistes sein wirst und daß dies zum Teil mein Werk ist - in dem Sinn, daß Du diesen herrlichen Lohn erhältst für Deine barmherzige Liebe zu dem armen Verzweifelten.«[158]

Jeannes Heiratsantrag zeugte von dieser Liebe und soll abschließend noch einmal zeigen, wie sehr sie die angemessene Frau Léon Bloys ist: »Du bist ganz gedrückt von Sorgen und Entbehrungen. Du tötest Dich offensichtlich. Aber: Ich brauche Dich, Dein Kind braucht Dich, andere auch in sehr großer Zahl, und Du mußt Dein Werk schaffen. Heiraten wir, ohne einen Moment zu zögern!!! Ich dürste danach, Deine Armut zu teilen!«[159]

1890-1895

Von Februar bis September 1891 halten sich Jeanne und Léon Bloy in Dänemark auf, wo im April das erste Töchterchen Véronique geboren wird. Bloy hält in Kopenhagen eine Konferenzreihe über »Das Begräb-

---

156 Vgl. Hubert Colleye, La femme de Léon Bloy, in: Onzième Cahier de Rhône. Léon Bloy. Pour le vingt-sixième anniversaire de sa mort, Neuchâtel, Januar 1944, 116 und 114.

157 So z.B. das Sakrament der menschlichen Liebe: »Sie haben mir geschrieben: 'Ich liebe Gott mehr als Sie.' ... Ich könnte Ihnen so etwas nicht schreiben, einfach deshalb nicht, weil ich so eine Teilung nicht vornehmen kann. Ich liebe Gott in Ihnen, durch Sie hindurch, wegen Ihnen, ich liebe Sie vollkommen in Gott, wie ein Christ seine Gattin lieben soll; die Idee, diese zweieinige Flamme der Liebe auseinanderzureißen, das ist für mich eine Klügelei, eine Grübelei, die mir überhaupt nicht in den Sinn kommt«: Braut 57 f. - Oder: Sehr anschaulich erklärt er ihr die Verehrung der Heiligenreliquien: »Liebste Jeanne! Ich bete Dich an, Dein ist mein ganzes Herz. Immer liege ich zu Deinen Füßen, kleine Königin aus dem Norden, Deine schönen, seidigen Haare haben mich, als wär' ich ein Kind, in die Freude hineingezaubert. Ich habe sie geküßt mit einer Glut der Liebe, die bei einem Menschen wie mir bis zum Schmerz, bis zum Ersticken gehen kann. Verstehst Du das wirklich nicht, Du liebes, verliebtes Närrchen, das da behauptet, nichts zu verstehen von der katholischen Verehrung der Heiligenreliquien?«: ebd. 89.

158 Braut 206.

159 So von Bloy weitergegeben in: Léon Bloy, Lettres aux Montchal, 223.

nis des Naturalismus«, die ihm genug Geld einbringt, daß die junge Familie in Paris ein schönes Häuschen mieten kann. Der Versuch, dort eine Pension zu eröffnen, scheitert. Als Untermieter kommt für ein halbes Jahr der Maler Henry de Groux, der einer der ganz großen Freunde Bloys wird.[160]

Im Februar 1892 beginnt das Tagebuch, das Bloy von nun an regelmäßig bis an sein Lebensende veröffentlichen wird.

Aus Geldmangel muß im Juli 1892 umgezogen werden. Sie ziehen in ein Haus mit 14 Zimmern (!). Ab September 1892 wird Bloy wieder Mitarbeiter im »Gil Blas«, was ihm ein gutbürgerliches Leben ermöglicht[161]. 1892 erscheint »Das Heil durch die Juden«, von dem Bloy selbst behauptet, daß dieses Buch »seit dem 11. Kapitel des Römerbriefes unzweifelhaft das energischste und eindringlichste christliche Zeugnis zugunsten des erstgeborenen Volkes ist«[162]. 1892 veröffentlicht er auch den ersten Artikel im »Mercure de France«.

Ende 1893 schreibt Bloy in seine Agenda: »Das erste Mal seit unserer Heirat, daß ein Jahr zu Ende geht ohne Todesangst.«[163] Die zwei folgenden werden mit einer Katastrophe enden:

1893 kommentiert der Dichter Laurent Tailhade, ein »Schüler« Bloys, in »La Plume« das Bombenattentat gegen die Abgeordneten-Kammer auf eine protestauslösende Weise. Als etwas später dann eine zweite Bombe im Restaurant gegenüber dem Senat hochgeht, speist Tailhade dort gerade mit seiner Freundin und wird verletzt. Edmont Lepelletier vom »Echo de Paris« schreibt daraufhin von einer »bombe intelligente«. Bloy macht sich zum Verteidiger Tailhades und bezeichnet Lepelletier im »Gil Blas« als einen »seit zwanzig Jahren mit allen Speicheln gewa-

---

160 Von 1900-1916 ist diese Freundschaft durch ein Mißverständnis unterbrochen: vgl. Bol III 313-315.

161 Vgl. MB 274f: »La villa d'Antony avait installé Léon Bloy dans la vie bourgeoise. Elle avait un jardin agréable. La petite Véronique pouvait y jouer. Mme Bloy avait un piano. Léon Bloy pouvait recevoir de nobles inspirations sur l'imposant bureau du professeur Molbech qui n'attendait que son plaisir, les quatorze pièces de la villa permettaient d'hérberger des amis. Il y avait une bonne pour s'occuper de l'enfant et faire le service. L'existence était digne.«

162 Einleitung zur zweiten Auflage im November 1905, Jud 297. Bloy nannte es: »Das erhabenste meiner Bücher, das einzige meiner Werke, das ich mit dem Buch 'Die arme Frau' Gott zu überreichen wagen würde«: nach Raïssa Maritain in: Léon Bloy, Das Heil und die Armut, 75.

163 MB 276f.

schenen Pedanten« (»un cuistre desallé depuis 20 ans par tous des crachats«), worauf dieser ihn zum Duell auffordert. Bloy weigert sich, worauf der Chefredakteur an seiner Statt antreten muß und verletzt wird, was die Kündigung Bloys zur Folge hat (April 1894).[164] Die Tür zum Journalismus bleibt Bloy fernerhin verschlossen, und damit kehrt großes Elend in das Haus Bloys ein.

Im Februar wird sein Söhnchen André geboren. Ein Jahr später stirbt es kurz nach einem der Umzüge in immer einfachere Wohnungen an Krupp-Husten, gegen den es damals noch keine Medizin gab.[165] »26. Januar. - Erwache gegen 4 Uhr morgens durch fürchterliche Schreie Jeannes; ich stürze zu ihr und bin Zeuge des letzten Atemzuges unseres Sohnes André.«[166] Nach dem Tod flehen Jeanne und Léon Bloy inständig zu Gott, Bloy opfert sein Leben auf mit der Bitte, er möge doch André wieder lebendigmachen. »Aber: Es sollte ohne Zweifel nicht sein, und wir sind keine Heiligen.«[167] Bloy zerreißt es das Herz, aber er akzeptiert das Ereignis aus der Hand Gottes. »Alles ist anbetungswürdig«, schreibt er.[168]

Im Juli 1895 kommt es endlich zum erhofften Umzug. Bloy, dessen Gewohnheit es war, am Nachmittag und Abend mit Freunden etwas trinken zu gehen und Billard zu spielen[169], wird in dieser Zeit »Wermuts-süchtig«, wie er in seiner Agenda bekennt[170].

Am 24. September 1895 kommt Bloys jüngster Sohn Pierre zur Welt, und Bloy schreibt einen Tag später in sein Tagebuch: »Oh möge doch dieses mir schon jetzt ans Herz gewachsene Kind wirklich ausgesandt worden sein zu unserer Rettung, und möge seine Geburt der Ausgangspunkt werden zur schließlichen Befreiung seines Vaters, den Du, mein Gott, nun seit endlos langen Jahren schon in so harter, so drückender Gefangenschaft hältst!«[171]

---

164 Vgl. MB 277.

165 Vgl. MB 286.

166 TB I, 277.

167 Vgl. Bol III, 153.

168 Vgl. MB 286f.

169 Vgl. MB 289.

170 Vgl. MB 290f.

171 TB I, 334.

Am 6. November wird Jeanne plötzlich krank, am 11. beichtet sie und empfängt die Letzte Ölung. Bloy schreibt am 12. an Henry de Groux: »Ich bin der Amboß am Boden des Abgrundes, der Amboß Gottes, der mich leiden läßt, weil er mich liebt, ich weiß es wohl. Gottes Amboß am Boden des Abgrunds!... Sei es denn! Es ist der rechte Ort zu IHM emporzudröhnen. Alles, was kommt, ist anbetungswürdig, nur und nur anbetungswürdig, und ich verbrenne in Tränen...«[172]
Am 21.11. muß Jeanne ins Krankenhaus. Am 27. gibt Bloy den kleinen Pierre zur öffentlichen Fürsorge, da sich niemand um ihn kümmern kann. Am 13. Dezember erhält er - allein in der Wohnung um seine dreijährige Véronique bemüht - die Nachricht vom Tode Pierres. Am 20. schreibt er an Madame de Groux:

»Wollen Sie die Gräßlichkeit meiner Situation wissen? Die arme Mutter ist erst noch dabei, den Tod ihres Kindes zu erfahren. Ich wage nicht, ihr diesen Schlag zu übermitteln, und jeden Tag gehe ich sie besuchen mit diesem Stachel im Herzen, gezwungen zu lügen, Freude zu heucheln, Hoffnung, in Gefahr, mich jeden Moment zu verraten, in Tränen auszubrechen, wenn sie von dem Kind spricht, das unter der Erde ist und das meine Unerfahrenheit getötet hat, vielleicht, als ich verpflichtet gewesen wäre, selbst für es zu sorgen wie eine Amme. Es ist zum Verrücktwerden.«[173]

1896-1904

Das Jahr 1896 enthält fast keine Tagebucheintragungen. Rückblickend sagt Bloy: »Meine Mutlosigkeit war abgrundtief.«[174]
Mitte des Jahres beginnt er seinen zweiten Roman »Die arme Frau« zu schreiben, in dem er das in den letzten Jahren Erlebte frei bearbeitet, und vollendet ihn im März 1897. Maurice Maeterlinck schreibt im Juni 1897 an Bloy: »Sehr geehrter Herr Bloy! Ich habe eben 'Die arme Frau' gelesen. Das ist, glaube ich, das einzige Werk unserer Tage, in dem deutliche Zeichen von Genie vorhanden sind, wenn man unter Genie gewisse Blitze in die Tiefe versteht, die das, was man sieht, mit

---

[172] Ebd. 349.

[173] Bol III, 215.

[174] TB II, 12.

dem, was man nicht sieht, verbinden und das, was man nicht versteht, mit dem, was man eines Tages verstehen wird.«[175]
Nachdem Raïssa und Jacques Maritain verzweifelt nach einem höheren Sinn des Lebens gesucht haben, werden sie 1905 - zwanzigjährig - durch dieses Buch mit Bloy in Berührung kommen und damit mit dem Christentum: »Wir verschafften uns diesen seltsamen Roman, der keinem anderen Roman glich, und lasen ihn sofort. Zum ersten Mal befanden wir uns vor der Wirklichkeit des Christentums ... Was uns beim ersten Lesen dieses Buches blendete, war die Unermeßlichkeit dieser gläubigen Seele, war ihr glühender Drang nach Gerechtigkeit, war die Schönheit der hohen Lehre, die zum ersten Mal vor unseren Augen auftauchte ...«[176]
Es leuchtet hier etwas von Bloys Leben selbst auf, eine ganz eigenartige Frucht seiner Wunden. »Sie müssen sehr unglücklich sein«, lesen wir da etwa gegen Ende. »Ich bin vollkommen glücklich. Man tritt nicht morgen ins Paradies ein, nicht übermorgen, nicht in 10 Jahren, man tritt dort heute ein, wenn man arm ist und gekreuzigt.«[177]
Am 9. März 1897 wird Madeleine geboren, das letzte Kind Bloys. Bloy gewinnt neue Freunde, darunter Rachilde und ihr Mann Alfred Valette, den Direktor des »Mercure de France«, der ab 1900 fast alle Werke Bloys verlegt und ihm so einen - wenn auch nicht ausreichenden, so doch sehr hilfreichen - Lebensunterhalt sichert.
Von Januar 1899 bis Juni 1900 lebt die Familie in Dänemark, wo sich Bloy aber ständig an seiner protestantischen Umgebung reibt[178] und von Katholiken als Häretiker verdächtigt wird.
1900 bis 1904 wohnen Bloys außerhalb von Paris in Lagny[179]. Im April 1904 endet diese »babylonische Gefangenschaft« mit dem Umzug auf den Montmartre.

---

175 Vollständig zitiert in: Léon Bloy, Das Heil und die Armut, 31f.

176 Raïssa Maritain, a.a.O. 32f.

177 Femme pauvre 392.

178 Die Belege dafür im Tagebuch sind endlos, der Ton oft peinlich: vgl. z.B. 324 im TB II.

179 Sein Tagebuch dieser Zeit betitelt Bloy dann: »Vier Jahre Gefangenschaft in Cochons-sur-Marne«!

Wieder in Paris, sammeln sich nun mehr und mehr die guten, so lange ersehnten Freunde um Bloy, die seinem Leben in den letzten Jahren Licht und Frieden geben werden. Da sind die Familien Martineau und Rouault, Frédéric Brou, Ricardo Vinès und Pater Dancien, der mangels Geld Bloys Bücher von Hand abschreibt, um sie bekannt zu machen.

Im Juni 1905 kehren Raïssa und Jacques Maritain erstmals bei Bloys ein. Jacques bezeugt: »Wenn man die Schwelle seines Hauses überschritten hatte, waren alle Werte an einen anderen Platz gerückt wie durch eine unsichtbare Mechanik. Man wußte oder man ahnte es: 'Es gibt nur eine Traurigkeit, kein Heiliger zu sein.' Und alles übrige trat in die Dunkelheit zurück.«[180] Im Oktober schreibt Bloy an Jacques:

> »Es scheint mir, daß ich nichts gesehen hätte, was mich ebenso verwundert, wie Ihre teure Freundschaft, Jacques und Raïssa, die Sie uns Ihr Herz gegeben haben, wie man sein Blut unserem Herrn Jesus Christus gibt, wenn man Martyrer-Seelen hat. Was kann ich Ihnen sagen, wenn nicht, daß der arme alte Léon Bloy wirklich getröstet ist durch Sie, und daß er Sie liebt wie Kinder, die er von der guten Vorsehung Gottes bekommen hat.«[181]

Der Geologe Pierre Termier möchte im Januar 1906 Bloy kennenlernen, und »vom Tag ihrer ersten Begegnung hat Bloy in ihm einen unvergleichlichen Freund gefunden, dessen brüderlicher Rückhalt - materiell und moralisch, ihm immer behilflich war.«[182]

In der Tat verschwindet von nun an die ständige finanzielle Not. »Wenn ihm alle Quellen versiegen, kommt doch von dem einen oder anderen Hilfe, aber wie durch ein Verhängnis nie schnell genug, um zu verhindern, daß Gott den Bloys eine Zeit martervoller Angst schickt.«[183]

> »Das ist das ganz und gar Merkwürdige an der Geschichte meines Lebens: diese absolute Gewißheit, daß mir so oder so immer zur rechten

---

[180] Jacques Maritain im Vorwort zu: Léon Bloy, Der beständige Zeuge Gottes, 23.

[181] Léon Bloy, Lettres à ses filleuls, Paris 1928, 21.

[182] Raïssa Maritain, Les grandes amitiés, 148.

[183] Raïssa Maritain in: Léon Bloy, Das Heil und die Armut, 83.

Zeit geholfen wird, nimmt mir dennoch niemals die Angst, wenn die Bedrohung eintritt. Das Vertrauen wird niemals erschüttert, aber es würde etwas fehlen, wenn Gott mich der Angst beraubte. Die Menschen wären nicht zu retten gewesen, wenn Jesus nicht aus lauter Angst und Überdruß Blut geschwitzt hätte. Coepit pavere et taedere. Was für ein Text!«[184]

Weitere Freunde versammeln sich nun um Bloy, darunter Jeanne Boussac-Termier, ab 1910 Pierre und Christine van der Meer de Walcheren (die im Hause Bloys den Glauben finden, Pierre wird eines seiner berühmten Patenkinder), der junge Musiker Georges Auric, Abbé Petit, ab 1916 endlich wieder Henry de Groux und viele mehr.[185]

Es gibt bei Bloys den Sonntag als »Empfangstag«: Alle bringen etwas zum Abendessen mit (das dann auch noch für Montag und Dienstag ausreicht), Bloy liest den ergriffenen Freunden das gerade Geschriebene vor, und alle genießen die unvergeßliche Atmosphäre dieses Beisammenseins.

Bloy veröffentlicht von 1892 bis zu seinem Tod seine Tagebücher[186] und in regelmäßigen Abständen andere Werke. Neben seinen Freunden hat er ein treues Publikum von ca. 1000 Leserinnen und Lesern. Diese sind ihm in tiefer Verehrung zugetan, nicht wenige finden durch Bloy zum Glauben. Doch bleibt der große Erfolg aus, und die Enttäuschung darüber ist immer wieder schmerzlich. Er kam nach seinem Tod - und Bloy hat es selbst immer gewußt, daß es früher oder später diesen Durchbruch geben wird.

Im Januar 1916 zieht die Familie Bloy nach Bourg-la-Reine, einen Pariser Vorort, in das Haus, das Charles Peguy bewohnt hatte, bis er im Krieg 1914 gefallen ist. Auch hier ist Bloy umgeben von Freunden, die ihn bewundern und lieben.

Und doch schreibt er, den Tod nahe fühlend[187]:

---

184 Nach Raïssa Maritain, in: Léon Bloy, Das Heil und die Armut, 83f.

185 Vgl. Raïssa Maritain, a.a.O. 124f.

186 Das letzte wird von Jeanne Bloy nach seinem Tod herausgegeben.

187 Nach einer schweren Krankheit 1915 erholt sich Bloy nie mehr ganz, Januar bis April 1917 leidet er an großer Schwäche und hat Lähmungsanfälle, ab August 1917 ist Bloy dann krank, oft zu schwach, um aufzubleiben.

»Ich bin allein. Ich habe jedoch eine Frau und zwei Töchter, die mich lieben und die ich liebe. Ich habe Patensöhne und Patentöchter, die der Heilige Geist erwählt zu haben scheint. Ich habe treue, erprobte Freunde, viel zahlreicher, als man für gewöhnlich davon haben kann. Und trotzdem bin ich in meiner Art allein. Ich bin allein im Vorzimmer Gottes. Wenn ich an der Reihe sein werde zu erscheinen, wo werden diejenigen dann sein, die ich geliebt und die mich geliebt haben? Ich weiß wohl, daß einige, die beten können, für mich von ganzem Herzen beten werden, aber ich weiß auch, sie werden dann fern sein - und was für eine erschütternde Einsamkeit vor meinem Richter! Je mehr man sich Gott nähert, umso mehr ist man allein. Das ist die Unendlichkeit der Einsamkeit. In jenem Augenblick werden mir alle heiligen Worte, die ich so oft in meiner dunklen Höhle gelesen habe, geoffenbart, und das Gebot, Vater, Mutter, Kinder, Brüder und Schwestern bis hinab zur eigenen Seele zu hassen, wenn man vor Jesus treten will, wird wie ein Berg von glühendem Granit auf mir lasten. Wo werden sie sein, die bescheidenen Kirchen mit den freundlichen Mauern, in denen ich manchmal mit soviel Liebe für die Lebenden und für die Toten betete? Wo werden die teuren Tränen sein, die meine Hoffnung als Sünder waren, wenn ich nicht noch mehr zu lieben und zu leiden vermochte? Und was wird dann aus meinen armen Büchern geworden sein, in denen ich die Geschichte der barmherzigen Dreifaltigkeit erforschte? Auf wen, auf was mich stützen? Werden die Gebete der Geliebten, die ich der Kirche aufgeopfert habe, die Zeit oder die Kraft haben, das Ziel zu erreichen? Nichts gibt mir Sicherheit, daß der zu meinem Schutz bestellte Engel nicht wie ein schlecht gekleideter Armer selbst zitternd und vor Mitleid klappernd und fast erstarrt an der Tür übersehen wird. Ich werde unsäglich allein sein und ich weiß im voraus, daß ich nicht einmal eine Sekunde Zeit haben werde, um mich in den Abgrund des Lichts oder in den Abgrund der Finsternis zu stürzen ...«[188]

Bloy kommuniziert zum letzten Mal bei der Heiligen Ölung am 1. November 1917. Raïssa Maritain schreibt später:

»Die Glocken läuteten zur Messe von Allerheiligen und die Eine Kirche las auf der ganzen Erde das Evangelium der Seligkeiten: 'Selig sind die Armen im Geiste ... Selig die, die weinen. Selig, die nach der Gerechtigkeit hungern und dürsten ... Selig, die um ihretwillen Verfolgung erleiden ... Und selig seid ihr, die man um Meinetwillen verleumdet hat ...' Welch eine Liturgie für einen Léon Bloy! Und welches Echo seinem leidenden Leben! ... Es war nicht der Schatten einer Furcht in ihm, aber

[188] Méditations 229f.

ein tiefes Erstaunen vor dem Tod, der ohne blutiges Martyrium kam, wie er es erwartet und seit vielen Jahren mit all seinen Wünschen herbeigerufen hatte.«[189]

Léon Bloy starb nach schwerer Krankheit am 3. November 1917 inmitten seiner Familie und seiner engsten Freunde, indem er gegen Abend friedlich einschlummerte.
Georges Auric schreibt einem Freund: »Und morgen, um 9 Uhr, werden wir unseren teuren und großen Bloy auf den Friedhof begleiten, den wunderbaren Freund, der - uns alle - verstehen ließ, daß es nicht nur die sichtbare Welt ist, die existiert, sondern daß die unsichtbare Welt auch existiert ... Er hat uns mit seinem wunderbaren Genie das gewaltige und ungeheuerliche Mysterium der Welt und des Lebens spüren lassen und unter dem Scheinbaren spürten wir über ihr die Seele Gottes pochen ...«[190]

II. Biographisches Umfeld und "Theologie"

Es ist zu fragen - direkter und schärfer als dies im Vorhergehenden schon angedeutet wurde - welche »theologischen« Grundgedanken aus Bloys Biographie hervorgehen und *wie* und *mit welchem Gewicht* diese von seiner Biographie geprägt wurden, wobei wir »theologischen« bewußt in Anführungszeichen setzen, um das in der Einleitung Gesagte nicht zu vergessen. Ein Leben steht nicht im "luftleeren Raum", sondern ist immer geprägt von der Zeit, in der es sich ereignet, und ihren Fragen, weshalb wir zuerst einmal nach Anknüpfungspunkten im zeitgeschichtlichen Umfeld Bloys Ausschau halten.

1. Zeitgeschichtliche Atmosphäre, illustriert an Vintras und Boullan

Das 19. Jahrhundert in Frankreich war gezeichnet von der Erfahrung der Französischen Revolution, ihren furchtbaren Schrecken und Folgen. Man fragte nach den Gründen und der tieferen Bedeutung, die das Hinschlachten unzähliger Menschen verbargen. Man fragte nach dem

---

[189] Raïssa Maritain, a.a.O. 128f.

[190] Bol III, 401.

Gang der Geschichte und dem darin verborgenen Willen Gottes. Um die Wucht der Ereignisse zu begreifen, mußte man, so Robert Triomphe, zwei Ideen bejahen: »die Reversibilität der Fehler, die Solidarität des Menschengeschlechts, nicht in abstracto, sondern durch eine wirkliche gegenseitige Abhängigkeit der Verantwortungen«.[191] Die Revolution wurde als eine Verflochtenheit von Schuld und Sühne angesehen, ihr grauenhaftes Blutvergießen schien ein Vorzeichen der Endzeit zu sein. All das rief in den Menschen das starke Bedürfnis wach, Buße zu tun. Für die Opfer der Revolution wurde die »Chapelle de la Réparation« errichtet, in der die Gebeine vieler Hingemordeter begraben waren.

Während des Deutsch-Französischen Krieges und der Kommune 1870-71 wiederholten sich die unfaßbaren Erfahrungen des Schreckens und führten erneut zu Besinnung und Umkehr: Zur Sühne entstanden die Basiliken »Sacré-Coeur« in Paris und »Fourvière« in Lyon; es gab ungeheure Pilgerströme nach Paray-le-Monial, unzählige Gebetszirkel, Büßervereinigungen und Sekten, die sich mit dem Gedanken der Wiedergutmachung befaßten. Viele erwarteten das Weltende und das Kommen des 1000-jährigen Reiches, Privatoffenbarungen in dieser Richtung häuften sich.[192] Eugène Vintras und Abbé Joseph-Antoine Boullan sind typische Erscheinungen dieses Zeitgeistes und können uns diese religiöse Atmosphäre näherbringen.

Eugène Vintras wurde 1807 in Bayeux geboren und gehörte bis 1839 dem Arbeitermilieu an. 1839 hatte er eine Vision des Erzengels Michael, der ihm das Ende der Welt, das Ende des Zweiten Reiches, d. h. des Reiches Jesu Christi, ankündigte und ihn zum Vorbereiter der Ankunft des Parakleten bestellte. In immer neuen Visionen und Ekstasen erhielt er neue Namen. Er verstand sich als Reinkarnation von Elischa, Elija u. a.. Er gründete den »Carmel«, auch »Werk von der Barmherzigkeit« genannt. Hier bereiteten die »neuen Priester« und die »neue Kirche« durch bestimmte Riten die zweite Ankunft des Heiligen Geistes vor. In dieser Vereinigung sammelten sich Menschen quer durch alle Gesellschaftsschichten. Zeitweise gehörten ihr neun-

---

191 Zitiert nach: Joyce O. Lowrie, The violent Mystique, 30.

192 Vgl. Richard Griffiths, Revolution à rebours, 141 und 148. Und: Joyce O. Lowrie, The violent mystique, 11 und 29-34.

zehn Bischöfe und zahlreiche Priester an. Der große Zulauf zeigt, wie nahe Vintras dem Zeitgeist stand, wie bereit man außerordentliche Ereignisse glaubte und erstrebte. Vintras wurden viele Wunder zugeschrieben. Das spektakulärste: Es erschienen ihm wunderbare Hostien, die blutige Buchstaben oder Stigmata trugen und die er an seine Sektenmitglieder verteilte. Nach einem Gefängnisaufenthalt wegen Betrugs und darauffolgender Flucht ließ er sich in Lyon nieder, wo er 1875 starb. 1896 wurde das Andenken an ihn erneuert, als die Einwohner von Tilly und anderen Dörfern eine Vision der Jungfrau Maria hatten, die sich mehrere Male im Jahr wiederholte und die Vintras vorausgesagt hatte.[193]

Die wesentliche Lehre von Vintras war die nahe Ankunft des Dritten Reiches des Heiligen Geistes gewesen, das die glorreiche Wiederkunft Jesu Christi eröffnen würde. Der Niedergang der Sitten und des Glaubens im 19. Jahrhundert sei ein deutliches Zeichen für diese Nähe. Um die Ankunft zu beschleunigen, nahmen die Erwählten des »Carmel« durch bestimmte erlösende Riten die Fehler der anderen Menschen auf sich. Insgesamt war es für den Glauben der damals weit verbreiteten gnostischen Sekten typisch, daß die Erlösung nicht durch Glaube oder gute Werke, sondern durch geheimnisvolle Riten vorangetrieben werden sollte.

Eine Steigerung dieser Ideen findet man bei Joseph-Antoine Boullan.[194] Er wurde 1824 geboren, 1848 zum Priester geweiht, trat in Rom bei den »Missionaren vom kostbaren Blut« ein und promovierte.[195] 1853 veröffentlichte er eine Übersetzung von Maria von Agredas »Vom Leben der seligen Jungfrau« und später viele Artikel über andere Privatoffenbarungen. Auch La Salette erregte sein Interesse. Dort traf er 1856 auf Adèle Chevalier, eine junge Frau, die auf dem heiligen Berg wunderbar geheilt worden war, seither »Offenbarungen« hatte und Boullan als ihren Seelenführer erkannte. Mit ihr zusammen gründete er 1859 ein Kloster in Sèvres und gab eine Zeitschrift heraus. Von da ab wurden seine Ideen immer sonderbarer. Er glaubte sich im Besitz der Kraft zum Heilen und benutzte dabei die abstrusesten Me-

---

193 Vgl. Richard Griffiths, Revolution à rebours, 122-125.

194 Vgl. ebd. 125-129 und 156-163.

195 Er unterschied sich darin von den anderen Visionären dieser Zeit, die alle von einfacher Herkunft und Bildung waren.

thoden.[196] Er entwickelte eine eigene Erlösungslehre: Die Sünde und damit alles Übel war (für ihn) durch die unreine Vereinigung von Mann und Frau in die Welt gekommen. Dieses Übel konnte nur durch die reine Vereinigung, d. h. eine Vereinigung, die sich im geistlichen Rahmen rituell vollzog, geheilt werden. Diese Vereinigung ermöglichte eine Reversibilität der Schicksale und somit die Erlösung von Sündenschuld, Krankheiten und Versuchungen. Beladene Menschen konnten sich an das Kloster wenden und die Übernahme ihrer Last beantragen. Diese mystische Substitution sollte einem Automaten gleich funktionieren.[197] Der Glaube daran war weit verbreitet. Auch der für Bloy wichtige Abbé Tardif de Moydrey vertraute den Kräften Boullans und bat ihn um Hilfe wegen eines Fluches, den er auf seiner Familie lasten fühlte, seitdem sein Bruder in jungen Jahren den Befehl gegeben hatte, eine Kirche zu zerstören. Boullan um einen Exorzismus bittend, schreibt er diesem 1873:

> »Sehr verehrter Mitbruder, unser gemeinsamer Freund M. Gouverneur hat Ihnen von mir gesprochen, Ihr Wohlwollen für mich erbeten und mir versprochen, daß Sie mir - durch bestimmte Mittel, die die göttliche Güte in die Reichweite Ihrer Liebe gelegt hat - etwas Licht und Kraft erwirken können ... Wir sind seit dieser Zeit unter einem zeitlichen Fluch. Was muß man tun? Ich meinerseits bin, so glaube ich, unter dem Einfluß eines Dämons, der schrecklich auf meine Sinne einwirkt: schreckliche Versuchungen gegen die Keuschheit und krankhafte Überreiztheit, unsichtbare Schreckensbilder im Dunkeln, Angstbesessenheit angesichts aller Gefahren ...«[198]

Dieser Briefauszug zeigt, in welcher Verfaßtheit und mit welch blindem Vertrauen sich die Menschen an Boullan wandten. Es war ja auch sehr einfach: Man verband sich mit einer Person, die sich auf einer höheren geistlichen Ebene befand. Diese erklärte sich nun freiwillig bereit, die Last der anderen zu übernehmen, und vollzog diese Bereitschaft in einem bestimmten Ritus. Zeitweise wurde die spirituelle

---

[196] Er versorgte die Ordensangehörigen z.B. mit einer Mischung aus konsekrierten Hostien, Urin und Fäkalien!

[197] So gab es Anfragen, ob eine Substitution machbar wäre, die gewisse Krankheiten ein-, andere aber ausschließe, ob es leichter wäre eine Krankheit von einer Person auf die andere oder innerhalb einer Person die Krankheit von einem Organ auf ein anderes zu verschieben etc.: vgl. ebd. 161.

[198] Zitiert in: ebd. 127.

Substitution sexuell vollzogen, da Boullan diesen Weg als sehr wirksam ansah, was zu der allgemeinen Materialität dieses Reversibilitätsverständnisses paßt. Das führte 1875 zur kirchlichen Verurteilung Boullans. Nach dem Tod von Vintras erklärte sich Boullan als dessen Nachfolger und ließ sich seinerseits mit einer kleinen Schar verbliebener Anhänger bis zu seinem Tod 1893 in Lyon nieder.
Wenn Bloy auch persönlich keinen Kontakt zu Vintras oder Boullan pflegte und ihre Lehren ablehnte[199], so kreist er doch um dieselben Themen. Auch für ihn ist, wie wir noch sehen werden, der Gedanke der Substitution wesentlich. Dafür gibt es zwei Erklärungen: Zum einen lagen diese Themen damals »in der Luft«, so daß Bloy, vor allem aber auch die hochsensible Anne-Marie Roulée, in deren Nähe sich Bloys Denken wesentlich formte, sie auch ohne direkte Kontakte rezipieren konnten, zum anderen spielt die Nähe von Abbé Tardif de Moydrey und von Huysmans vor allem zu Abbé Boullan eine mit Sicherheit große Rolle.[200] So muß man, will man Bloy verstehen, dieses überspannte zeitgenössische Klima, das mit seinen persönlichen Vorgaben eigenartig korrespondierte, als Hintergrund in Rechnung stellen.

2. Bloys persönliche Vorgegebenheiten

Wie wir in den Ausführungen über das Leben Bloys gesehen haben, gehört zu Bloy von klein auf eine Hinwendung zum Leiden, eine Neigung zur Traurigkeit und Niedergeschlagenheit, die ihn lebenslang begleitet. An seine Braut schreibt er:

> »Ich bin von Natur aus traurig, so wie man klein oder blond ist von Natur ... Du wirst mich manchmal ohne ersichtliche Ursache und ohne augenfälligen Zusammenhang von der ausgelassensten Heiterkeit zu einer kellerdunklen Melancholie übergehen sehen. Aber da ist nun ein sehr seltsamer Umstand, den ich mir selber nicht erklären kann. Trotz der mächtigen Anziehungskraft, die die bloße Idee des Glücks auf mich ausübt, zieht das noch mächtigere Schwergewicht meiner Natur mich hin zum Leid, zur Traurigkeit, vielleicht zur Verzweiflung.«[201]

---

[199] Bloy macht sich 1893 über Huysmans wegen dessen Nähe zu Vintras und Boullan lustig: vgl. Sur Huysmans, Bruxelles 1986, 140-146.

[200] Vgl. Richard Griffiths, a.a.O. 120.

[201] Braut 119 f.

Und er bekennt: »Die Hauptanziehungskraft des Christentums ist für mich immer die Unermeßlichkeit der Schmerzen Christi gewesen, die grandiose, alles Sein übersteigende Schrecklichkeit seiner Passion.«[202]
Bloy spricht hier ausdrücklich von einem »natürlichen Trieb außerhalb jeder religiösen Vorstellung«[203], der sich dann aber mit dem christlichen Glaubensgut trifft. Dieser natürliche Trieb prägt Bloys Christologie durch und durch. Die Anziehungskraft, die das Leid auf ihn ausübt, die Faszination, die von ihm ausgeht, ermöglichen Bloy einen sehr intensiven Zugang zur Passion Jesu Christi, oft auch eine eigenartige Klarsicht. Sie versperren ihm allerdings auch immer wieder den Weg zum Blick »darüberhinaus«.

Wir sind in der Biographie auch auf die Zerrissenheit Bloys zwischen seinem Wunsch zu leiden und der Unfähigkeit dazu gestoßen.[204] Diese Zerrissenheit ist charakteristisch für das ganze Leben Bloys. Bloy ist von Natur aus kein Dulder, er schreit auf, wo ihm Ungerechtigkeit widerfährt und er in Not gerät.[205] Gleichzeitig aber ringt er sich immer wieder durch, die Geschehnisse aus Gottes Hand zu nehmen, »der mich so leiden läßt, weil er mich liebt, ich weiß es wohl«[206], und wird nicht müde, immer und immer wieder zu bekennen: »Alles, was kommt, ist anbetungswürdig, nur und nur anbetungswürdig.«[207]
Die Möglichkeit, diese extreme Spannung auszuhalten, erwächst Bloy aus der Gemeinschaft mit dem leidenden Jesus Christus und aus der Hoffnung auf das Gericht. Darum nimmt die Erwartung des Gerichts auch einen breiten Raum im Denken Bloys ein. Gericht heißt Hoffnung auf eine zukünftige Gerechtigkeit. Es bedeutet einen Ausweg aus der jetzigen Ohnmacht, die hilflos unzählige Schmähungen ertragen muß. Das Wissen um dieses Gericht ermöglicht es, die heutigen Niederlagen im Licht des Ewigen, des einzig Bleibenden, als Siege zu deuten. Es

---

[202] Ebd. 120.

[203] Vgl. ebd.

[204] Vgl. oben S. 24-25.

[205] Vgl. z.B. Bloys Buch *Léon Bloy devant les cochons*, das er nach der Kündigung vom Gil Blas erhaltenen Kündigung 1894 schrieb.

[206] TB I, 349.

[207] Ebd.

ist eben Götzendienst, das Sichtbare dem Unsichtbaren vorzuziehen. Denn das Unsichtbare ist die Wirklichkeit, wie sie unter den Augen Gottes erscheint und wie Gott sie richten wird. Gericht bedeutet auch: Gott ist auf der Seite der ungerecht Behandelten, er wird das Unrecht nicht ewig zulassen. Wenn dem nicht so wäre, hätte alles Aushalten keinerlei Sinn mehr, dann bliebe nur noch der Kampf. So kann Bloy sagen:

> »Die wahre Armut ist unwillentlich, und ihr Wesen ist, niemals begehrt sein zu können. Das Christentum hat das größte Wunder dadurch verwirklicht, daß es den Menschen half, sie durch die Versprechungen künftigen Ausgleichs zu ertragen. Gäbe es nicht diese Kompensation, zum Teufel dann! Es ist sinnlos, mehr von unserer Natur erhoffen zu wollen.«[208]

Denen, die den im Evangelium verkündeten Gedanken an das Gericht über die Reichen verdrängen, hält Bloy ein Erlebnis entgegen, welches das Begreifen erleichtern soll:

> »Eines Tages begegnete ich in Paris einer prächtigen Meute [von Hunden], die irgendeinem bösen Apostel gehörte, der es verstanden hatte, seinen Herrn viel teuerer zu verkaufen als um dreißig Silberlinge. Irgendwo habe ich schon einmal davon gesprochen. Ich habe die maßlose und tiefe Empörung, die Aufwallung des unendlichen Hasses aussprechen müssen, die der Anblick dieser sechzig oder achtzig Hunde in mir auslöste, die jeden Tag das Brot von sechzig oder achtzig Armen fraßen. Damals war ich noch sehr jung, aber schon nahe am Verhungern, und ich erinnere mich noch sehr gut daran, daß ich vergebliche Anstrengungen machte, die Geduld der Bedürftigen zu begreifen, denen man solche Herausforderungen ins Gesicht warf, und daß ich wutschnaubend nach Hause ging. - Oh, ich weiß, daß der Reichtum der schrecklichste Bannfluch ist, daß die Verfluchten, die den Reichtum zum Schaden der leidenden Glieder Christi nicht herausgeben, den maßlosen Qualen überantwortet werden, und daß für sie schon das Haus gerichtet ist, in dem Heulen und Zähneklappern herrschen. Jawohl, diese evangelische Gewißheit ist erfrischend für die, welche in dieser Welt leiden. Wenn man bei dem Gedanken an die Umkehrbarkeit der Schmerzen sich zum Beispiel daran erinnert, daß notwendig ein kleines Kind in einem eiskalten Zimmer vom Hunger gequält werden muß, damit eine reizende Christin nicht die angenehme und köstliche Ruhe vor einem guten Feuer ent-

208 Verzw 384.

behre, ach! wie lange ist dann das Warten und wie verstehe ich den Gerechtigkeitssinn der Verzweifelten!«[209]

Weil es diesen künftigen Ausgleich gibt, hat es Sinn, zu sagen: »Ich begehre natürlich ein weniger schwieriges Leben, aber ich hoffe, die Gnade zu erhalten, nie reich zu werden.«[210] Oder: »Das Leiden ist zu schön, um geliebt zu werden«[211], und: »Alles ist gewonnen, wenn man sich entschieden hat, zu leiden«[212].

Eine weitere charakterliche Vorgabe ist Bloys Impulsivität. Wir sahen, wie er sich auf dem Schulhof erhitzen ließ und mit dem Messer (!) antworten wollte. Es lassen sich viele ähnliche Szenen finden, wo seine Unbeherrschtheit mit ihm durchgeht. Diesen Zug finden wir auch in seinen Schriften, oft verleiht er ihnen eine unverkennbare Würze und Originalität, aber er kann auch unpassend und peinlich wirken. Immer wieder ist er die Folge der Enttäuschung über seinen Mißerfolg, des Zorns darüber, daß andere - seiner Meinung nach weitaus weniger begabte - Schriftsteller ihm vorgezogen werden, daß er nicht die ihm nötige Hilfe erfahren konnte ... Wenn auch insgesamt zu kurz gegriffen, ist vielleicht doch etwas Wahres am Vorwurf eines Kritikers, den Bloy selbst in seinem Tagebuch so wiedergibt: »Man fragt sich mit Sorge, ob einige Millionen mich nicht mit der modernen Gesellschaft versöhnt hätten und ob mein wilder Haß nicht der ist eines Bettlers, den man vor die Tür geworfen hat.«[213]

Bloy ist eine längere Schulbildung - gerade wegen dieses Zuges der Unbeherrschtheit - verwehrt geblieben. Auch wenn er autodidaktisch Beachtliches nachgeholt hat, bleibt ihm die intellektuelle Auseinandersetzung und Differenzierungsmöglichkeit fremd.[214] Das ist ein Man-

---

209 Blut 172f.

210 Léon Bloy, Lettres à ses filleuls, 8.

211 Ebd. 10.

212 Ebd. 54.

213 J II, 240.

214 Marie-Joseph Lory schreibt dazu: »Ce qui manque à Léon Bloy ce n'est ni la quantité des connaissances, ni la qualité du style, c'est l'esprit critique. S'il était de plain pied avec le normalien Richepin, avec Bourget, avec Huysmans, il n'avait été privé de l'expérience irremplaçable que l'on acquérit au lycée où les

gel, jedoch nicht nur dies: Es ermöglicht seine Rigorosität, die manches zwar überzeichnet, die aber gerade dadurch auch Wesentliches deutlich werden läßt.

Die Unfähigkeit, seinen Lebensunterhalt zu erarbeiten und daneben noch zu schreiben, wie es Charles Péguy, Paul Claudel und andere getan haben, ist ein weiteres Merkmal von Bloys Leben. Er ist darauf angewiesen, durch sein Schreiben den Unterhalt zu verdienen, was ihn in eine oft verzweifelte Lage bringt. Es macht aus ihm einen Bettler, einen Bettler, der zeitlebens ein Buch pro Jahr schreiben wird, das sich nicht auf großem Markt verkaufen läßt. Bloy beginnt 1866 seinen Lebensunterhalt zu erbetteln.[215] Mit mehr oder weniger Erfolg wird er dies bis 1917, also 51 Jahre lang, so halten, da ihm die Schriftstellerei kaum Einnahmen bringt.[216] Es ist viel über die persönliche Armut Bloys geschrieben worden.[217] Er selbst vermerkt in seinem Tagebuch 1903:

> »Ein Freund spricht mir von meiner Armut. 'Gebe Gott', sage ich ihm, 'daß ich arm wäre'! Wäre ich doch dann Bruder und Gefährte der anbetenden Hirten. So aber bin ich nur ein Bedürftiger, angewiesen auf jedermanns Hilfe, lebe einzig und allein vom Wunder, mache Schulden auf Schulden, vertrauend auf Gott, daß ich sie mit seiner Hilfe einst zurückzahlen kann, betreibe demnach, um es gerad' heraus zu sagen, das, was ehrliche Menschen Schwindelei, Betrug, Mißbrauch des Ver-

---

élèves se jugent et se critiquent entre eux sans prendre de formes. Léon Bloy ne savait pas remanier, reconstruire, analyser les divers points de vue, et se critiquer impitoyablement lui-même. C'est pourquoi il eut toujours tendance à prendre tout ce qu'il écrivait pour un chef-d'oeuvre«: Marie-Joseph Lory, La pensée religieuse de Léon Bloy, 29f. Vielleicht liegt hier eine Wurzel der Befürchtung des jungen Jacques Maritain vor seiner Entscheidung, Katholik zu werden, man könne nicht Katholik *und* Philosoph sein: vgl. Raïssa Maritain, Les grandes amitiés, 156.

215 Vgl. oben S. 19[82].

216 An einen Wohltäter schreibt er 1904: »Ich möchte Ihnen nicht durch ein banale Versicherung meiner Dankbarkeit zu nahe treten. Man weiß ja, daß ich mein Leben von Almosen friste, und ich schäme mich dessen nicht, denn vor mir steht eine stattliche Reihe von ungefähr 15 Bänden, welche mir zu Wohlstand, ja zu sehr viel mehr als Wohlstand, verholfen haben würden, hätte ich sie alle mit dem Vorsatz geschrieben, den Menschen zu Gefallen zu sein«: TB III, 412.

217 Vgl. z.B. Raïssa Maritain in: Léon Bloy, Das Heil und die Armut, 40-43; Karl Pfleger, Das Mysterium der Armut bei Léon Bloy, a.a.O. 131-163. Aber auch: MB 274f.

trauens nennen würden - Vertrauen freilich zu Gott! Und das geht nun schon jahrelang, und niemand ahnt etwas, und noch immer hat man mich nicht geschnappt, immer noch nicht!«[218]

Dazu bemerkt Jacques Petit: Bloy »leidet weniger unter dem Elend selbst, als unter der Besessenheit vom Geld, die dieses ihm aufgezwungen hat«[219], und Bloy zitierend: »Es ist eine bemerkenswerte Sache, daß genau das, was am meisten entfernt ist von meinen Gedanken und Gefühlen, ausgewählt wurde als Instrument meines beständigen Leidens. Ich bin verurteilt zu dieser äußersten Schmach, immer an das Geld zu denken!«[220]
Das Geld, das ihm fehlt, bzw. dem er ständig nachjagen muß[221], sieht Bloy nun in sinnloser Überfülle in den Händen von Reichen, die sorglos ihrem Vergnügen nachgehen.

»Gestern abend verlor ein alberner Millionär, der nie jemand half, zwanzigtausend Gulden im Club, zur gleichen Stunde, da vierzig arme Mädchen, die dies Geld hätte retten können, aus Hunger unwiderruflich der Prostitution verfielen; und die bezaubernde Gräfin, die ganz Paris wohl bekannt ist, stellt ihre allereigensten Brüste in einer Robe von der Farbe des Jupitermondes zur Schau, die so viel kostete, daß man einen Monat lang achtzig Greise und hundertzwanzig Kinder von dem Geld hätte speisen können.«[222]

Von da ist es nicht mehr weit zu den Worten:

»Das Blut der Armen ist das Geld. Man lebt davon und stirbt daran seit Jahrhunderten. Es ist der ausdruckvollste Inbegriff alles Leidens. Es ist der Ruhm und die Macht. Es ist die Gerechtigkeit und die Ungerechtigkeit. Es ist die Qual und die Lust. Es ist häßlich und anbetungswürdig,

---

[218] TB III, 279f.

[219] Jacques Petit, Léon Bloy, 34.

[220] Ebd.

[221] Marie-Joseph Lory berichtet: »Joseph Bollery qui a pu consulter les carnets où Léon Bloy marquait ses dépenses a constaté que le total des sommes reçues chaque année par Léon Bloy s'élevait à plusieurs milliers de francs, ce qui était beaucoup au temps du franc-or. Mais toute aumône était engloutie dans le gouffre des dettes«: La pensée religieuse de Léon Bloy, 228.

[222] Verzw 386.

offenbares und blutüberströmtes Symbol Christi, des Erlösers, in quo omnia constant.«[223]

Der Reichen Vergnügungen, die ihnen das Geld ermöglicht, das sie den Armen vorenthalten, werden gewissermaßen bezahlt vom Hunger und von den Entbehrungen der Armen, von ihrem Blut. Nun aber, sagt Bloy, ist Christus der einzig Arme[224], »sein Blut ist das Blut des Armen, durch das die Menschen 'erkauft sind um hohen Preis'. Sein kostbares Blut, das ganz rot und ganz rein ist, kann alles bezahlen«[225].

Wir stoßen hier im Blick auf Bloys Lebenserfahrung zu einem seiner schwierigsten Gedanken vor, einem Angelpunkt dieser Arbeit, dem wir uns in kleinen Schritten nähern werden, um den Gedanken Bloys in seiner Tiefe erfassen zu können.

3. Barbey d'Aurevilly und die literarische Bildung Bloys

»Mein geschätzter Meister, dessen Scharfsinn ich verehre, der Erzieher meiner Intelligenz, der Bekehrer meiner Seele, der ständige Brandstifter meiner Imagination, der wunderbare Friedensstifter der Ängste meines Geistes, der unerbittliche, wohltuende Spötter meiner Lächerlichkeiten, die ohne Zahl sind, endlich derjenige, für den ich mein trauriges Leben geben würde und den man nicht anrühren kann, ohne das Risiko, von mir angerührt zu werden, den man nicht verletzen kann, ohne mich zu verletzen ...«[226]

Mit diesen überschwänglichen Worten - einer Litanei ähnlich - beschreibt Léon Bloy 1875 den Schriftsteller Barbey d'Aurevilly, dem er 1867 zum ersten Mal begegnet war. Bloy bringt darin zum Ausdruck, wieviel er diesem Meister zu verdanken hat. Und wirklich hat Barbey Bloy den Weg zum Christentum erschlossen, einen Weg allerdings, auf dem der Schüler den Lehrer sehr bald überholt und nun seinerseits dessen Konversion herbeiführen möchte.[227] Barbeys Religion ist ein

---

223 Blut 175.

224 Er zitiert dazu Salvian: »Solus tantummodo Christus est qui in omnium pauperum universitate mendicet«: ebd.

225 Ebd.

226 Léon Bloy, Lettre à Mme Atruc, in: Bol I, 212.

227 Vgl. Philippe Berthier, Bloy et Barbey d'Aurevilly, Cahier de l'Herne, 342.

intellektueller Katholizismus ohne sakramentale Praxis. Für ihn ist das Katholische ein System von unvertauschbaren und absoluten Werten, die er dem »Niedergang« der Zeit, der Moderne, entgegenhält. Barbey hat in bezug auf Bloy vor allem zwei Verdienste: Durch ihn findet Bloy Zugang zu christlichem Lesestoff, und durch ihn findet er seinen literarischen Stil.

»Vous êtes trop un écrivain ecclésiastique", schreibt Barbey schon 1874 an Bloy.[228] Und doch hat er ihn selbst auf diese Spur gesetzt.[229] Durch ihn wird Bloy auf Louis de Bonald, Donoso Cortès und Joseph de Maistre gestoßen, politisch reaktionäre Theokraten (wodurch Bloy für einige Zeit vom Anarchisten zum Royalisten wird, bevor er sich ab 1878 ganz von der Politik abwendet[230]). Besonders mit Joseph de Maistre und seinem Einfluß auf Bloy werden wir uns noch zu beschäftigen haben.[231]

Auf allertiefste Weise wird Bloy durch die Begegnung mit Antoine Blanc de Saint-Bonnet (1815-1880) gezeichnet, den er auf Anregung von Barbey persönlich kennenlernt. Blanc de Saint-Bonnet entstammt einem völlig anderen Milieu als Bloy: Er ist im väterlichen Gutshaus aufgewachsen, studierte Recht und Philosophie und wird Professor. Als 1841 sein Vater stirbt, erkrankt seine Mutter an einer Lähmung der Speiseröhre und duldet fürderhin vierundzwanzig Jahre lang nur seine Pflege. In dieser Zeit schreibt Blanc sein Meisterwerk »De la douleur«. Er vertritt die Unfehlbarkeit der göttlichen Vorsehung in allem, was geschieht, und die Notwendigkeit einer hierarchischen Gesellschaft, die auf Arbeit, Familie und christlicher Ergebung in das Leid aufgebaut ist.[232] Gleichzeitig sorgt er mit großer Geduld für seine Mutter und muß häufig ihre heftigen Zornesausbrüche ertragen.

---

228 Jules Barbey d'Aurevilly, Lettres à Léon Bloy, Paris 1903, 38.

229 Marie-Joseph Lory gibt zu bedenken: »Agé de 24 ans en 1870 il [Léon Bloy] reçut la formation d'un homme de 1830. Du jour où il rencontra Barbey, il cessa de vivre avec son temps et cela à l'heure même où le mouvement de l'histoire s'accélérait. Né sous Louis-Philippe, aux derniers jours des diligences, il mourut en 1917, tandis que les usines produisaient en série les premiers chars d'assaut. On constate donc un décalage entre la pensée de Bloy et celle de ses contemporains«: La pensée religieuse de Léon Bloy, 31f.

230 Vgl. Marie-Joseph Lory, La pensée religieuse de Léon Bloy, 221.

231 Vgl. unten S. 106-107.

232 Vgl. Richard Griffiths, Revolution à rebours, 20.

Im stillen Vertrauen auf die Weisheit der göttlichen Vorsehung, die jedem zuteilt, was ihm zum Heil gereicht, geht er diesen Weg.[233] Wie anders sind Temperament und Lebenswirklichkeit eines Léon Bloys! Und doch ist Bloy fasziniert von diesem Meister und seiner Lehre. Er nimmt ihr allerdings mehr und mehr die über allem stehende Ruhe und entwickelt sie gemäß seinem eigenen aggressiven Temperament.[234]
Obwohl Blanc de Saint-Bonnet selbst kaum bekannt wird (»Wer kennt Blanc de Saint-Bonnet?« bedauerte schon Barbey d'Aurevilly![235]), ist er für Barbey, Bloy und Huysmans von großer Wichtigkeit. Bloy findet bei ihm »die ganze christliche Philosophie gebündelt«[236]. Und er findet seine großen Themen - bis dahin, daß man wortwörtlich Übernommenes bei ihm entdecken kann.[237]
Ein uns in der Biographie aufgestoßener Widerspruch läßt sich von dieser Freundschaft aus erklären: Der Widerspruch zwischen Bloys euphorischen Hymnen auf den Schmerz (worin er von Blanc de Saint-Bonnet beeinflußt ist) und seiner Empörung gegen ihn in seiner konkreten Gestalt. Wir können hier beobachten, wie das Eindringen Bloys in ein ihm eigentlich fremdes gesellschaftliches und geistiges Milieu nicht reibungslos verläuft.[238]

Im Umfeld Barbey d'Aurevillys wird Bloy zur Lektüre der Vulgata und der Kirchenväter angeregt (er liest u.a. Irenäus von Lyon, Tertullian, Origenes und vor allem Augustinus[239]), wodurch seine späteren

---

233 Vgl. Raymond Christoflour, Einleitung zu: Antoine Blanc de Saint-Bonnet, De la douleur, XVII.

234 Vgl. unten S. 107-118.

235 Vgl. Vorwort in: Antoine de Saint-Bonnet, De la douleur, Le Mans 1961, XIII.

236 Vgl. Inédits 82.

237 Vgl. unten S. 107[425].

238 Solche Hymnen finden wir schon bei Antoine de Saint-Bonnet, so z.B. in: De la douleur, 140: »Ich will bei dir sein, ich bin du, ich bete dich an, Schmerz! Nie haben wir uns getrennt! Du bist meine Erschütterung und meine Kraft, meine Verwirrung, aber all meine Hoffnung! Und du bist es, der mir all meine Tränen gegeben hat!« Oder im Anklang an Teresa von Avila: »Leiden, ganz leiden, bis ans Ende der Jahrhunderte, schreibt die heilige Teresa, um Gott ganz nah zu sehen und zu lieben« (ebd. 20).

239 Dem Verzeichnis der von Bloy zitierten Bücher am Ende der französischen Werkausgabe ist zu entnehmen, daß er zumindest Teile aus den *Bekenntnissen*,

theologischen Gedanken eine Grundlage erhalten (allerdings ist er auch hier nicht gehorsamer Schüler, sondern geht recht eigenständig - manchmal auch eigenartig! - mit dem Gelernten um; er geht sehr selektiv vor, studiert als Christ, nicht als Theologe).
Prägender, da ihm näher, wirken sich Mystikerinnen wie Anna-Katharina Emmerich und Angela de Foligno auf Bloy aus mit ihren konkreten, ins Detail des irdischen Lebens und Leidens Jesu und Mariens gehenden Visionen aus (z.B. über die Anzahl der Geißelschläge). Bloy (wie viele seiner Zeitgenossen auch) zieht solche Mystiker der gediegenen und ausgeglichenen Mystik einer Teresa von Avila vor.[240]
Auch Barbeys eigene Werke üben auf Bloy einen starken Einfluß aus. Allerdings weniger durch ihre Inhalte[241], als durch ihren Stil. Hierin wird er Bloy zum Lehrer. Seinen Ratschlägen ist es zu verdanken, daß Bloy mehr und mehr aus der ursprünglichen Monotonie ausbricht, um »eine sehr raffinierte Kunst der Unterbrechung zu pflegen«[242]. Gleichzeitig wird Bloy vom überschäumenden, exzessiven Stil Barbeys angesteckt.[243] Er hält ihn für eine der »plus fortes vocations littéraires«, die er kennt, und bewundert seine Fähigkeit zum Enthusiasmus, die den Zeitgenossen so sehr abhanden gekommen ist, und seine »furchtbare Feuersprache«, die eine »sehr schwarze Nacht erleuchtet«.[244] Von da aus ist es nicht mehr weit zu der Aussage Bloys über seinen eigenen Stil: »Es ist unerläßlich, daß die Wahrheit in der Herrlichkeit erscheint. Der Glanz des Stils ist kein Luxus, sondern eine Notwendigkeit.«[245] So wird für Bloy die Begegnung mit Barbey, der ihm eine »große Zukunft als Schriftsteller« voraussagt, ein Anweg zur

---

dem *Gottesstaat*, dem *Johannes-Traktat* und aus *Contra Julianum* gelesen hat.

240 Wie überzeugt Bloy von der Wirksamkeit dieser Lektüre war, zeigt auch seine Gewohnheit, sie an andere weiterzugeben. Jacques und Raïssa Maritain bekommen Anna-Katharina Emmerich an die Hand, um mit der katholischen Welt vertraut zu werden. Und Raïssa erinnert sich: »Combien de fois ne nous a-t-il pas lu, le visage ruisselant de larmes, des pages de sainte Angèle de Foligno, dans la belle traduction d'Ernest Hello!« Vgl. Raïssa Maritain, Les grandes amitiés, 136f.

241 Vgl. dazu unten S. 118f.

242 Philippe Berthier, a.a.O. 343.

243 Vgl. ebd. 346.

244 Vgl. Inédits 92.

245 Vgl. Raïssa Maritain, a.a.O. 398.

eigenen schriftstellerischen Identität.[246] Allerdings liegt darin auch eine Gefahr. Selbst Raïssa Maritain gesteht: »Wenn man Bloy später mit Augen liest, die an sein Licht gewöhnt sind, ist man über gewisse, der Epoche zugehörenden Eigenheiten seines Stils erstaunt, über den Schwulst und die Rhetorik, die Aufdringlichkeit und Überladenheit, über die Suche nach einem seltenen Wort und nach einem überraschenden Detail, durch die der Schriftsteller die Zustimmung des Lesers erzwingen will.«[247] Gabe und Versuchung des Schriftstellers Bloy liegen hier nah beieinander, und nicht immer gelingt diese Gradwanderung. Wo sie gelingt, wird man jedoch reichlich belohnt für die Geduld mit seinen Schattenseiten: Bloy »besitzt die Sprache, läßt sie zittern und schreien vor Lust. Und er schreit mit ihr, um zu sagen, daß es nur die eine Traurigkeit gibt, keine Heiligen zu sein«[248].

4. Anne-Marie Roulé, Tardif de Moidrey, Ernest Hello

Die Erfahrungen mit Anne-Marie Roulé in den Jahren 1877 bis 1882 spielt für die Theologie Bloys eine kaum zu überschätzende Rolle.[249] Daß diese derartig wirken konnten, ist durch zwei weitere Begegnungen in gleicher Zeit bedingt: durch die mit Abbé Tardif de Moidrey und Ernest Hello. Durch Abbé Tardif de Moidrey wird Bloy mit zwei wesentlichen Dingen bekanntgemacht, die beide von großer Bedeutung für sein schriftstellerisches Wirken werden sollten: (1) mit einer besonderen Art der allegorischen Schriftdeutung[250], die Bloy in der Kürze der Zeit nur bruchstückhaft erlernen konnte, aus der er dann eine ganz eigene Art entwickelte, die Schrift zu interpretieren[251]; und (2) mit der Offenbarung der weinenden Mutter Gottes in La Salette, die dort 1846, also im Jahr seiner Geburt, das nahende Gericht voraussagte, wenn das Volk nicht umkehre. Abbé Tardif de Moidrey hatte sich zum Sprecher von La Salette gemacht und sah es als seine Aufgabe, diesen

---

246 Vgl. Philippe Berthier, a.a.O. 342.

247 Raïssa Maritain, a.a.O. 399.

248 Philippe Berthier, a.a.O. 346.

249 Vgl. oben S. 29f.

250 Abbé Tardif de Moidrey hat im Jahre 1869 eine Auslegung des Buches Ruth veröffentlicht, die Paul Claudel als »chef d'oeuvre« qualifiziert und für deren Neuauflage er 1938 die Einleitung schreibt: vgl. Bol I, 404.

251 Vgl. unten S. 169.

Ort und seine Botschaft bekanntzumachen. Bloy erkannte er als den, der mit seiner schriftstellerischen Stärke La Salette zum Durchbruch verhelfen könnte. »Ich werde sprechen, Sie werden schreiben, und wir werden uns nie mehr verlassen«, hatte er zu Bloy gesagt.[252] Doch leider starb Abbé Tardif de Moidrey im September 1879. Mit den Geschehnissen um Anne-Marie wirken nun die symbolische Schriftdeutung Bloys und die Naherwartung von La Salette zusammen und spiegeln sich in den Visionen Anne-Maries, die nach den Worten Bloys seit dem Josefsfest 1880 »unter gewöhnlicher Anschauung total verrückt« ist[253].

> »Sie geht davon aus, daß die Namen von Abraham, Isaak und Jakob mit den drei Reichen des Vaters, des Sohnes und des Heiligen Geistes zusammenhängen. Sie versichert, daß es unmöglich ist, auch nur ein Wort der Heiligen Schrift zu verstehen, wenn der Name des Heiligen Geistes nicht regelmäßig für den Namen Israel gesetzt wird ... Sie glaubt, daß wir ganz außergewöhnliche Ereignisse erreichen, daß der seit so vielen Jahrhunderten gekreuzigte Jesus es nicht mehr erwarten kann, daß Elia, sein Befreier, kommen wird, um ihn vom Kreuz zu nehmen und um der Vorläufer des Heiligen Geistes zu sein. Sie sagt, daß dieses Mal es Elia ist, der im Geist kommen wird und in der Kraft des Johannes. Vorgestern, am Palmsonntag, hat sie mir mit größerem Nachdruck als je gesagt, daß sie nicht glaube, daß die Heilige Woche verginge, ohne daß etwas Außergewöhnliches geschehen werde, oder sie wäre getäuscht worden, wie nie ein Geschöpf von Gott getäuscht worden sei.«[254]

Wir entdecken hier schon wichtige Grundlagen für Bloys Interpretation der Geschichte Israels.[255] Bloys Umgang mit der Schrift und seine Geschichtsdeutung erhalten von Anne-Marie wesentliche Inspirationen. Die Enttäuschung war groß, als die von Anne-Marie vorausgesagt Katastrophe ausblieb. Und als Anne-Marie letztlich wirklich dem Wahnsinn erlag, war der Abgrund unermeßlich.

Auch Ernest Hello spielt in diesem Zusammenhang eine Rolle. Wie Bloy erwartet er ungeduldig das Ende der Zeit, wie Bloy erhofft er

---

252 Vgl. Bol I, 405.

253 Vgl. ebd. 426.

254 Léon Bloy, Lettre à Ernest Hello, in: Bol I, 426.

255 Vgl. unten S. 167f.

sich, dabei einen wesentlichen Auftrag zu haben, wie Bloy stürzt er sich auf die Visionen Anne-Maries und drängt sie, ihm immer Neues zu offenbaren. Hello weiß, daß Anne-Marie Bloy ein großes Geheimnis anvertraut hat (Bloy wird bis an sein Lebensende auf die Erfüllung dieses Geheimnisses, das er niemandem mitgeteilt hat, warten und daran glauben) und möchte es gerne kennenlernen. Jedoch verbietet Anne-Marie Bloy, es je weiterzusagen. Darauf schreibt Bloy an Hello: »Mein lieber Freund, alles was ich Ihnen, ohne dieses Geheimnis in irgendeiner Form zu verletzen, sagen kann ist, daß sich der Tatbestand von La Salette auf das Kommen des Heiligen Geistes beziehen wird und daß die berühmten Geheimnisse der zwei Kinder, die in Wirklichkeit noch keiner kennt, zum Teil mit ihren identisch sind.«[256] Zeitlebens wird Bloy von dieser Atmosphäre der »apokalyptischen Freundschaft« geprägt bleiben, auch wenn sie in dieser Form bald ein Ende gefunden hat.

5. Erfahrung rettender Freundschaften

Wir haben gesehen, daß Freundschaften im Leben Bloys eine große Rolle spielen und für ihn von lebenswichtiger Bedeutung sind. Schon für seine ersten großen Freunde in Paris Georges Landry und Victor Lalotte ist er bereit, sein Leben zu geben. Gleiches läßt sich auch für Barbey d'Aurevilly, Paul Bourget und Jean Richepin, Villiers d'Isle-Adam und Joris Karl Huysmans sagen. Bloy muß lieben und geliebt werden. Die Begeisterung, in die ihn diese Freundschaften stürzen, endet meistens in einer ebenso intensiven Enttäuschung, er bleibt allein zurück und leidet unsagbar an seiner Einsamkeit.

Als er mit 43 Jahren die Freundin seines Lebens, Jeanne Molbech, kennenlernt, ist dies, wie wir sahen, die Erfahrung einer Erlösung aus tiefster Nacht. Jeanne bleibt von nun an treu an seiner Seite, und diese Treue gibt Bloy die nötige Stabilität, sein Werk zu tun. Die Höhen und Tiefen anderer Freundschaften bleiben und sind für Bloy stets schmerzlich und deprimierend. In seinem Tagebuch von 1895 finden wir: »Unsere Einsamkeit ist so grenzenlos, daß sie sich nicht in Worte fassen läßt. Wird es mir je gelingen, den unbekannten Freund zu entdecken, nach dem ich nun schon so lange und so vergebens Aus-

[256] Léon Bloy, Lettre à Ernest Hello, a.a.O. 433.

schau halte?«[257] Erst nach 1900 stellen sich nach und nach jene Freunde ein, nach denen er sich gesehnt hatte: René Martineau[258], die Maritains, Pierre Termier, der ihn auch finanziell rettet, und viele andere, jeder auf seine Weise von unschätzbarem Wert im Mosaik des Lebens Bloys.

Bitterste Einsamkeit und tiefbeglückende Freundschaften - beides sind Erfahrungen, die sich auch in Bloys »Theologie« niederschlagen. Das Alleingelassen-Sein als *die* Erfahrung des Unheils in seinem Leben wird ihn zu einem Propheten gegen den »Bürger« machen, der nur die Sorge um sich und die Seinen kennt und den die Verzweiflung seiner Mitmenschen gleichgültig läßt. Dieses Alleingelassen-Sein macht ihn auch hellhörig auf einen Gott hin, der die Armen nicht alleine läßt, der sich mit ihnen auf innigste Weise verbündet, der ihr Geschick zu dem seinen macht. Die sich daraus ergebende Verkündigung der »Communauté des saints«, die für Bloy die Zusammengehörigkeit aller Kreatur bedeutet sowie intensivster Aufruf zur Gemeinschaft aller ist, in der jeder für den anderen eintreten kann und soll, erhält ihre prophetisch-mahnende Seite auch von der Spannung Bloys zwischen Vereinzelung und rettender Gemeinschaftserfahrung. Wir haben es hier mit einem Menschen zu tun, der aus der persönlichen Heils- und Unheilserfahrung heraus sensibel ist für einen Gott, der Gemeinschaft ist und Gemeinschaft will.

Zusammenfassung: Bloys Leben und sein Denken bilden eine untrennbare Einheit. Das, was er ist und was ihm widerfährt, ist Grund(-lage) auch seiner »Theologie«. Diese kann nicht wirklich erfaßt werden, ohne daß man sich bemüht, den Menschen Bloy zu erfassen (was natürlich immer nur eine Annäherung bleiben wird). Wenn wir uns nun der »Theologie« zuwenden, werden wir erleben, wie uns die Darlegungen zur Persönlichkeit Bloys bereits einen Zugang eröffnet haben.

---

[257] TB I, 282.

[258] Als Widmung schreibt Bloy für Martineau: »Pourquoi n'êtes-vous pas un nègre? J'étais dans une île déserte et vous êtes venu à moi - le premier - un *vendredi*. Or, c'était précisément le Vendredi de Notre Dame des Sept Douleurs, fête de la Compassion de Marie, le 29 mars 1901. A cause de cela, cher ami, et quelle que soit votre couleur, vous serez jugé avec une grande miséricorde«: J IV, 34.

Zweites Kapitel

Jesus Christus in Agonie bis ans Ende der Zeit

»Sie haben zu erkennen verstanden, daß der Untergrund meines Denkens, der ausschließliche Gegenstand meiner Liebe der 'Arme' ist, der geliebte Gefangene im einsamen Burgturm meines Herzens. Und das, mein lieber Lazare, gereicht ihrer seelischen Scharfsicht zu unaussprechlicher Ehre. Denn im Grunde habe ich ja nichts, was ich darüber hinaus noch sagen könnte. Juden und Christen ... sie beide leben seit mehr als 4000 Jahren in der Wahnvorstellung eines glanzvollen, allmächtigen Gottes. Ich jedoch sage, es ist unsere Pflicht, alles aufzugeben, alles zu veräußern zu dem alleinigen Behufe, Almosen zu geben jenem Herrn, welcher nichts sein eigen nennt, nichts vermag, Krüppel ist an allen seinen Gliedern, übel riecht, an allen Dungstätten des Morgen- und des Abendlandes nach kärglichem Abfall stochert und seit Ewigkeit seine Angst hinausschreit, indem er auf das Glockengeläut des siebten Tages wartet.«[259]

I. Der leidende Christus

1. Bloy und das Evangelium

Wenn wir die Schriften Bloys nach häufig zitierten Bibelstellen durchsehen[260], fällt auf, daß es ihm wenig um das Ganze des Lebens Jesu geht. Was ihn interessiert, ist die Passion, die freilich mit seiner Menschwerdung ihren Anfang nimmt. Bloy zitiert hierzu Angela von Foligno: »Die Buße ist seine Gefährtin gewesen seit der Stunde, in der im Schoß der reinsten Jungfrau die geschaffene Seele Jesu in den Leib einging, bis zu der letzten Stunde, in der diese Seele durch den grausamsten Tod diesen Leib verließ. Die Buße und Jesus verließen sich nie. Oder: Hier ist die Gesellschaft, die der höchste Gott in seiner Weisheit in dieser Welt seinem Sohn gegeben hat: Zuerst die Armut, vollkommen, beständig, absolut; dann die Schande, vollkommen, beständig, absolut; endlich der Schmerz, vollkommen, beständig, absolut.«[261]

---

[259] Aus einem Brief an Henry Lazare vom 18.10.1892, in: TB I, 95 f.

[260] Vgl. das entsprechende Verzeichnis in: XV, 433-438.

[261] Symbolisme 21.

Dabei ist die Passion des Gottesmannes nie nur seine Passion; wo er auftaucht, greift sie auf andere über, meint Bloy. Darum ist es typisch, daß der Kindermord in Bethlehem das ist, was Bloy an den Kindheitserzählungen am meisten beschäftigt.[262] »Nichts ist fähig gewesen, die schrecklichen Eindrücke dieses Konzerts der Tränen zu beseitigen oder abzuschwächen, das in Bethlehem das Erscheinen des Friedensfürsten begrüßt hatte. Das war das Gesetz der Inkarnation, das Gesetz, das Jesus umhüllte und sein Werk einleitete.«[263]

Erst auf diesem Hintergrund interessiert sich Bloy für die Predigt Jesu. Dabei sind die Seligpreisungen des Matthäus (Mt 5,3-10) der am häufigsten zitierte Text[264], dem das Weltgericht folgt, bezeichnenderweise in seinem negativen Teil: »Denn ich war hungrig, und ihr habt mir nichts zu essen gegeben; ich war durstig, und ihr habt mir nichts zu trinken gegeben; ich war fremd und obdachlos, und ihr habt mich nicht aufgenommen; ich war nackt, und ihr habt mir keine Kleidung gegeben; ich war krank und im Gefängnis, und ihr habt mich nicht besucht« (Mt 25,42f). Bei Lukas beschäftigt er sich oft mit dem armen Lazarus in Abrahams Schoß und dem Reichen (Lk 16,19-31) und kommt unermüdlich auf den Weheruf Jesu zu sprechen: »Wehe euch, die ihr reich seid; denn ihr habt keinen Trost mehr zu erwarten« (Lk 6,24), ein Text, der, wie Bloy meint, in der kirchlichen Verkündigung seiner Zeit völlig unterschlagen wird.[265]

Für Bloy sind die Armen und Jesus nicht zu trennen, im Armen sieht er sofort Jesus, in Jesus immer den Armen. Jesus selbst ist der, der ganz arm und ohne Trost ist, und auch die Erzählung von Lazarus ist eigentlich Jesu eigene Geschichte. So ist in all dem schon angedeutet, was in Getsemani und auf Golgota endgültig deutlich wird und bis heute kein Ende nimmt: Jesus, der blutschwitzende Sohn Gottes, der am Kreuz hängt und »Warum?« schreit.[266]

Ostern fällt bei Bloy praktisch aus. Noch hängt Jesus am Kreuz und wartet auf seine Erlösung.

---

262 Achtmal kommt Bloy darauf zurück: vgl. XV, 433.

263 Symbolisme 80.

264 Sechsundzwanzigmal!

265 Vgl. z.B. Blut, 212.

266 Bloy bezieht sich neunzehnmal auf Lk 22,44: »Und er betete in seiner Angst noch inständiger, und sein Schweiß war wie Blut, das auf die Erde tropfte.«

2. Immer nur der Todeskampf

Wir entdecken in Bloys Tagebüchern, wie Jahr für Jahr um Ostern herum Bloys depressive Stimmungslage ihren Tiefpunkt erreicht. »Ostersonntag. Ich habe immer auf die ein oder andere Art gelitten an diesem Tag. Das ist ein Mysterium, an das ich gewöhnt bin. Wenn es vorkam, daß ich am Ostersonntag nicht zu leiden hatte, war es eine verwirrende Ausnahme.«[267] Der »brüske Übergang von der Kreuzigung zur Auferstehung«[268] wird im Hause Bloy nicht nachvollzogen. Irgendjemanden muß es doch auch an Ostern noch geben, der weint und mitleidet, wenn er an den Tod Jesu denkt.[269] Darum verweigert Bloy die Osterfreude aus Solidarität mit dem leidenden Christus.[270]

> »Ostern. Ich fühle eine Eiseskälte, die mir bis ins Herz dringt, und bin der Verzweiflung so nahe wie je. Das ist die Stimmung, welche das große Fest von jeher in mir auslöst. Ostersonntag ist für mich gewöhnlich ein schmerzlicher, ja zuweilen ein furchtbarer Tag. Es ist für mich ein Tag seelischer Not, die in dem Gedanken gipfelt: 'Wie soll ich Freude an der Auferstehung empfinden, wenn für mich die Auferstehung niemals kommt, wenn ich immer nur den Todeskampf, den Kreuzestod des Erlösers erblicke, wenn ich Christus immer nur so und nicht anders sehen kann!'«[271]

Der gewöhnlich fließende Übergang von Karfreitag zu Ostern, für Bloy »vom maßlosen Schmerz zur vollkommenen Freude«, braucht Zeit, und »zwanzig Jahrhunderte haben nicht genügt«[272]. Für ihn hängt Jesus Christus noch immer am Kreuz, der Jesus Christus, der »sich erst in seiner Herrlichkeit offenbaren konnte, nachdem er in die Hölle hinabgestiegen war«[273]. Und Bloy fügt hinzu: »Dieser Text des Glaubensbekenntnisses ist quälend.«[274] Quälend, weil laut Bloy

---

267 J II, 300.

268 Ebd. 254.

269 Vgl. ebd.

270 Diese Solidarität liegt sehr nahe, wenn am Ostertag das Brot ausgeht, trotz bitterer Kälte nicht geheizt werden kann, weil das Geld für Kohle fehlt ...

271 TB I, 294.

272 Vgl. J IV, 70.

273 Vgl. ebd.

274 Ebd.

dieser Abstieg Jesu noch kein Ende hat.[275] Das Leiden Jesu läßt sich nicht beschränken auf einen bestimmten Punkt der Geschichte, es umfaßt alle Zeiten.

> »Jesus steht im Mittelpunkt von allem und jedem. Er nimmt alles auf sich, er trägt alles, erduldet alles. Es ist unmöglich, irgendeine Kreatur zu schlagen, ohne ihn zu schlagen, irgend jemanden zu demütigen, ohne ihn damit zu demütigen, irgendeinen Menschen zu verfluchen oder umzubringen, ohne ihn zu verfluchen oder zu töten. Der erbärmlichste aller Troßknechte sieht sich genötigt, sich das Antlitz Christi auszuleihen, um von irgendwoher einen verdienten Backenstreich zu empfangen, denn sonst könnte der ihm geltende Schlag ihn niemals treffen und bliebe irgendwo im Sternenraum Äonen hindurch hängen, bis er das Antlitz gefunden hätte, das verzeiht ...«[276]

Das Kreuz ist der Punkt, um den sich alles dreht. »*Stat crux, dum volvitur orbis*, sagt die katholische Kirche. Das Weltall jagt durch seine Bahnen, aber aufrecht in unerschütterter Ruhe ragt das Kreuz.«[277] Dies erklärt sich für Bloy unmittelbar aus der Tatsache der Inkarnation des Gottessohnes, der, eben weil er Gott ist, die engen Grenzen nur *eines* menschlichen Individuums sprengt und die gesamte Menschennatur annimmt, das heißt, das Menschsein aller Menschen umgreift. Er übernimmt die ihm bei den Kirchenvätern begegnende Vorstellung von der Einheit aller Menschen in Christus mit großer Selbstverständlichkeit, ohne diese argumentativ zu begründen und macht daraus eine Art Programm: »Ich habe mein ganzes Leben damit verbracht, das zu schreiben: Alle Worte sind beschlossen in einem einzigen Wort, alle Menschen in einem einzigen Menschen, alle Wesen in einem einzigen Wesen ... Ut sint UNUM sicut nos UNUM sumus.«[278] Jesus Christus umfaßt alle Menschen - von Adam an. Denn er leidet seit »sechzig Jahrhunderten«, was für Bloy soviel heißt wie: seit der Erschaffung der Welt. Die Leiden *aller* sind wie Mosaiksteine

---

[275] In den »Klagerufen der Milliarden« hört Bloy immer Jesus Christus schreien: »Mit anderen Worten, das ist für unseren Erlöser, der ewig am Kreuze hängt, der immer wieder neue Augenblick, das *Lamma Sabachtani* auszustoßen, das in sich sammelt und faßt alles Aufschluchzen, alle Verlassenheit, alle menschliche Angst«: ArmeFr 261.

[276] TB I, 258f.

[277] Braut 85.

[278] TB II, 75.

des Leidens Christi, und keiner weiß, wann dieses schreckliche Leiden ein Ende hat:

»Es ist bekannt, daß sich der Herr oft unter den Armen verborgen hat, und wenn wir einen Menschen in tiefer Not leiden lassen, dann wissen wir nicht, welches Glied des Erlösers wir zerreißen. Vom heiligen Paulus haben wir gehört, daß den Leiden Jesu Christi immer noch etwas fehlt, und daß dieses Etwas an den lebendigen Gliedern seines Leibes vollendet werden muß. 'Wie spät ist es, Vater?' so fragen Gottes arme Kinder seit Jahrhunderten, denn wir wachen 'ohne den Tag oder die Stunde zu wissen.' 'Wann ist das Leiden zu Ende? Wie spät ist es auf der Uhr deiner ewigen Passion? Wie spät ist es?'«[279]

3. Erlöst nur »in der Hoffnung«

Angesichts des gegenwärtigen Leidens verweigert sich Bloy dem Durch-blick auf den verherrlichten Christus. Bloy sieht nur, »daß ER noch immer an SEINEM Kreuze hängt; - daß ER seit neunzehnhundert Jahren immer noch mit den Leidenden leidet; - und daß sein Erlösungswerk erst dann erfüllt werden kann, wenn die Zeit des DRITTEN gekommen ist, durch den alles 'zurückerstattet' werden soll«[280]. Bloy spricht in diesem Zusammenhang auch von einer »unvollendeten Erlösung«[281], die ihn in »Ungeduldskommunion mit allen Aufsässigen, allen Enttäuschten, allen Nichterhörten, allen Verdammten der Welt«[282] ausrufen läßt: »Ich, der Letztgekommene, denke, daß eine Agonie von sechstausend Jahren[283] uns vielleicht berechtigt ..., da wir unsere Herzen erheben sollen, sie ein für allemal aus unserer Brust herauszureißen, diese Organe der Verzweiflung, um den Himmel damit zu steinigen! Es ist das Sursum corda und Lamma sabachtani der Verlassenen dieses letzten Jahrhunderts.«[284] Bloy erinnert daran, daß

---

279 ArmeFr 355.

280 TB I, 257.

281 Vgl. Verzw 167.

282 Ebd. 166.

283 Für Bloy bedeutet das: seit der Erschaffung der Welt.

284 Ebd. 166f. Der »Letztgekommene« und »dieses letzten Jahrhunderts« weisen darauf hin, daß Bloy fest damit rechnet, daß die endgültige Erlösung, deren Prophet er ist, nahe bevorsteht (vgl. unten S. 30).

Jesus versprochen hat, uns nicht verwaist zurückzulassen[285] und ruft ihm zu: »Die Erde schwellen Kadaver von sechzig Generationen Waisen, die Dich erwartet haben. Du, der Du vom Schlummer der anderen sprichst, welchen Schlaf schläfst Du denn selber, da man ja neunzehn Jahrhunderte lang zu Dir zu schreien vermag, ohne Dich aufzuwekken?«[286] Und um die grausame Verlassenheit auf den Punkt zu bringen, vergleicht er die gegenwärtige Situation mit der der Jünger beim Seesturm und sagt: »Wir sind gleich ihnen in Gefahr und sind millionenfach unseliger als sie; wir, die Deiner Gegenwart Enterbten, die wir nicht einmal den trügerischen Trost haben, zu wissen, an welcher Stelle Deines Universums Du Deinen endelosen Schlummer schläfst!«[287]

Wie für Bloy Jesus noch immer am Kreuz hängt, so erwartet er auch immer noch das »Kommen des Geisterneuerers, von dem uns nur der Vorbeginn wurde«[288], und »dem keiner so nahe ist wie Jesus selbst, der Schmerzensmann«[289]. In seinem Tagebuch finden wir:

> »Geleitwort des Tages: 'Non vos relinquam orphanos, vado et venio ad vos, et gaudebit cor vestrum.' Diese Worte wurden vor neunzehnhundert Jahren gesprochen. Ich muß dabei an jenes Kapitel im L'Homme denken, wo Hello zeigt, daß Ehrlosigkeit in allererster Linie darin besteht, daß man verspricht und nicht hält. Ehrlosigkeit Gottes? Wozu, mein Gott und Herr, legst Du mir so furchtbare Leiden auf, daß es mir bisweilen nicht gelingt, solch lästerliche Gedanken von mir abzuwehren?«[290]

Bloy löst diese Erfahrung der Ohnmacht des Geistes, indem er von einer »Passion des Geistes« ausgeht. Dieser Gedanke hat oft zu Verwirrung geführt. Raïssa Maritain, die von Bloy selbst darüber belehrt wurde, klärt: »Wir begriffen, daß Léon Bloy an eine unsichtbare Passion dachte, an eine Passion des Trösters innerhalb der Kirche in den Herzen, an eine Passion des Trösters, den wir unaufhörlich und immer

285 Vgl. Verzw 168.

286 Ebd. 347.

287 Ebd.

288 Vgl. ebd. 168.

289 Vgl. TB I, 238.

290 Ebd. 42.

grausamer betrüben, an eine Passion des Heiligen Geistes, der 'mit diesen unsagbaren Seufzern' (Röm 8,26) in uns jammert.«[291] Erst am Ende dieser Passion, wenn der Heilige Geist in Macht und Herrlichkeit kommt, wird Jesus von seinem Kreuz befreit. Gemeint ist das Ende allen Elends, das Jesus in den leidenden Menschen trägt. Alle Elenden werden dann befreit durch ihren großen Beistand und Tröster, dieses »Spiegelbilds der Herrlichkeit in einer Kloake«[292], und endlich wird die verheißene Erlösung auch sichtbare Wirklichkeit.[293] Bis dahin gilt es zu warten. Im April 1906 schreibt Bloy über eine Begegnung in La Salette in sein Tagebuch: »Wie soll ich die Züge eines Individuums beschreiben, der dir sagt - in La Salette sogar!!! - daß der Heilige Geist seine Herrschaft zehn Tage nach der Himmelfahrt begonnen hat, und daß es nichts zu warten gibt«[294]?
Bloy bringt seine Position auf den Punkt, wenn er sagt: »Die Armen und Verzweifelten können also für die Gegenwart keine Hilfe von diesen beiden aneinandergenagelten großen Gefangenen erhoffen. Bleibt nur Gott der Vater ...«[295] Ein andermal spricht er von Vater, Sohn und Heiligem Geist als den »schreckenerregenden Ringern im Todeskampf« (»les terrifiques Agonisants«) und schreibt:

> »Da ist der Vater, dessen stiller Schmerz die Gestirne bange macht, und der Sohn, immer mit Verletzungen bedeckt, den seine blutenden Wunden am Vorwärtskommen hindern, aber der trotzdem geht, die Arme auf seinem Träger ausgebreitet, der der unaussprechliche Dritte ist, dessen Gesicht unsichtbar ist und dessen ewige Seufzer den Anschein haben, aus der Tiefe der Abgründe hervorzubrechen.«[296]

---

291 Raïssa Maritain in: Léon Bloy, Das Heil und die Armut, 65.

292 Vgl. Méditations 234.

293 Vgl. unten S. 167.

294 J II, 311.

295 TB I, 238.

296 Colonnes 245f.

4. Jesus Christus leidet *in* den anderen

Bloy nimmt *den einen Jesus Christus* unmittelbar wahr in jedem Leidenden. Das Ungewöhnliche seiner Sichtweise ist gerade, daß hier keine Vermittlung stattfinden muß. Das eine ist das andere. Albert Beguin faßt dies trefflich zusammen:

> »Auf diese Weise spielt sich dasselbe, einzige Ereignis - die Inkarnation Christi und sein Leben bis zum Kreuzesopfer - nicht ein erstes Mal in Judäa und ein zweites Mal in der Unermeßlichkeit der Jahrhunderte und des Planeten ab, sondern vielmehr ein einziges Mal, das wir unter zwei Aspekten sehen: unter dem der Geschichte innerhalb der Zeit und angesiedelt an einem ihrer Punkte; es ist die Geschichte des Leibes, den Christus angenommen hat, um ein Menschenleben zu leben; und unter dem der Geschichte, die der Totalität der Zeit entspricht, der Geschichte des mystischen Leibes Christi in der Gesamtheit seiner Glieder. Aber in Wirklichkeit und unter einer Perspektive, die wir nicht besitzen können, ist keine der beiden Geschichten vor der anderen abgeschlossen, da es ja dieselbe ist. Die Stunde des 'Consummatum' ist identisch mit der Stunde am Ende der Zeit.«[297]

Bloy unterscheidet Leiden *für* die anderen und Leiden *in* den anderen. Christus hat in seinem Kreuzesopfer nicht nur *für* alle anderen gelitten, er leidet *in* allen anderen, und gerade das macht nach Bloy die Schrecklichkeit seiner Agonie aus.[298] »Für die anderen leiden, das kann eine große Freude sein, wenn einer eine hochgesinnte Seele hat, aber in den anderen leiden: hier fängt das wahre Leiden an!«[299] Christus hatte in seinem Leiden auf Golgota nicht die Genugtuung, damit endlich alle Menschen vom Leid befreit zu haben. Die Leiden dauern fort. Und all diese Leiden sind in seinem eingeschlossen, weil »Jesus in seinem Herzen litt mit dem ganzen Bewußtsein eines Gottes, daß sein Herz alle Menschenherzen und alle Menschenschmerzen von Adam bis zum Weltende umfing«[300]. Jesu Kreuzesleiden ist im Tiefsten ein *Mitleiden*, und zwar ein in aller Radikalität verstandenes, das ganz eins ist mit jedem leidenden Menschen, ein *»In-leiden«* müßte

---

[297] Albert Beguin, Léon Bloy l'impatient, 168.

[298] Vgl. Braut 142.

[299] Ebd. 143.

[300] Ebd. 143f.

man sogar sagen: In jedem Leidenden ist Jesus Christus, der leidet. Und daraus ergibt sich für Bloy auch der Sinn von Pascals Satz, den er so häufig zitiert: »Jesus Christus liegt in Agonie bis ans Ende der Welt; nicht schlafen darf man während dieser Zeit.«[301]
Bloy erläutert das in drei Schritten:
(1) Jesus heilte sämtliche Gebrechen (vgl. Mt 8,16f), indem er sie auf *sich* nahm. Darum ist er »in Wahrheit zum Aussätzigen, den Jesaja verheißen hat, zum *Siechen* kat'exochen, *in quo omnia constant*«[302] geworden. »Der Kranke sieht sich alsdann sogleich geheilt. Aber sein Leiden hat nur den Platz gewechselt. Es ruht nunmehr auf Christus selber mitsamt den Sünden, die ER soeben auf SICH genommen.«[303]
(2) Was in den Heilungsgeschichten exemplarisch erzählt wird, hat in der gesamten Menschheitsgeschichte ihren Fortgang, da Jesus in seiner Agonie aller Menschen Not durch alle Zeiten hindurch umfaßte. »Es ist erschütternd sich zu sagen, daß es stets so und nicht anders ist und daß das Evangelium seinen Fortgang nimmt ...«[304]
(3) Diese alles umfassende Agonie, die an einem bestimmten Punkt der Geschichte von Jesus, dem inkarnierten Sohn Gottes, gelitten wurde, ist dieselbe, die - welchem Menschen auch immer - Tag für Tag zugefügt wird. Es gibt im Leiden keine Trennung zwischen Jesus Christus und dem mystischen Leib Christi durch die ganze Geschichte hindurch.

Exkurs: Wer ist Glied am Leib Christi?

Wie sieht Bloy den Zusammenhang von Haupt und Gliedern Jesu Christi? Genauer: Leidet Jesus Christus Agonie in jedem Menschen oder nur in jedem Christen?
Bloy unterscheidet, auch wenn er vom »corps mystique du Christ« spricht, letztlich nicht zwischen Christen und Nichtchristen. Gott, der ewig, d.h. die Totalität der Zeit umfassend ist, kann - wenn er Mensch

---

[301] Z.B. Verzw 113. Im Original bei Blaise Pascal: Pensées (Édition de Louis Lafuma), Paris ^{2}1975, 919.

[302] TB I, 265.

[303] Ebd.

[304] Ebd.

wird - dies nur auf die Weise werden, daß er das Menschsein aller Zeiten umfaßt.

»Diese Fleischwerdung ist nicht nur ein Mysterium, so wie man's lehrt, sie ist die Mitte aller Geheimnisse: Omnia in ipsa constant. Liest man, Gottes Sohn, sein Wort, sei 'Fleisch geworden', so ist das genau so, als läse man, er sei Erde geworden, da ja die Erde Fleischsubstanz des Menschen ist. Als Gott jedoch die menschliche Natur annahm, wirkte er notwenigerweise gemäß seiner göttlichen Beschaffenheit, das heißt in einer absoluten Art und Weise, wodurch er mehr Mensch wurde als alle Menschen, die aus Erde geschaffen werden, und selber zur Erde im geheimnisvollen, im tiefsten Sinne ward.«[305]

Daraus ergibt sich für Bloy: »Kein menschliches Wesen ist ausgeschlossen von der Erlösung«[306], noch die »finstersten Heiden sind der Möglichkeit nach Katholiken, Erben Gottes und Miterben Christi«[307]. Oder in einem Brief an einen Priester: »Es gibt keinen Menschen, der nicht der Möglichkeit nach ein Heiliger wäre, und die Sünde oder die Sünden, selbst die allerschwärzesten, sind nur Akzidenzien, die nichts an der Substanz ändern.«[308] Bloy reflektiert nicht die Schwierigkeit, die aus dem »der Möglichkeit nach« (»virtuellement«) entsteht. Die Frage, ob die Verbindung mit allen Menschen, die Jesus Christus durch seine Menschwerdung ein für allemal geschaffen hat, eine andere ist als die durch die Taufe geschenkte, beantwortet Bloy nicht klar. Die Tendenz geht dahin, daß er von der Menschwerdung her die unterschiedslose Einheit Jesu mit allen festhält[309] und den Menschen - ob getauft[310] oder nicht - als ein Wesen sieht, das unterwegs ist zu die-

---

305 Napoleon 86.

306 Méditations 240.

307 Ebd.

308 J III, 347.

309 So kann er extrem formulieren: »Alles in uns ist identisch mit Jesus Christus, dem wir natürlich und übernatürlich gleichgestaltet sind«: Brief an Michel Ménard, in: Bol I, 295.

310 Weil die Verbundenheit von Christus her unauslöschlich bleibt, auch wenn sie vom Christen her gebrochen wird, formuliert Bloy folgenden dramatischen Gedanken: »Es gibt drei Sakramente, welche die Prägung aufdrücken und deren Siegel unauslöslich ist. Wir sind also der inneren Mächtigkeit nach Heilige, Säulen der ewigen Herrlichkeit. Ein Christ kann seine Taufe verleugnen, kann den Heiligen Geist aus seinen Gedanken ausschließen, kann, wenn er ein schlechter Priester ist, die Nachfolge der Apostel, die ihm durch die Priesterweihe über-

ser Einheit und diese mehr und mehr erwerben muß und auch verspielen kann. Gewiß, Bloy bleibt - als Traditionalist - vollkommen davon überzeugt, daß man nur in der katholischen Kirche zum Heil finden kann - eine Überzeugung, die ja erst beim Zweiten Vatikanischen Konzil zur größeren Weite hin aufgebrochen wurde. Und doch übersteigt er diese Vorstellung immer wieder mühelos. Da spricht er z.B. zu Raïssa Maritain von den vielen Heiden, die das Christentum nie kennenlernen und deshalb den Dämonen bereitwillig opfern, daß Jesus diese Unglücklichen »auf seine Rechnung nehmen wird«, weil sie die Wahrheit - die doch ER ist - gesucht haben.[311] Am entschiedensten bricht Bloy mit jeder Enge, wenn es um die Leidenden geht: denn allzu deutlich hat Jesus selbst auf das Einssein mit *jedem* Leidenden bestanden (vgl. Mt 25,31-46).
Bloy kann dieses Paradox aushalten, muß den scheinbaren Widerspruch nicht auflösen - ein typisches Merkmal, auf das ja schon hingewiesen wurde.

II. Das übernatürliche Gleichgewicht

1. Die Gemeinschaft der Heiligen

Die von Bloy behauptete Einheit von Jesus Christus und den Menschen führt uns zu seinem Verständnis der Gemeinschaft der Heiligen.

> »Wenn nicht alle Menschen ohne Ausnahme dem Vermögen nach Heilige wären, hätte der neunte Artikel des Glaubensbekenntnisses keinen Sinn. Es gäbe keine Gemeinschaft der Heiligen, das Konzert aller Seelen seit der Erschaffung der Welt, und dieses Konzert ist so wunderbar genau berechnet, daß es keine Möglichkeit gibt, dem zu entfliehen. Der unfaßbare Ausschluß einer einzigen wäre eine Gefahr für die ewige Harmonie.«[312]

---

tragen wurde, verwerfen, er kann sich auf immer verlieren; doch nichts wird fähig sein, ihn mit Gott zu entzweien, ihn von Gott zu trennen, und es ist ein unauslotbares Geheimnis voll Schrecken, daß diese Beharrlichkeit des heiligen Zeichens bis in das unendliche Grauen der Verdammnis reicht. Man muß also sagen, daß die Hölle mit schreckenerregenden Heiligen bevölkert ist, welche die Gefährten der gefallenen Engel geworden sind«: Méditations 274.

311 Vgl. J II, 179.

312 Méditations 240.

Wenn wir mit Bloy von der »Gemeinschaft der Heiligen« sprechen, dann müssen wir uns seine Definition zu eigen machen. Wie es uns schon im Zusammenhang mit dem mystischen Leib Christi begegnet ist, so stellt auch das obige Zitat fest: Es handelt sich um die Gemeinschaft aller Menschen aller Zeiten, keiner ist ausgeschlossen. Das Ganze ist einem Konzert zu vergleichen, bei dem jede Stimme klingen und jeder seine Stimme spielen muß, damit das ganze zu einer Symphonie wird. Der Lebensweg jedes Menschen wirkt wesentlich in die Gesamtheit der Geschichte hinein, keiner ist entbehrlich, der eine hängt vom anderen ab, ist mit ihm untrennbar verbunden.[313] Auch wenn wir es nicht so wahrnehmen, behauptet Bloy: »Alle Ereignisse der Geschichte sind gleichzeitig«[314].

Bloy stellt sich die Geschichte wie ein System kommunizierender Röhren vor, gerade so ist sie Abbild des Dreifaltigen Gottes, der sie ins Leben rief. Wie Gott in drei göttlichen Personen und doch einer ist, so ist die gesamte Menschheit eins in dieser Gemeinschaft der Heiligen, die Jesus Christus durch seine Menschwerdung ganz umfaßt und annimmt. Indem der Heilige Mensch wurde, hat er jedem einzelnen Menschen Teilhabe geschenkt an seiner Heiligkeit, weil Jesu Menschwerdung auch dessen Menschsein umfaßt. Es gibt nicht den abgetrennten Menschen, den Menschen »nur für sich«, jeder Mensch ist wesentlich *in Gemeinschaft* Mensch, in einer Gemeinschaft, für die er verantwortlich ist und die ihn trägt. »Das ist es, was man die 'Gemeinschaft der Heiligen' nennt, der neunte Artikel des Glaubensbekenntnisses: die Solidarität aller Geschöpfe, aller Welten, aller Zeiten, - die Einheit in der Unendlichkeit.«[315] Dieser Gedanke Bloys ist nun

---

313 Bloy berichtet in seinem Tagebuch von einer theologischen »Diskussion mit einem Geistlichen über die heiligmachende Gnade und die von ihm behauptete Wertlosigkeit für das Absolute aller nicht im Stande der Gnade vollbrachten guten Werke«. Bloy hält »philosophiquement« die Ewigkeit *jeder* menschlichen Handlung dagegen, die darin begründet ist, daß jeder Mensch teilhat an der »Communauté des saints« und darum mit jeder seiner Handlungen hineinwirkt in das Ganze des Weltgeschehens, d. h. seine Werke sind im Guten wie im Bösen von absoluter Wichtigkeit und Wertigkeit. »Theologiquement« hält Bloy das »Begnadigungsrecht des Richters« dagegen, das er nicht auf menschliche Maßstäbe einengen will: vgl. J II, 179.

314 Ebd. 335.

315 TB III, 328.

schrittweise zu entfalten. Voraussetzung bleibt das Dogma der Gemeinschaft der Heiligen.

2. Gleichgewicht und Solidarität

»Unsere Freiheit ist solidarisch mit dem Gleichgewicht der Welt, und dieses ist's, was man verstehen muß, um sich nicht über das tiefe Geheimnis der Umkehrbarkeit zu wundern, die der philosophische Name ist des großen Dogmas der Gemeinschaft der Heiligen. Jeder Mensch, der einen freien Willensakt vollzieht, projiziert seine Persönlichkeit ins Unendliche. Wenn er unwillig einem Armen eine Scheidemünze gibt, so durchbohrt diese Münze des Armen Hand, fällt zu Boden, durchschlägt die Erde, durchlöchert die Sonnen, durchmißt das Firmament und bedroht das Universum. Wenn er eine unreine Handlung begeht, so trübt er vielleicht Tausende von Herzen, die er nicht kennt, die geheimnisvoll mit ihm in Verbindung stehen und denen not tut, daß dieser Mensch rein sei, wie ein verdürstender Wanderer des Wassers des Evangeliums bedarf. Eine Liebestat, eine Regung echter Barmherzigkeit singt ihm himmlisches Lob, von Adam an bis ans Ende der Zeiten; er heilt die Kranken, tröstet die Verzweifelten, stillt die Stürme, erlöst die Gefangenen, bekehrt die Ungläubigen und beschützt die Menschheit. Die ganze christliche Philosophie ist in der unausdrücklichen Wichtigkeit des freien Handelns erhalten und in der Vorstellung einer alles umfassenden und unzerstörbaren Solidarität.«[316]

Es gibt für Bloy eine undurchschaubare Verknüpfung der Schicksale, die oft verborgen bleibt. Der Gedanke oder die Tat des einen beeinflussen den Gedanken oder die Tat des anderen, zum Wohle oder zum Schaden. Alles ist verbunden in einer geheimnisvollen Solidarität.

»Sooft du eine gute oder auch eine böse Tat vollbringst, erinnere dich daran, daß da Seelen sind ohne Zahl, Seelen Lebender und Seelen 'vermeintlich' Gestorbener - sie alle in geheimnisvoller Weise der deinen verbunden, Verwandte deiner selbst im Geiste, deren du erst im Lichte ansichtig werden wirst -, Seelen von Sklaven und Seelen von Kaisern, die einmal - vor 5000 Jahren vielleicht - sterbliche Leiber bewohnten oder noch in ihnen wohnen, und sie alle bedürfen deiner wie des Brotes! Ist es nun eine böse Tat, die du vollbringst, so verfallen all diese Seelen der Verstoßung; ist es eine gute, so leitest du sie an deiner Hand zurück ins Licht.«[317]

---

316 Verzw 116f. Diesen Text hat Bloy schon 1879 verfaßt (vgl. Inédits 119-132).

317 TB III, 327.

Keiner überschaut die Verantwortung, die er für den Lauf der Geschichte hat: »Keiner weiß, was zu verrichten er in diese Welt gekommen ist, womit seine Taten, seine Empfindungen und seine Gedanken in Verbindung stehen, wo unter allen Menschen seine Nächsten sind, welches sein eigentlicher Name ist, sein unvergänglicher Name im Eintragebuch des Lichtes. Kaiser oder Lastenträger, keiner weiß, weder um seine Bürde noch um seine Krone.«[318] Anläßlich des Todes des Zaren schreibt Bloy in sein Tagebuch:

> »Neubelebung eines meiner ältesten Gedanken! Der Zar ist der Beherrscher und das geistliche Oberhaupt von 150 Millionen Untertanen. Eine furchtbare Verantwortung, aber sie besteht nur zum Schein. In Wirklichkeit, 'vor Gott', sind ihm vielleicht ganze zwei oder drei Menschen unterstellt, und wenn die Armen in seinem Reich Unterdrückung erleiden oder sich aus seiner Regierung für die Allgemeinheit furchtbare Katastrophen ergeben, wer weiß, ob dann im Grunde nicht der Lakai, dem das Wichsen der kaiserlichen Stiefel obliegt, der wahre und einzige Verantwortliche dafür ist? Nach dem Gesetz einer geheimnisvollen und verborgenen Weltordnung, wer ist da in Wahrheit der Zar, wer der König, und wer vermöchte sich in seinem Innersten zu schmeicheln, kein Lakai zu sein?!«[319]

Oder noch einmal zugespitzt: »Der unerklärbare Marnesieg könnte entschieden worden sein durch das Gebet eines Menschen, das erst in 200 Jahren geboren werden wird.«[320] Unsere Taten haben ungeheure Auswirkungen, wir wissen aber nicht welche und auf wen, und wir kennen nicht das Ausmaß. Wir irren, wenn wir meinen, dies aufgrund unserer Wahrnehmung wirklich beurteilen zu können. Wenn Bloy immer wieder betont: »Man weiß nie, wessen nächster Verwandter man ist«[321], dann soll dies wachhalten für unsere geheimnisvolle Verantwortung. So fällt, als in Frankreich die Abschaffung der Todesstrafe

---

[318] Léon Bloy, Die Seele Napoleons, Heidelberg 1954, 12.

[319] TB I, 246.

[320] Méditations 240.

[321] TB I, 169. An anderer Stelle: »Selon la parenté spirituelle qui m'est inexorablement cachée, il y a peut-être, en quelque désert, un sauvage horrible de qui l'âme est soeur jumelle de la mienne, et il se peut aussi que nos deux âmes soient, en même temps, cousines-germaines de celle de l'odieux Guillaume de Hohenzollern ou de tout autre impardonnable profanateur de la Face du Dieu vivant qui le fit à sa Ressemblance«: Méditations 239.

diskutiert wird und der Priester in der Predigt dazu aufruft, kein Mitleid mit diesen »Banditen« zu haben, Bloy die allgemeine Mitverantwortung für die Freveltat des Geächteten ein. Er wünschte sich die Predigt folgendermaßen:

> »Aber ich sage dir, lieber Bruder, du bist eine Pflanze und dieser Mörder ist deine Blüte. Das wird beim Jüngsten Gericht auf eine mehr als schreckliche Weise klargemacht werden. Ohne es zu wissen und zu wollen, gibt jeder von uns einem Mörder seinen Schatz an verborgenen Bosheiten und Schlechtigkeiten, so wie ein ängstlicher Geizhals sein Geld einem wilden Spekulanten anvertraut, und wenn das Schafott aufgerichtet wird, werden beide Köpfe miteinander in den Sand rollen. Wir alle gehören zu den Geköpften.«[322]

An anderer Stelle faßt er diesen Gedanken in die umfassendste Allgemeinheit:

> »Da wir Söhne Adams sind, ist unsere Solidarität unendlich. Gleichwie wir alle beim ersten Ungehorsam gesündigt haben, fahren wir fort zu sündigen *ohne Entschuldigung* in allen Fortsetzern des Treuebruchs. Derart daß in diesem wunderbaren allgemeinen Handel es keine Ungerechtigkeit gibt, von der wir nicht gleichzeitig die Gläubiger und die Schuldner sind. *Dimitte nobis debita nostra sicut et nos dimittimus debitoribus nostris*... Alle menschlichen Greueltaten, von Anfang an, genauso gut wie die allerheiligsten Taten, sind mit Gerechtigkeit dem Neugeborenen aufgebürdet, der in seiner Wiege schlafend weint. Weder der Abstand von zehn Jahrhunderten noch die Unendlichkeit der Räume könnten ein Alibi sein für Unsterbliche und für Söhne Gottes.«[323]

Alles hängt miteinander zusammen, beeinflußt sich gegenseitig. Es gibt ein kommunikatives Gefüge, in dem jede Tat Folgen für das Ganze hat, ausgeglichen werden muß bzw. zum Ausgleich dient, im Großen wie im Kleinen. An einem »schweren, dunklen, trostlosen Tag« meditiert Bloy:

> »Wie kommt es, daß uns zu gewissen Stunden eine düstere, lastende Traurigkeit befällt, ähnlich einer Stimmung, wie sie die Reue über ein

[322] Blut 219f. - In sein Tagebuch schreibt Bloy: »Solidarité universelle. Combien de fois n'arrive-t-il pas qu'un juge condamne le malheureux chargé de payer pour lui?«: J II, 339.

[323] Constantinople 249.

begangenes Verbrechen in uns auslösen würde? Sollte es daher kommen, daß irgendein menschliches Wesen oder irgendein Engel, uns ganz unbekannt und doch auf geheimnisvolle Weise durch engste seelische Bande mit uns verbunden, sich soeben einer solchen Tat schuldig gemacht, die durch die Gemeinsamkeit der Reue zu unserer eigenen Missetat ward?«[324]

Und an anderer Stelle wirft Bloy seinem Freund Henry de Groux, der sich nicht zur christlichen Praxis bekehren läßt, vor: »Von Dir allein hängt es ab, uns beide zu erlösen. Diese Macht ist Dir gegeben, und wenn Du sie nicht nutzest, dann zwingst Du mich, Dich anzuklagen. Du wirst dann in der Tat der wahre Urheber aller meiner Leiden und der Allererbarmungsloseste meiner Feinde.«[325]
Die Spitze dieser Idee wird wohl dort erreicht, wo Bloy formuliert: Es gibt eine »absolute Notwendigkeit zu wissen, daß jedes Mal, wenn man glücklich ist, es jemanden gibt, der bezahlt, und jedesmal, wenn man leidet, man selbst für jemanden bezahlt«[326]. Wenn man diese Einsicht nicht besitzt, hat man das Niveau von Tieren erreicht.[327] In seinem Roman »Die arme Frau« präzisiert das Bloy in der Szene der Hochzeitsnacht Clotildes und Leopolds: Bloy zwingt uns in diesem Abschnitt, wach zu werden für die verborgenen Abläufe, indem er sie überzeichnet. Vermutlich wählt Bloy den Schauplatz des ehelichen Schlafzimmers, weil dieser der allgemeinen Meinung nach der »intimste« der Welt ist; was hier geschieht, geht nur die Eheleute etwas an. Für Bloy aber gibt es diese private Zurückgezogenheit nur auf sich selbst nie und nirgends. Immer sind wir in den Lauf der Weltgeschichte miteingebunden, immer leben wir mit und durch die anderen. Was also für das eheliche Schlafzimmer gilt, gilt umso mehr für alle anderen Orte unseres Daseins, keiner ist ausgeschlossen. Da dieser Text treffend Bloys Eigenart vermittelt und auch - für sich gelesen - für viele Mißverständnisse gesorgt hat, sei er in ungewöhnlicher Länge geboten:

---

324 TB I, 343.

325 Ebd. 219.

326 Léon Bloy, Lettres à Frédéric Brou et à Jean des la Laurencie, 132.

327 Vgl. ebd.

»Wirf einen letzten Blick auf die Uhr, und wenn es in deiner Kraft steht, dann bitte Gott, daß er den bösen Engel der Statistiken von dir fernhalte ... Eine Minute wird abrollen. Und es gibt hundert Tote und hundert Neugeborene mehr. Einhundert Kinderschreie und einhundert Todesseufzer. Schon lange ist das vorausberechnet. Die Rechnung stimmt. Das ist der Ausgleich im Auf- und Abgewoge der Menschheit. In einer Stunde liegen sechstausend Leichen unter eurem Bette, und nahe bei euch weinen sechstausend Kinder auf der Erde. Aber das bedeutet nichts. Da ist die unendliche Zahl derer, die noch geboren werden, da ist die unendliche Zahl derer, die noch nicht genug gelitten haben, um zu sterben. Da sind alle, die man lebendigen Leibes schindet, die man auf gelindem Feuer brät, die man kreuzigt, die man geißelt und die man zertritt, die man mit glühenden Zangen peinigt und zwickt, die man totschlägt oder erstickt, in Asien und Afrika, in Amerika und Australien, ganz zu schweigen von unserem ergötzlichen Europa, in Wäldern und Höhlen, in den Kerkern und Hospitälern der ganzen Welt.
In diesem Augenblick, wo du vor Wollust stöhnst, heulen Kranke und dem Tode Verfallene - es wäre kindisch, sie alle aufzuzählen - unter dem Biß deiner Sünden wie in der Hölle. Du verstehst mich doch? Deine Sünden! Denn hier liegt die liebliche Täuschung, die du nicht kennst.
Ein jedes Wesen, nach dem Bilde des lebendigen Gottes erschaffen, hat eine unbekannte Klientelschaft hinter sich, deren Gläubiger und Schuldner er ist in einem. Leidet dieses Wesen, so zahlt es für die Freude einer großen Zahl, freut es sich aber in seinem schuldhaften Fleisch, dann müssen unbedingt die andern die Mühsal tragen.
Wenn du eine Idiotin wärest - was ich nicht annehmen will -, so bist du dennoch ein so kostbares Geschöpf, daß es vielleicht ganz gerecht ist, wenn das Ausbluten von zehntausend Herzen eben hinreicht, dir diese Stunde der Trunkenheit zu sichern. Herzen der Väter, Herzen der Mütter, Herzen der Waisenkinder, Herzen der Bedrängten und Herzen der Ausgestoßenen, zerfetzte, durchbohrte, zerbrochene Herzen, Herzen, die in die Verzweiflung stürzen wie Mühlsteine in einen Abgrund, all das für dich allein. Es ist der Preis für deine Freude ...
Ich weiß wohl, du wirst sagen, das Leben sei unmöglich, wenn man immer an alle diese Dinge denkt, und es gäbe nicht eine Minute mehr für das Glück. Ich sage nicht nein, denn das hängt wohl ab von dem, was du Glück nennst.
Wohl wahr, das Sakrament gibt dir ein Recht, dich deines Gatten zu freuen, und unbesonnen wäre die Behauptung, der Akt, durch den du vielleicht einen Sohn empfängst, sei für die Umdrehung der Gestirne nicht von Bedeutung.
Ich behaupte nichts, o Erbin der Ewigkeit, ich will nur das Bild der Stunde vor dir aufrollen, die vergeht. Die Stunde, die vergeht! Siehst du

den Aufmarsch der sechzig Minuten, zerbrechliche, mit ehernen Fersen, und eine jede stampft die Erde ...«[328]

Aber was ist das nun für eine Welt, in der das Glück nicht mehr »umsonst« ist? Und wie können wir uns einen Gott vorstellen, der eine solche Welt geschaffen hat?

3. Chaos nach dem Sündenfall und Reversibilität

Für Bloy ist die Welt, wie wir sie wahrnehmen, nicht identisch mit der von Gott am Anfang erschaffenen. Zwischen dieser und jener ist ein alles durchdringender Riß: der Fall Adams in die Sünde, durch den alles durcheinander geraten ist.

> »Jeanne fragt mich, wie es möglich sei, daß im Werke Gottes eine solche Verwirrung herrscht. - Und der Sündenfall? erwidere ich ihr ... Nichts ist vollendet. Wir müssen auf alles gefaßt sein, denn rings um uns ist das Chaos, - das gewaltige Chaos, welches den 'Reichen' von dem in SEINER Glorie erstrahlenden ARMEN trennt. Es ist uns also vorbehalten, im wahrsten Sinne die 'Genesis' mitzuerleben und Zeugen der Schöpfung zu sein vom Fiat Lux bis zu Adams Geburt usw.«[329]

Durch den Sündenfall sehen wir alles nur noch »per speculum in aenigmate«. Für Bloy ist das gleichbedeutend mit: Wir sehen nur noch das *Gegen*-teil von dem, was wirklich ist. Und genau das meint er, wenn er von der »Reversibilität« (Umkehrbarkeit) spricht.[330] »'Per speculum in aenigmate', sagt der heilige Paulus. Wir sehen alle Dinge verkehrt. Wenn wir meinen zu geben, empfangen wir, etc. ...«[331]

---

[328] ArmeFr 258-260. - Ein ganz ähnliches Beispiel sind Bloys Gedanken zur Erstkommunion seiner Tochter Veronika im Zusammenhang mit einem Vulkanausbruch. Am 10. Mai 1902 finden wir in seinem Tagebuch: »Eintreffen der ersten Nachrichten der furchtbaren Katastrophe auf Martinique. In wenigen Sekunden dreißigtausend Tote und das *genau zu der Stunde, in der Veronika ihre erste Kommunion empfing!* Da es keinen Zufall gibt, so kann man nur annehmen, diese Auslöschung so zahlreicher Menschenleben sei unerläßlich gewesen, damit in Gottes unfehlbarer Hand der im gleichen Augenblick unserem Kinde zuteilwerdende Gnadenakt seinen Ausgleich fände. Nicht ein *einziges* Opfer weniger brauchte das Kind und der Vulkan wartete auf SEIN Zeichen seit Jahrhunderten«: TB III, 180.

[329] TB I, 169.

[330] Vgl. z.B. Bloys Artikel über »La Grande Trappe«: Inédits 131.

[331] J II, 235.

Und an anderer Stelle sagt Bloy, »daß was immer auch unsere Augen sehen, daß alles, was sich 'äußerlich', das heißt um uns herum, abspielt, nur leerer Schein ist, nur eine rätselhafte Rückspiegelung - per speculum - dessen, was sich der Substanz nach im Unsichtbaren vollzieht.«[332]

Ein Beispiel für die Reversibilität ist die Geschichte des armen Lazarus. Bloy läßt Abraham zu Lazarus sprechen:

> »Der Unbarmherzige, den du um die Brosamen beneidetest und der jetzt um den Wassertropfen an der Spitze deines Fingers bettelt, konnte seine Armseligkeit erst im Flammenlichte seiner Qual begreifen. Aber dich mußte ich erst aus den Händen der Engel zu mir nehmen, damit dir dein Reichtum im ewigen Spiegel dieses brennenden Angesichtes offenbar würde. Die ewigen Freuden, auf die dieser Verdammte gerechnet hatte, werden wirklich nicht enden, und auch dein Elend wird kein Ende finden. Nur ist die Ordnung wiederhergestellt, und ihr habt den Platz gewechselt. Denn zwischen euch bestand eine so verborgene, eine so vollkommen unerkennbare Verwandtschaft, daß nur der Heilige Geist, der die Gebeine der Toten belebt, die Macht gehabt hätte, sie so in der ewigen Gegenüberstellung sichtbar zu machen!«[333]

Bloy kann sich hier vor allem auf die lukanischen Seligpreisungen und Weherufe berufen, in denen die Reversibilität in aller Deutlichkeit (und doch so wenig vernommen) vor Augen geführt wird: Den jetzt Armen gehört das Reich, während die Reichen nichts mehr zu erwarten haben: Sie haben heute im Überfluß, was ihnen dann fehlen wird (vgl. Lk 6,20-26).

Er mahnt darum immer neu seine Zeitgenossen, das Sichtbare nicht dem Unsichtbaren vorzuziehen, warnt vor der Illusion, der man sich hingibt, indem man den Zerrbildern dieser *scheinbaren* Wirklichkeit traut. Für Bloy gibt es nur *eine* Wirklichkeit, die zählt: Es ist die Wirklichkeit Gottes, für die wir durch den Sündenfall den Blick verloren haben. Noch sind wir im Trug des jetzt Sichtbaren gefangen, aber einmal werden uns die Augen aufgehen.

> »Die banalste aller Illusionen ist es, zu glauben, daß man in Wirklichkeit ist, was man zu sein scheint, und diese universelle Illusion wird ein

---

[332] TB I, 322.

[333] ArmeFr 228.

> Leben lang verstärkt durch den hartnäckigen Betrüger unserer Sinne. Es braucht nicht weniger als den Tod, um zu lernen, daß wir uns immer getäuscht haben. Im gleichen Moment, da wir unsere so ganz und gar uns selbst unbekannte Identität entdecken werden, werden sich unseren wahren Augen unfaßbare Abgründe enthüllen, Abgründe in uns und außerhalb von uns. Die Menschen, die Dinge, die Ereignisse werden uns endlich verraten sein [eben nicht mehr »in Rätselgestalt«!] und jeder kann die Bestätigung wahrnehmen von diesem Geheimnis, das sagt, daß vom Sündenfall an das ganze Menschengeschlecht zutiefst eingeschlafen ist.«[334]

Immer wieder wechselt das Ringen Bloys um den Glauben an diese »unbekannte Identität« mit den - manchmal eher euphorisch anmutenden - Lobeshymnen auf das Leid und die Schmerzen (»Le Paradis terrestre, c'est la Souffrance, et il n'y en a pas d'autre.«[335]).

> »Da meine Freiheit um nichts geringer ist als die meiner übrigen Brüder, so habe auch ich zuweilen geklagt und gewünscht, mein Lager möchte vielleicht bequemer sein. Und immer noch klage ich von Zeit zu Zeit und doch weiß ich, es ist ein Elend, Gottes Geschenke nicht besser erkennen zu wollen. 'Si scires Donum Dei!' sagte Jesus zur Samariterin. Oh ja, gewiß, wenn man klar zu erkennen vermöchte, wenn man wüßte, daß es geringe Dinge nicht gibt und alles, was geschieht, groß und immer groß ist, unser Entzücken wäre ein solches, daß wir daran stürben.«[336]

Wenn wir all diese Ausführungen Bloys zusammennehmen, dann stellt sich die Frage: Ist nun das Leiden eigentlich Folge der Sünde, Folge also menschlicher Freiheit (meiner eigenen oder irgendeines Menschen im Laufe der gesamten Menschheitsgeschichte), oder aber ist es »Gottes Geschenk«, das heißt, von ihm uns willentlich zugedacht?

4. Menschliche Freiheit oder göttliche Vorsehung?

Bloy löst die gestellte Frage mit einem mathematischen Vergleich:

> »Sie möchten begreifen, auf welche Weise das Vorwissen Gottes mit der menschlichen Freiheit zu vereinbaren sei. Nun, für mich ist das sehr

---

334 Ténèbres 293.

335 Mélanie 274.

336 TB III, 327.

einfach. Es ist nämlich ganz das Gleiche, als fragten Sie mich, auf welche Art sich die Idee der Zahl dreißig vereinbaren lasse mit der Zahl fünf multipliziert mit sechs, was ich um keinen Deut besser begreife. Ich weiß, ohne begreifen zu können, daß das göttliche Vorwissen und die menschliche Freiheit in keiner Weise nötig haben, miteinander in Einklang gebracht zu werden, weil sie genau, absolut, wesentlich und der Substanz nach ein und dasselbe sind ...«[337]

Für Bloy gibt es also in dieser Frage kein »Entweder - Oder«. »Göttliche und menschliche Freiheit decken sich vollkommen: Seit aller Ewigkeit weiß Gott, daß der und der Mensch an dem und dem Tag aus freiem Entschluß eine notwendige Tat vollbringen wird.«[338] Das bedeutet für das Leiden: Wenn es auch ursächlich aus der Sünde des Menschen erwächst und nicht von vornherein zur Schöpfung gehört, so integriert es Gott doch in seinen Weltenplan und macht es sich dienstbar.[339] Darum kann Bloy angesichts seiner entsetzlichen Armut im Jahre 1895 (Tod seiner beiden Söhne), die er doch ganz und gar als Folge der ihm von der damaligen Journalistik zuteil werdenden Ungerechtigkeit ansieht, trotzdem schreiben: »Wenn es an Geld fehlt, so ist es, weil es für uns Verderben bedeuten würde, und sicherlich würden wir im Gelde schwimmen in dem Augenblick, wo es aufhört, für uns eine Quelle der Gefahr zu sein.«[340] Bloy hält die äußerste Spannung auch hier aus und nivelliert nichts, weder die menschliche Freiheit zur Sünde, noch den Glauben an die Vorsehung Gottes, noch die sichere Hoffnung, daß diese Vorsehung Gottes trotz allem Anschein von nichts an Güte übertroffen werden kann.

---

337 TB II, 227.

338 TB I, 209.

339 Er integriert es, indem er es vollkommen auf *sich* nimmt, wie wir sahen. »Nicht zum Spaß habe ich dich geliebt«, zitiert Bloy ein Wort, das die heilige Agreda in einer Vision von Jesus vernahm. Nie geht es darum, die Sünde zu verharmlosen und ihre schrecklichen Folgen. Es ist ernst, todernst.

340 TB I, 310.

III. Die Wende auf Kalvaria

1. Der neue Anfang

Im Zusammenhang mit dem gewaltigen Chaos als Folge des Sündenfalls sagt Bloy: »Es ist uns also vorbehalten, im wahrsten Sinne die 'Genesis' mitzuerleben und Zeugen der Schöpfung zu sein vom Fiat Lux bis zu Adams Geburt.«[341] Bloy geht hier von einer zweiten Schöpfung aus dem Chaos aus. Es handelt sich hierbei nicht um das Chaos des Anfangs, sondern um das Chaos, das die Sünde des Menschen verursachte. Das Chaos hat also eine ganz andere Qualität, es ist »böse« und bringt Böses hervor. In dieses Chaos spricht Gott nun ein neues, ein alles überbietendes »Fiat Lux« hinein, indem der »neue Adam« in Maria Mensch wird. »Das *Verbum Caro factum est* ist eine Wiederholung des *Factus est Homo* der Genesis ebenso wie das *Fiat mihi secundum verbum tuum* Marias absolut genau dem die Schöpfungsgeschichte eröffnenden *Fiat lux* entspricht.«[342] Hier kulminiert gleichsam das, was wir als Kennzeichen der Zeit nach dem Sündenfall kennenlernten: Wir sehen nur noch das Gegenteil von dem, was ist. »Da er [Jesus] Gott war und nur zu uns kam, um zu beweisen, daß er Gott sei, auch wenn er als der wahrhaft Arme erschien, so war er der Arme in der ganzen Strahlpracht und Fülle seiner göttlichen Eigenschaften«[343], der »wahre Arme, der Ärmste aller Armen«[344].
Als der, der das Leben ist, dann schließlich am Kreuz leidet und stirbt, beginnt etwas völlig Neues:

> »An diesem Tage begann die vollkommene Buße der Kinder Adams. Bis dahin hatte der Mensch nicht wahrhaft gelitten, und die Qual hatte keine göttliche Billigung erfahren. Überdies war die Menschheit noch zu jung für das Kreuz. Als die Mordknechte vom Kalvarienberg niederstiegen, brachten sie allen Völkern in ihren Blutmäulern die hohe Kunde von der Großjährigkeit der Menschheit. Der Schmerz schnellte mit einem einzigen Satz über den unermeßlichen Abgrund, der das Akzidenz von der Substanz trennt, und wurde Notwendigkeit.

341 Ebd. 169.

342 TB II, 74.

343 Verzw 325.

344 Vgl. ebd. 324.

Da durchrann die Verkündigung von Freude und Sieg, mit der die Heilige Schrift getränkt ist, eingeschrieben in das neue Gesetz im abgekürzten Wortlaut der Seligpreisungen, die Generationen und durchmähte sie gleich wirbelnden Schwertern. Mit einem Wort, die Menschheit begann 'in der Hoffnung' zu leiden, und dies wird 'die christliche Ära' genannt!«[345]

2. Göttliche Billigung

Das Neue, das Bloy mit dem Kreuzestod Jesu gekommen sieht, besteht darin: »Die Qual hat jetzt göttliche Billigung erfahren«. Gemeint ist: Die Qual des Menschen, die Jesus als ganze erleidet - in der Agonie seines zeitlichen Lebens und in der Agonie bis ans Ende der Zeit - wurde in Freiheit von ihm auf sich genommen, gebilligt. Er war bereit, das »Lösegeld« (vgl. Mt 20,28) zu bezahlen und für den Ausgleich der Schuld mit seinen Leiden einzustehen. Wenn Bloy sagt, jeder Mensch habe »eine unbekannte Klientelschaft hinter sich, deren Gläubiger und Schuldner er ist«, deren Freude er mit seinem Leiden bezahlt und die ihrerseits seine Freude mit ihrer Mühsal bezahlen[346], dann ist Jesus eben nur »Gläubiger«, er bleibt nichts schuldig, leidet alles aus, gibt sich ganz und gar und bezahlt so alles restlos. Erstmals in der Menschheitsgeschichte ist einer nicht zugleich Schuldner, indem er andere zwingt, für ihn zu zahlen, da er, der »neue Adam« ohne Sünde und damit auch nicht nehmend eingebunden ist in das Gesetz des Ausgleichs. Das heißt aber auch: Er verzichtet darauf, sich auf Kosten der anderen zu trösten (vgl. Lk 6,24), er durchleidet, ohne zu fliehen, rein, ungeteilt, ganz, das heißt, er erfährt das Leiden in seiner ganzen Wucht. Darum kann Bloy sagen: »Bis dahin hatte der Mensch nicht wahrhaft gelitten«[347], weil noch nie ein Mensch in dieser Reinheit, so »pur«, gelitten hat.

---

[345] Ebd. 167f.

[346] Bloy sagt wörtlich: »Freut er sich aber in seinem schuldhaften Fleisch ...« Für ihn ist der Mensch als ganzer und damit alles, was er tut, infiziert durch den Sündenfall, auch die Freude, weil wir es eben sind, die sich freuen.

[347] Verzw 167f.

Und allein so geschieht die »vollkommene Buße«[348], eben weil Jesus Christus alles restlos bezahlt. Es geht wieder nicht nur um das einmalige Leiden damals am Kreuz: In diesem geht es vielmehr um das Leiden jedes Menschen, da das Leiden, gleich von wem, nur eine andere Erscheinungsform des Leidens Jesu am Kreuz auf Golgotha ist, aber im Wesentlichen eins mit diesem. Jesus sagt also auf dem Kalvarienberg ja zum Leiden aller Menschen, nicht indem er es ihnen distanziert auflädt, sondern indem er sich durch alle Zeit hindurch bereit erklärt, es zu tragen. Es ist ihnen aufgeladen durch die Sünde ihrer Mitmenschen aller Zeiten und - im Maße der eigenen Schuldverstricktheit - durch ihre eigene Sündhaftigkeit. Aber Gott läßt sie mit ihrem Leiden nicht alleine, er trägt es mit ihnen und durch sie, indem er in Jesus Christus mit jedem Menschen eins wird.
Seither haben wir Teil an dieser »vollkommenen Buße« des neuen Adam, seither ist unser Leiden Teil seiner (im wahrsten Sinne notwendigen) Agonie.

3. Unschuldige für die Schuldigen

Trotz des Erlösertodes Jesu bleibt das Gesetz des übernatürlichen Gleichgewichtes bestehen: Die Unschuldigen zahlen für die Schuldigen. Schon 1870 konnte Bloy von »dem geheimnisvollen Gesetz« sprechen, das seit dem Sündenfall gilt: »die Unschuldigen bezahlen immer für die Schuldigen«, und das ist »die Basis des Christentums« und »das unfehlbare Arkanum der göttlichen Vorsehung«[349]. Es besteht jetzt sogar in einer neuen Notwendigkeit. Bloy führt zwei - auf den ersten Blick - sehr unterschiedliche Gruppen dafür ins Feld: Die Büßermönche der Grande Chartreuse und die Schwachen, die in allen Jahrhunderten gequält werden.

> »Die Große Kartause mußte zahlen für ein ganzes, verschuldetes Volk, das der Stachel der Strafe bedrängte, in Erfüllung jenes transzendenten Gesetzes des übernatürlichen Gleichgewichtes, das die Unschuldigen dazu verdammt, das Lösegeld für die Schuldigen zu entrichten. Unserem beschränkten Gefühl für Billigkeit widersteht diese Austeilung der Barmherzigkeit durch die Gerechtigkeit. Jedem das Seine, sagt unsere Her-

---

[348] Vgl. ebd.

[349] Vgl. Inédits 18.

zensniedrigkeit, und Gott für alle. Wenn, wie geschrieben steht, die verborgenen Dinge uns eines Tages enthüllt werden, so erfahren wir zweifellos am Ende, warum so viele Schwache in allen Jahrhunderten zerstampft, verbrannt und verfolgt wurden; wir werden sehen, mit welch unfehlbarer Genauigkeit, zur rechten Zeit, leidvolles und freudvolles Geschehen ausgeteilt wurde und welch wunderbarer Ausgleich vorübergehend den Anschein der Ungerechtigkeit erforderlich machte!«[350]

Bloy spricht hier von der »Austeilung der Barmherzigkeit durch die Gerechtigkeit«, die vorübergehend den Anschein der Ungerechtigkeit erforderlich macht. Aber warum *vorübergehend*? Warum nur den *Anschein* der Ungerechtigkeit? Erinnern wir uns, daß wir hier alles »durch einen Spiegel in Rätselgestalt« sehen; wir sehen das Gegenteil von dem, was ist. Dadurch, daß sich Jesus Christus restlos eingelassen hat in das Gesetz des Ausgleichs, hat er es mit Freude und Hoffnung getränkt, gewandelt in das »neue Gesetz« der Seligpreisungen. In der jetzt beginnenden »christlichen Ära« gilt nicht das bürgerlich beschränkte Gefühl für Billigkeit: »Jedem das Seine«, sondern die Worte Jesu: »Wer sein Leben retten will, wird es verlieren; wer aber sein Leben um meinetwillen und um des Evangeliums willen verliert, wird es retten« (Mk 8,36); und: »Liebt einander, wie ich euch geliebt habe!« (Joh 15,12).[351] In dieser Liebe ist Jesus unter uns, er ist es, der sein Leben gibt in seinen Gliedern.

Wir haben gesehen, daß es für Bloy keinen Graben gibt zwischen dem schon Auferstandenen und den jetzt leidenden Gliedern. Solange ein Mensch leidet, liegt Jesus Christus in Agonie. Bloy spricht von einem »sich willentlich eunuchenhaft gebärdenden Herrgott, unfruchtbar durch eigenen Beschluß, gefesselt, angenagelt, sterbend«[352]. Dieser - der in jedem bedrängten Menschen Leidende - hat sich all seiner Macht entäußert, freiwillig, aber auch ganz und gar im Ernst. Darum

---

350 Verzw 94.

351 Bezüglich der Grande Trappe de Soligny kann Bloy schreiben: »Un lieu de pénitence et de prières tel que la Grande Trappe est infiniment digne d'être admiré parce que c'est un foyer d'édification pour ce lâche monde, un centre d'innervation pour le corps chrétien, et, par-dessus de tout, un merveilleux organe de résorption, de purification et de satisfaction pour tous les scandales, tous les dérèglements et tous les crimes qui tendent à détruire l'intégrité de ce même corps. En d'autres termes, c'est un lieu de redemption ou de rachat pour beaucoup d'âmes qui ne pensent guère à se racheter elles-mêmes«: Inédits 127.

352 Vgl. Verzw 45.

kann Bloy zu dem oft mißverstandenen Satz kommen: »Jesus vermag nichts für die zu tun, die mit ihm leiden. Bevor nicht SEINE Glorie kommt, kann er - und das ist eine furchtbare göttliche Ironie - nur jenen beistehen, die keines Beistandes bedürfen, das heißt, den Glücklichen dieser Erde.«[353] Bloy spricht hier wieder das Gesetz des Ausgleichs an: Der leidende Jesus bezahlt das Glück derer, denen es an nichts fehlt. Die Leidenden aber leiden mit ihm, er in ihnen, ohne daß er - sozusagen von außen - etwas für sie tun könnte. Und doch sind sie im Vorteil: denn jeder Leidende ist ein »privilégié de la Compassion divine«[354]. An eine sehr kranke Freundin schreibt Bloy: »Sie wissen, liebe Freundin, daß es außergewöhnliche Seelen gibt, die unser Herr ganz besonders liebt. Man wird den Grund dafür kennen, wenn das Mysterium der Gemeinschaft der Heiligen aufgedeckt sein wird. Es gibt ganz bestimmt teuere Seelen, die Gott auserwählt hat, um sein Leiden zu ergänzen«[355]. Bloy weiß, wie schmerzlich dieses Mysterium des Leidens ist. Es braucht immer wieder Menschen, die uns helfen durchzuhalten. In seinem Buch über Jeanne d'Arc schreibt Bloy:

> »Die Geschichte ist ein einziger Schmerzensschrei in allen Jahrhunderten. Es ist, als ob es keine Erlösung gegeben hätte. Man wäre versucht, das zu glauben, wenn nicht hier und da wunderbare Geschöpfe erschienen wären, die zu sagen scheinen, daß die Allmacht für eine unbestimmte Zeit gefangen ist, daß die Hohe Gerechtigkeit vorübergehend in Ketten liegt, und daß die Menschen guten Willens ihrem Gott Kredit geben müssen.«[356]

Jesus Christus bedarf dieses Kredits des Leidens, um sein Erlösungswerk zu vollenden.

Exkurs: Das Leiden der Tiere

In die »Compassion divine« sind in gewisser Weise auch die Tiere mithineingenommen. In »Die arme Frau« unterhalten sich Marchenoir und Clotilde über das Leiden der Tiere. Zeigt sich hier nicht endgültig

---

353 TB I, 238.

354 Léon Bloy, Lettres à Frédéric Brou et Jean de la Laurencie, 115.

355 J III, 348.

356 Jeanne d'Arc 173f.

die Ungerechtigkeit der Geschichte, da es keine Kompensation gibt? Marchenoir erklärt Clotilde:

»Wenn wir ein Tier leiden sehen, dann wird das Mitleid, das wir empfinden, nur deshalb in uns lebendig, weil es in uns die Vorahnung der Befreiung mitschwingen läßt. Wir glauben zu spüren, wie Sie eben sagten, daß dieses Geschöpf leidet, ohne es verdient zu haben, ohne irgendeine Entschädigung, denn es kann ja nichts anderes erhoffen als das gegenwärtige Leben, und daß das eine grausame Ungerechtigkeit ist. Es muß also wohl für uns, die Unsterblichen, leiden, wenn anders wir nicht annehmen wollen, daß Gott absurd ist. Es gibt den Schmerz, weil nur er überhaupt etwas geben kann, und der Schmerz ist so heilig, daß er noch die armseligsten Geschöpfe verklärt und erhöht. Wir aber sind so leichtsinnig und hartherzig, daß wir der grausamsten Warnungen des Unglücks bedürfen, um seiner gewahr zu werden. Das Menschengeschlecht hat scheinbar vergessen, daß alles, was seit Anbeginn der Welt zu leiden imstande ist, ihm allein sechstausend Jahre der Qualen verdankt, und daß sein Ungehorsam das zerbrechliche Glück dieser Geschöpfe zerstört hat, die es in seiner Anmaßung, ein göttliches Wesen zu sein, verachtet.«[357]

Auch das Leiden der Tiere ist nicht etwas, das in der Schöpfungsordnung von vornherein so angelegt ist. Auch sie »verdanken« der gefallenen Menschheit ihren Schmerz. Die Solidarität greift auch auf die Tiere über. Nach dem Sündenfall bleibt gar nichts, wie es gewesen ist.[358] Auch das Leiden der Tiere bezahlt für die Menschenschuld, ist also nicht unnütz. Aber verlangt dieses (unfreiwillige) Opfer dann nicht nach einer Entschädigung? Marchenoir antwortet:

»Kurz gesagt, Sie wollen also wissen, welches ihre Entschädigung oder ihr Lohn ist? Wenn ich Ihnen das sagen könnte, wäre ich der liebe Gott in eigener Person, denn dann wüßte ich, was die Tiere an sich sind und nicht in bezug auf den Menschen. Ist Ihnen nicht aufgefallen, daß wir Wesen und Dinge nur in Beziehung zu anderen Wesen und Dingen

---

357 ArmeFr 85f.

358 Wenn wir aus heutiger Sicht einwenden wollen, daß das Leiden der Tiere doch schon lange vor der Entstehung des Menschen gegeben war, so wäre das für Bloy kein Widerspruch: Die Kommunikation zwischen den Zeiten ist durchlässig, es ist also durchaus denkbar, daß die Sünde der Menschen für den Schmerz der Tiere verantwortlich ist, wie ja auch das Gebet des Mädchens, das erst in zweihundert Jahren geboren wird, die Marneschlacht entschieden haben könnte (vgl. oben S. 76).

begreifen können, niemals aber in ihrem Grund und in ihrer Wesenheit? Kein Mensch auf Erden hat das Recht, mit Bestimmtheit auszusprechen, daß eine erkennbare Form unzerstörbar ist und in sich den Charakter der Ewigkeit trägt. Wir sind nach dem Worte der heiligen Schrift Schläfer, und die Außenwelt ist in unseren Träumen wie 'ein Rätsel in einem Spiegel'. Wir werden das Seufzen der Welt erst dann verstehen, wenn alle verborgenen Dinge uns offenbart sind als Erfüllung des Versprechens unseres Herrn Jesus Christus. Bis dahin müssen wir mit der Unwissenheit eines Lammes dieses Schauspiel hinnehmen und nur sagen, daß das Leiden, wäre es nicht vom Geheimnis eingehüllt, weder die Schönheit noch die Kraft besäße, Märtyrer zu schaffen, und nicht einmal wert wäre, daß es die Tiere auf sich nähmen.«[359]

4. Leiden in der Hoffnung

Die »Compassion divine« des leidenden Menschen ist durch die Botschaft von der Auferstehung Jesu Christi, »die Verkündigung von Freude und Sieg«[360], von einer großen Hoffnung geleitet: »Wir sind Erben Gottes und sind Miterben Christi, wenn wir mit ihm leiden, um mit ihm auch verherrlicht zu werden«, wie es Paulus sagt (Röm 8,17). Bloy denkt hierbei an einen künftigen Ausgleich gemäß der lukanischen Seligpreisungen und Weherufe. Gibt es in dieser Zeit einen Ausgleich des einen für den anderen, so gibt es in der künftigen Welt einen Ausgleich auch innerhalb des eigenen Lebens, eine »Kompensation«. Bloy beruft sich auf die Erzählung vom armen Lazarus und vom reichen Prasser:

»Lazarus ist nicht nur der evangelische Typus des Bettlers, den Gott liebhat im Gegensatz zum reichen Prasser und Wollüstling, den er verflucht hat. Er ist das Urbild des Bettlers. Jener Lazarus ist der Sohn Gottes selbst, Jesus Christus 'im Schoße Abrahams', wohin er 'von den Engeln getragen' wird. Er liegt am Tor der Welt und ist mit Wunden bedeckt. Er möchte sich sättigen mit den Brosamen, die vom Tische fallen, an dem dieser Reiche ein Schlemmergericht aus der Substanz dieses Armen verzehrt, und keiner gibt sie ihm. Er hat Glück, wenn er nicht von den Hunden gefressen wird.[361] Es könnte angenommen wer-

---

359 ArmeFr 87f.

360 Vgl. oben S. 85.

361 Hier ist auch Bloys Fußnote interessant: »Canes veniebant et lingebant ulcera eius. Trotz meiner Achtung für den Hl. Hieronymus glaube ich nicht an das Mitleid dieser Tiere. Es ist bekannt, daß die entlaufenen Hunde in den Städten

den, daß dieser Reiche und dieser Arme nicht endgültiger voneinander getrennt sein können. Aber für beide kommt der Tod, der sie noch ganz anders voneinander trennt, nämlich wie den Leib von der Seele, und das große 'Chaos' legt sich zwischen sie, der geheimnisvolle und unüberbrückbare Abgrund, den kein Mensch ergründen kann, - der Tod selbst, der auf immer unbegreiflich ist. Der Reiche bittet dann inmitten der grausamen Qualen, die in einem entgegengesetzten Sinne durch die Freuden seiner Tafel vorgebildet waren, den verherrlichten Bettler nicht um das ganze kühle Wasser, das im 'Kelche' des Evangeliums enthalten ist - das wagt er nicht -, sondern nur um einen Tropfen von diesem Wasser an der Fingerspitze als Erfrischung für seine Zunge, und um diesen Tropfen zu erhalten, rechnet er auf die Fürbitte Abrahams. Er kann es nicht schlechter treffen. Abraham beruft sich auf den Abgrund. - Deine Weigerung ist dieser Abgrund. Lazarus hat dich ebenso darum gebeten, als du dich an seinen Qualen weidetest. Deine 'Tröstung', die für seine Bitten taub war, ist nun seine Tröstung geworden, und daran ist nichts mehr zu ändern.«[362]

Was wir mit unseren Augen sehen, sehen wir »durch einen Spiegel in Rätselgestalt«. Nicht der elende Arme ist es, der wirklich als Bettler ausgeht, sondern der reiche Prasser. Der elende Arme ist in Wirklichkeit der mit Christus verherrlichte Bettler, der im Schoße Abrahams Geborgene. »Gäbe es nicht diese Kompensation, zum Teufel dann!«[363]

5. »Die Freude des Leidens«

Das Leiden des Menschen unterscheidet sich von dem der Tiere auch dadurch, daß er nie gänzlich unschuldig leidet, sondern immer irgendwie hineinverwickelt ist in den Zusammenhang von Schuld und Leiden. »Der Sündenfall ist keine vollendete Tatsache von damals, deren Folgen wir nur jetzt zu ertragen haben. Wir fallen immer, und darum weint Eva. Ihre Tränen begleiten uns in den Abgrund.«[364]

---

und auf den Dörfern des Orients in Wahrheit wilde Tiere sind, was für unsere religiöse Sentimentalität sehr befremdend ist. Die Hunde in der Erzählung vom Lazarus sind einfach Verlängerungen des reichen Prassers«: Blut 203f.

362 Ebd.

363 Verzw 384. Vgl. dazu oben S. 51.

364 Celle 175.

Eine Person, die angefangen hat, Jesus zu lieben, wird immer darunter leiden, daß sie teilhat an der Schuld, die ihn - bis ans Ende der Zeit - kreuzigt. Je größer die Liebe, umso größer wird das Verlangen sein, diese Leidenslast mitzutragen, mit abzutragen, sich dem Geliebten im Leiden zu vereinen. Das Bewußtsein der eigenen Schuld und die Liebe machen das Unmögliche möglich:

»Die Freude zu leiden! Das irdische Paradies hat sie nicht gekannt, konnte sie nicht kennen, vor der 'glücklichen Schuld', durch die das Frohlocken aller Schlafenden bewirkt würde. Man muß Jesus dermaßen geohrfeigt haben! Man muß ihn so gemein beleidigt, verhöhnt, verleugnet, gekreuzigt haben! Es ist so sehr notwendig, ohne Mitleid für das göttliche Lamm gewesen zu sein, es grausam gegeißelt zu haben, sein barmherziges Haupt mit einer furchtbaren Grausamkeit mit Dornen durchbohrt zu haben! Wenn anders, welches Mittel gäbe es, um die Wonne der Qualen, die unaussprechliche Lust, von den Tieren zerrissen zu werden, dahinzuschreiten auf glühenden Kohlen, in kochendem Öl gebraten zu werden, zu erfassen, und gleichzeitig das Herz zermalmt zu haben durch all die Mühlsteine der Undankbarkeit und der Ungerechtigkeit ...«[365]

Die Freude zu leiden und das zermalmte Herz schließen sich nach Bloy nicht aus. Wieder geht es nicht um ein kitschiges Überspringen des Leidens. Es geht um ein »Et...et...« aus dem Bewußtsein der eigenen Schuld und der innigen Gemeinschaft mit Jesus Christus - und damit mit allen Menschen! - heraus. Es geht um die Absage an das Gesetz der Sünde, des Lebens »auf Kosten« anderer, und das Sich-Hineinwerfen in die Liebe Christi, die ihr Leben gibt. Es geht um die Befreiung aus der todbringenden Ichbezogenheit in die lebenverheißende Communio. Es geht um das Hineinsterben in Christus, in das Leben. Darum behauptet Bloy:

»Der Schmerz ist unser Maß und unser Gewicht, unser Schicksal und unsere einzige Hoffnung in den fürchterlichen Schatten, die uns in der Agonie begegnen und die uns umhüllen, wenn wir beginnen, ins Grab zu stolpern. Der Schmerz ist alles im Leben, und weil er alles ist, schöpfen wir aus ihm, wie aus dem unerschöpflichen Schoße Gottes, unsere Gedanken aller Arten, und alle hervorragenden Formulierungen der Wahrheit. Deshalb ist der höchste Ausdruck des Schmerzes, der

[365] Ténèbres 296.

Schrei, auch der Ausdruck der höchsten Freude und der Liebe ohne Maßen, ob es sich nun um die irdische oder die himmlische Liebe handelt«[366].

Der Schmerz ist uns notwendig, damit wir umkehren, damit wir uns aus unserer Todverfangenheit dem Leben, Christus, zuwenden.[367] Bloy erklärt das so: »Zwischen dem Menschen, der unfreiwillig mit seiner Freiheit ausgestattet ist, und Gott, der sich freiwillig seiner Macht entäußert hat, ist der Gegensatz normal, der Angriff und der Widerstand gleichen sich einsichtigerweise aus, und dieser ständige Zusammenstoß der menschlichen Natur mit Gott ist der Springquell des nie versiegenden Schmerzes.«[368] Es gibt kein Leben mit Gott ohne den Schmerz.

6. Die Frucht des Leidens

Fragen wir zusammenfassend: Wozu dient das Leiden? Nach dem bisher Gesagten lassen sich darauf folgende Antworten geben:
(1) Leiden ist immer die Folge der Schuld, die - oft von Unschuldigen - ausgeglichen werden muß. Leiden schafft also Ausgleich für fremde Schuld. Jesus nimmt sie in den Leidenden sühnend auf sich, bedarf der Leidenden, um sie selbst zu sühnen. Leiden sühnt also die Schuld der anderen.
(2) Leiden ist die dichteste Form der Gemeinschaft mit Jesus Christus.
(3) Leiden ist eine Möglichkeit der Buße für den, der schmerzlich sein Versagen erkennt, eine Möglichkeit der Umkehr zu Jesus Christus.

Angedeutet haben wir auch eine weitere Antwort, die für Bloy selbstverständlich ist und sich aus dem bisher Gesagten ergibt: Leiden erwirkt Glück und Heiligkeit.[369] Leiden ist eine Kraft, die der in Schuld verstrickten Welt die ursprüngliche Reinheit wiederzugeben vermag, sei es die Reinheit des Glücks oder die Reinheit des Heiligen.

---

366 Méduse 31.

367 Darum kann Bloy sagen: »La douleur est une chose si grande, si substantiellement sainte et sublime que l'imagination humaine n'a jamais rien inventé qui lui fût égal, pour dompter la liberté des coeurs«: Propos 25.

368 Ténèbres 306.

369 Wir haben diesen Aspekt im Zusammenhang mit der Hochzeitsnacht Clotildes und der Erstkommunion Veronikas kennengelernt (vgl. oben S. 79f.).

Ohne diese Kraft geht die Welt zugrunde, vermag sie nichts Gutes mehr hervorzubringen.[370] In dieser durch den Sündenfall verdorbenen Welt gilt: »Hunderte von Millionen Verzweifelter und Vernichteter sind vonnöten, um das Maß der Leiden zu ergeben, das eines Auserwählten Entstehen der alten Menschheit kostet!«[371] Oder etwas nüchterner im Hinblick auf das harte Leben der Kartäusermönche: »Vielleicht versagte die Kraft der Märtyrer gänzlich, ohne den Heroismus dieser wachsamen Unermüdlichkeit.«[372]

IV. Kirche in der Gemeinschaft der Heiligen

1. Lebensgesetz der Kirche

Wir haben gesehen, daß die Gemeinschaft der Heiligen für Bloy kein Synonym für die Kirche, das heißt für die Getauften ist. Gemeinschaft der Heiligen meint immer alle Menschen aller Zeiten. Durch ihre in Taufe, Eucharistie und den anderen Sakramenten vollzogene Einigung mit Jesus Christus sind die Getauften aber in besonderer Weise verantwortlich für die ganze Gemeinschaft, sie sind gewissermaßen die, die das Angebot, das Gott der Welt durch seine Menschwerdung gemacht hat, anzunehmen sich entschlossen haben, die bereit sind, die »Wende« mitzuvollziehen. Was sie in den Sakramenten feiern, die Einheit mit Jesus Christus, soll und muß in ihrem Alltag gelebte Wirklichkeit werden.
Wenn der Mensch die Umkehr vollzieht vom Leben auf Kosten anderer zum Leben Christi, das sich gibt, dann schließt das für Bloy die Bereitschaft mit ein zu leiden. Es gibt nur zwei Möglichkeiten: Entweder man nimmt, indem man es sich gut gehen läßt und andere dafür mit ihrem Leiden bezahlen, oder man gibt, indem man selbst bereit ist, für andere »zu zahlen«, ihre Last mitzutragen. Da wir nie ein für allemal Umgekehrte sind, werden wir immer andere brauchen, die unsere Last mittragen. Christus ist es, der sie in ihnen für uns trägt.

---

370 Vgl. unten S. 172-174.

371 Verzw 93.

372 Ebd. 115.

Aber gleichzeitig werden wir bemüht sein, uns auch selbst mit Christus unter die Last zu beugen, ihn und unsere Mitmenschen unter ihr nicht alleinzulassen. »'Alter alterius onera portate et sic adimplebitis legem Christi!' Dieses Gesetz Christi ist die Substitution. Ich habe bereits daran erinnert, daß Jesus die Kranken nur geheilt hat, indem er ihre Krankheiten auf unsichtbare Weise auf sich nahm, gleich wie er die Sünden nur vergeben hat, indem er sie auf die eigenen Schultern nahm. Abgrund des Lichtes und der Schmerzen!«[373]

Diese Substitution - von Jesus uns vorgelebt - wird nun auch zum Lebensgesetz der Kirche. Im Miteinander und Füreinander (vgl. Gal 6,2) ist sie am tiefsten sie selbst und findet ihre Identität im Einssein mit Christus. Wie dieser dem Leiden der anderen seine Schultern bot, so ist auch die Kirche - und das heißt auch: jede einzelne Person in ihr - unter die Last der anderen gerufen. Zu Henry de Groux kann Bloy darum sagen: »Du weißt so gut wie sämtliche Doktoren der Kirche, daß Christentum ist, wenn der eine für den anderen leidet.«[374] Und über sein Gebet sagt er: »Es ist mir unmöglich, um irgendetwas zu bitten, ohne aus mir eine Zielscheibe zu machen, ohne anzubieten, daß ich *bezahle!*«[375] Die Einzelnen und die Kirche als Ganze können ihrem Ruf nur folgen, wenn sie bereit sind zu leiden.

> »Ah! Wahrhaft kann man sagen, daß wenn die Kirche leidet, daß sie triumphiert, und nie hat sie so gelitten. Das Leiden ist ihr Erbteil, ihr unverbrüchliches Gut, ihr wahrer Tresor. Jeder Blutstropfen der Märtyrer ist eine Perle im Schmuckkästchen der Wahrheit. Der Christ ohne Leiden ist ein Pilger ohne Kompaß. Er wird nie auf dem Kalvarienberg ankommen. Muß es nicht so sein, daß die Passion Christi, vollbracht im unaussprechlichen dornengekrönten Haupt, sich auch in den Gliedern vollendet?«[376]

Wir haben gesehen, daß die Agonie Jesu Christi erst vollendet sein wird, wenn alle Menschen zuende gelitten haben. Will die Kirche nun zu Christus gehören (und ohne das ist sie nicht Kirche), dann muß sie

---

[373] Léon Bloy, Lettres à Pierre Termier, Paris 1927, 74.

[374] TB I, 335.

[375] J II, 269.

[376] Léon Bloy, Brief von 1870, in: Bol I, 119f.

sich dort mit ihm vereinigen, wo er heute zu finden ist: im Leiden mit den Leidenden.

2. Leidensweg-Gemeinschaft: Glieder und Haupt

Die Kirche ist schon mit Jesus Christus vereint, insofern dieser selbst durch seine Inkarnation diese Vereinigung gestiftet hat. »Alles in uns ist wesenseins mit der Menschheit Jesu Christi, dem wir natürlich und übernatürlich gleichgestaltet sind.«[377] Diese Wesenseinheit zeigt sich für Bloy darin, daß wir Glieder Jesu Christi sind, was wir seiner Meinung nach viel zu wenig »substantiell« begreifen.[378] »Wir begreifen nicht, daß wir Glieder des Schmerzensmannes sind, des Mannes, der nur deshalb Freude, Liebe, Wahrheit, Schönheit, Licht und Leben in ihrer höchsten Form ist, weil er der ewig sich hingebende Liebende des höchsten Schmerzes ist, der Pilger zum Hochgericht, der den Tod auf sich zu nehmen herbeigeeilt ist durch die Unendlichkeit der Räume ...«[379] Die Wesensgleichheit mit diesem Schmerzensmann verpflichtet uns aber, selbst »hommes des douleurs« zu sein.[380] »Es gibt in jedem Christen einen Schmerzensmann, und dieser ist es, der Gott ist, das andere ist nur eine zufällige Gestalt, ein trügerisches Phantom aus Blut und Schlamm, das die Sonne austrocknet und der Wind zerstreut in die Furchen der Erde... Es ist angemessen und gut, daß der Weg, der vom Haupt ausgesucht wurde, der von den Gliedern ausgesuchte sei.«[381] Darin liegt für Bloy das Eigentliche der christliche Berufung, er sieht darin das »geistliche Amt« der Getauften. »Indem uns der Heilige Geist zu Gliedern Jesu Christi erklärt, hat er uns mit der Würde von Erlösern bekleidet, und wenn wir uns weigern, zu leiden, treiben wir buch-

---

377 Léon Bloy, Brief an Michel Ménard von 1877, in: Léon Bloy, Der beständige Zeuge Gottes, 311. Vierzig Jahre später - kurz vor seinem Tod - übernimmt Bloy diesen Brief von 1877, der schon so ganz und gar sein Denken enthält, ohne ein Wort zu ändern, als Kapitel in sein letztes Buch: Ténèbres 305-309.

378 Vgl. Léon Bloy, Brief an Michel Ménard, a.a.O. 310.

379 Ebd.

380 »Toutes les vérités s'enchainent dans un ordre admirable et si notre divinisation spirituelle est le résultat infaillible du miracle compensateur de Dieu fait homme, la divinité du Rédempteur implique pour nous, comme conséquence invincible, l'inexorable nécessité d'être, à notre tour, des hommes et des hommes de douleurs«: Léon Bloy, Brief an Georges Landry von 1871, in: Bol I, 149.

381 Ebd. 150.

stäblich Schacher mit unserem geistlichen Amt und vergessen unserer Pflicht. Für dieses Amt und für diese Pflicht sind wir gemacht und nur dafür.«[382] »Wir müssen leiden wie ER leidet, für die anderen und in den anderen.«[383] Für Bloy hat diese Würde und Pflicht als (Mit-)Erlöser in der Regel ein sehr konkretes Aussehen.[384] Es ist die Hoffnung, die in all seinen Leiden mitschwingt: »Unsere Schmerzen kaufen immer jemanden oder etwas frei.«[385] Dieser Hoffnung, diesem Glauben ist Bloy schon bei seiner Mutter begegnet:

> »Eines Tages verstand meine Mutter, die schmerzhafte Passion des göttlichen Retters betrachtend, daß - da unser Herr alle Menschen freigekauft hat, indem er für sie litt ohne Maß und ohne Trost, - die Christen, die seine eigenen Glieder sind, gemäß der Gerechtigkeit und Vernunft dieses wunderbare Ereignis fortsetzen können und durch ihre unvollkommenen Leiden relativ bewirken können, was Jesus absolut bewirkt hat durch seine unaussprechlichen und vollkommenen Schmerzen. Sie bot sich also an, für ihre Kinder zu leiden und ihre Strafe[386] zu tragen. In einer Beratung von geheimnisvoller und unsäglicher Erhabenheit wurde zwischen ihr und Gott festgehalten, daß sie das absolute Opfer ihrer Gesundheit und die vollkommene Hingabe jeder Freude und jeder menschlichen Tröstung bringen würde, und daß ihr - als Gegenstück - die gänzliche und vollkommene Bekehrung von demjenigen ihrer Kinder gewährt würde, das es am meisten nötig hatte, bekehrt zu werden.«[387]

Bloy, der das erst später erfahren hatte, begreift so das schwere und traurige Leben seiner Mutter: »Meine Mutter hat mich ein zweites Mal in Schmerzen geboren.«[388]

---

[382] Léon Bloy, Brief an Michel Ménard, a.a.O. 311.

[383] TB I, 258.

[384] So glaubt er z.B., sein Elend 1894 würde überwunden, wenn sich Louis Montchal endlich der göttlichen Gnade öffnen würde (vgl. TB I, 274f), oder umgekehrt, daß eine Phase seines Leidens die glückliche Niederkunft von Christine Van der Meer de Walcheren »bezahlt« (vgl. Lettres à ses filleuls, 209).

[385] Léon Bloy, Brief an Georges Landry, a.a.O. 150.

[386] Man muß sich hier an das Gesetz des übernatürlichen Gleichgewichts erinnern, um Bloy nicht mißzuverstehen!

[387] Léon Bloy, Brief an Paul Bourget von 1876, in: Bol I, 229.

[388] Ebd.

Diese »Geburt unter Schmerzen« kann Bloy auf jeden Schmerz übertragen: »Er ist Gehilfe der Schöpfung.«[389] Er ist es auf zwei Weisen: Erstens, indem er Ungeahntes im Leben anderer bewirkt. Zweitens, indem er den Menschen mehr und mehr zum Menschen macht, die Räume seines Herzens aufschließt[390], ihn Jesus als den Gekreuzigten erkennen läßt[391] und ihn Jesus ähnlich macht. »Man muß, sagt der heilige Paulus, dem Tode Jesu gleichgestaltet werden, um an seiner glorreichen Auferstehung Anteil zu haben (Phil 3,10).«[392]
Freilich ist dieser Schöpfungsvorgang, der in einzelnen Menschenleben und in der Geschichte abläuft, für unsere Augen oft schrecklich und unverständlich, und Bloy versucht hier wiederum nicht zu glätten:

> »Wenn man die Geschichte von gleich welchem Volk liest, entsetzt sich die christliche Vorstellungskraft, wenn sie an die fast unendlichen Leiden, an die universale Sintflut der Leiden denkt, von der es nötig war, daß hunderte von Millionen Menschen sie durch die Jahrhunderte hindurch ertragen, um zu ergänzen, 'was an den Leiden Jesu Christi fehlt' nach dem erschreckend geheimnisvollen Wort des heiligen Paulus an die Kolosser!«[393]

Vergessen wir nicht: Es ist die Geschichte nach dem Sündenfall oder besser: die Geschichte des Sündenfalls, da es sich eben nicht um ein abgeschlossenes Ereignis, sondern um eine sich ständig wiederholende Tragödie handelt, die Ursache all dieser schrecklichen Leiden ist. Und wenn uns diese Gedanken Bloys heute so fremd sind (den meisten Zeitgenossen Bloys blieben sie es auch), dann doch vielleicht auch deshalb, weil wir gelernt haben, vor der Grausamkeit des Leidens, das doch tagtäglich für viel zu viele[394] die scheinbar einzige Wirklichkeit ist, unsere Augen zu verschließen, und solche Gedanken unser harmonisches Gottesbild und unsere ignorante Geruhsamkeit stören würden.

---

389 Léon Bloy, Brief an Georges Landry von 1873, zitiert in: Jacques Petit, Léon Bloy, 39.

390 »L'homme a des endroits de son pauvre coeur qui n'existent pas encore et où la douleur entre afin qu'ils soient«: ebd.

391 »Saint Paul nous a dit que nous ne devons connaître que Jesus crucifié et nous ne voulons pas le croire«: Léon Bloy, Brief an Michel Ménard, in: Bol I, 295.

392 Léon Bloy, Brief an Georges Landry, in: Bol I, 148.

393 Constantinople 235.

394 Und einer wäre schon viel zu viel!

3. Bürger oder Heilige

Bloy, der zu Beginn des 20. Jahrhunderts ein prophetisches Gespür für die Grauen hat, die es bringen wird, mahnt:

> »Heiligkeit ist immer von uns gefordert worden. Früher konnte man glauben, daß sie aus weiter Ferne gefordert würde mit einem unbestimmten Fälligkeitstermin, der verjähren kann. Heute wird sie von uns an der Tür eingefordert von einem verstörten, blutüberströmten Boten. Einige Schritte hinter ihm die Panik, die Feuersbrunst, die Plünderung, die Folter, die Verzweiflung, der grauenhafteste Tod ... Und wir haben nicht eine Minute mehr Zeit, zu wählen!«[395]

Der Bürger ist das Gegenstück zum Heiligen. Sein Motto ist: »Die Heiligkeit wie das Leiden ist für die anderen.« Und Bloy fährt fort: »Da nun der Bürger kein Heiliger sein will und sein soll, müssen es andere an seiner Stelle sein, damit er seine Ruhe hat und in Frieden verdauen und rülpsen kann. Das ist die Religion, die für die unteren Stände bestimmt ist und die Voltaire so sehr angepriesen hat, deren Praxis darin besteht, seine Bürde dem Rücken der anderen aufzulasten.«[396] Beim Nachdenken über den Gemeinplatz: »Es gibt kein Vergnügen ohne Mühe« schildert er, wie die Bürgerinnen sich ihre Sklaven halten, die ihre Mühen tragen sollen:

> »Manchmal gibt es unter diesen zahllosen Sklaven freiwillige. Es gibt, wenn man so will, Karmelitinnen und Benediktinerinnen, manchmal auf den Berg des allerhöchsten Adels gestellt, die freiwillig das harte Leben gewählt haben, damit der Bürger *auf Erden* nicht zu leiden hätte, damit diese schreckliche Fehlgeburt des Kostbaren Blutes, die nichts zu hoffen hat und nichts hoffen will in einem anderen Leben, sich wenigstens freuen kann an einem tiergemäßen Frieden.«[397]

Bloy weiß um die Gefahr - er ist der »Pilger des Absoluten« und sieht die Dinge immer aus dieser Perspektive an! -, wenn diese Bürgerlichkeit sich breit macht. Ist es innerhalb der Kirche[398], sieht er ihre Identität bedroht, die sie ja nur bewahren kann, wenn sie - dem Le-

---

[395] Ebd.

[396] Léon Bloy, Dem Teufel aufs Maul geschaut, 36.

[397] Exégèse 77.

[398] Vgl. z.B. Verzw 218.

bensgesetz Christi zufolge - bereit ist, Lasten anstelle der anderen und mit ihnen zu tragen, für die Leidenden einzutreten, indem sie sich selbst gibt.[399]

Wir sind vor die Wahl gestellt: Bürger oder Heilige. Die Behauptung: »Nicht jedermann ist zur Heiligkeit berufen«, entlarvt Bloy als »teuflischen Allgemeinplatz«[400] und klagt die an, die anstatt die Botschaft Jesu Christi zu künden »uns versichern, daß so etwas (wie Heiligkeit) nicht notwendig sei, daß ein gutes, bescheidenes Mittelmaß von Liebe mehr als genug ist für das Heil ...«[401] Die Bürger sagen, als es um die Gabe für einen Armen geht: »Wir sind genauso religiös wie Sie, aber Gott verlangt nicht soviel.« Und Bloy fügt hinzu: »Ich muß anerkennen, daß sie liebenswert genug sind, nicht: *im Gegenteil!* anzufügen, obwohl das offensichtlich, notwendigerweise, der Hintergrund ihrer Gedanken war.«[402] Das Mittelmaß kann niemals heilen und es läuft der Botschaft Jesu ganz und gar zuwider (vgl. Offb 3,15f). So kann Bloy schreiben:

> »Weit davon entfernt, den göttlichen Plan zu durchkreuzen, verdeutlicht ihn der Verbrecher und bestätigt ihn experimentell durch die Prahlerei seines entsetzlichen Elends. Der schuldlose Mittelmäßige aber stößt alles um. Er war vorgesehen, zweifellos, doch nur als ärgste Marter der Passion, als unerträgliche Todesqual des Kalvarienberges. Dieser furchtbare Mittelmäßige ist ein so harter Backenstreich ins Angesicht Christi und löscht so gänzlich die Göttlichkeit des Opfers aus, daß es unmöglich ist, einen unumstößlicheren Beweis für das Christentum zu entdecken als

---

399 Bezüglich einer wohlhabenden Ordensschwester, die »erklärt, der Pfad der Buße sei nicht der ihre, sie brauche die 'Freude und die Glorie der Auferstehung' und das 'Leiden Christi' interessiere sie nur wenig« und von der er vergeblich finanzielle Hilfe erbeten hat, kreiert Bloy den folgenden Dialog zwischen Jesus und ihr: »'Könntest Du nicht eine Stunde mit mir wachen?' sagt der sterbende Heiland. - 'Ich schlafe nicht, teurer Meister, DU siehst es wohl. Ich genieße vor DEINEM blutbedeckten Angesicht und die geringen Seelen, die DU mir zu unterweisen gabst, küssen mit tiefer Scheu meine Füße. So bin ich denn mit DIR vereint. DU leidest Schmach und Martern, auf daß *ich* in Wonne sei, und ich kann nichts Besseres tun, als es zu wollen. Und was die Armen anbelangt, die DEINE schmerzenden Glieder sind: ist es nicht gerecht, daß sie für DEINE Auserwählte büßen? Und was sollte *sie* zu tun haben mit dem Ächzen und dem Jammergeschrei jener Wilden, die DEINEN Glanz nicht kennen?«: TB III, 409.

400 Vgl. Méditations 275.

401 Ebd. 276.

402 Exégèse 22.

das Mirakel seines Bestehens, der ungeheuerlichen Nichtigkeit der Mehrzahl seiner Getreuen zum Trotz!«[403]

Nur die sich ganz Gebenden, die Heiligen, die in Liebe ganz eins geworden sind mit dem Schmerzensmann in ihnen, ermöglichen es, indem sie bereit sind, Lasten zu tragen, daß andere aufatmen und aufleben. Sie haben - wenn auch in ganz verborgener Weise - Teil am Erlösungswirken Jesu Christi.[404] Bloy besteht darauf, daß die Heiligkeit Ziel *allen* christlichen Lebens ist. So wünscht er seinem Freund Pierre Termier: »Gott segne Sie einmal mehr und mache aus Ihnen das, was wir selbst werden wollen: einen Heiligen! Die Christen vergessen oder wollen nicht verstehen, daß dies ihr letztes Ziel ist, und daß es kein Mittel gibt, dem zu entrinnen.«[405]
Bloy weiß, daß wir auf Erden immer Sünder bleiben werden, d. h. angewiesen darauf sind, daß andere für unsere Schuld einstehen.[406] Was er einklagt, ist die Sehnsucht und das Bemühen, den Weg Jesu (und das ist der Weg der Leidenden und Armen!) solidarisch mitzugehen. Vielen war er darin ein großer Lehrer. Denn man spürte, daß es ihm ernst war, wenn er bekannte: »Es gibt nur eine Traurigkeit, kein Heiliger zu sein,«[407] was für ihn soviel heißt wie: zu feige zu sein, dem leidenden Jesus Christus, d. h. *jedem* Leidenden, die Treue zu halten, mit ihm zu teilen, für ihn einzustehen. Wir sind zur Heiligkeit berufen, und immer ist die Zeit der Umkehr. Bloy lenkt den Blick vor allem auf die Unterlassungssünden, wenn wir für andere hätten eintreten sollen (im Vollsinn des Wortes!) und es nicht getan haben. Er nennt sie überspitzt »die einzige Sünde, die nicht vergeben werden kann, weil sie die einzige ist, die niemals zur Herrlichkeit Gottes

---

[403] Verzw 205.

[404] Diese Aufatmen- und Aufleben-Lassen anderer hat einen Wirkungskreis, der auch noch die Toten betrifft. Bloy hört im Schlaf die Stimmen der Toten: »Wo sind die Bekenner und die Jungfrauen, wie die Priester und die steigende Flut des Opfers, welche die verzehrenden Feuer, die uns zu Asche verbrennen, zum Erlöschen bringen sollen? Wenn von nirgendwo uns Hilfe kommt, wo ist dann die Freude des ewigen Vaters?«: TB II, 255.

[405] Léon Bloy, Lettres à Pierre Termier, 29f.

[406] Von hieraus wird auch leicht verständlich, warum wir vor der Gemeinschaft der Kirche, die der Priester vertritt, unsere Sünden bekennen und von ihr uns sagen lassen, daß sie uns im Namen Jesu Christi vergibt!

[407] Vgl. Jacques Maritain in der Einführung zu: Léon Bloy, Der beständige Zeuge Gottes, 23.

hingewendet werden kann«[408]. Bloy zeigt hier nicht zuerst mit dem Finger auf andere. Er weiß, wie sehr er selbst immer wieder zurückbleibt. Aber er verzichtet darauf, dieses Zurückbleiben zu verharmlosen, er erkennt klar die Wucht unserer Unterlassungen. Wieviel Leid und Not haben ihre Ursache im Ausbleiben dessen, der helfen könnte! Und wie sehr prägen Unterlassungen das Angesicht unserer geschundenen Welt!

---

408 Vgl. Bol I, 243.

Drittes Kapitel

Bloys Denken im Kontext der Zeit

I. Vordenker

Bevor wir im Vierten Kapitel sehen werden, wie Bloy diesen Ansatz auf eine selbständige und einzigartige Weise weiterführt, halten wir ein und befassen uns mit der Geschichte der theologischen Perspektiven, die Bloy in weiten Teilen übernommen hat und die im Frankreich des 19. Jahrhunderts sehr verbreitet waren.[409]

1. Martinismus und Joseph de Maistre

Die Frage nach dem Bösen war eine der meistdiskutierten im 18. Jahrhundert. Leibniz, Voltaire und Alexander Pope auf der einen, Martinèz de Pasqually, Saint-Martin, Cagliostro, Ballanche und Fabre d'Olivet auf der anderen Seite[410] beantworten diese Frage in unterschiedlicher Weise: Während Voltaire im Anschluß an Leibniz dazu kommt, die Vorsehung als eine unpersönliche und unbetroffene Macht anzusehen, suchen Martinèz de Pasqually und seine Nachfolger einen Weg, die Existenz des persönlichen und guten Gottes mit der Existenz des Bösen zusammenzudenken. Für den gesamten Renouveau Catholique ist dabei der auf Martinèz de Pasqually zurückgehende Martinismus von großer Bedeutung. Grundlage der Antwort de Pasquallys auf die Frage nach dem Bösen ist die über die mittelalterliche Theologie von Platon und dem Neuplatonismus herkommende Idee von der Schöpfung als einem organischen Gefüge. Plotin schreibt: »Wenn es eine Mehrzahl von Formen gibt, kann dann ein Ding schlechter sein, ohne daß ein anderes besser ist, oder ein Ding besser, ohne daß ein anderes schlechter ist?«[411] In diesem kosmologischen Equilibrum (Gleichgewicht) hat das physische Übel einen guten und sinnvollen Platz.

---

409 Joyce O. Lowrie hat in ihrer Arbeit *The Violent Mystique* diese Wurzeln sorgsam untersucht. Die folgenden Ausführungen beziehen sich darauf.

410 Vgl. ebd. 7f.

411 Zitiert in: ebd. 8.

Die Lehre vom großen organischen Gefüge spielt auch in der jüdischen Mystik, besonders in der Kabbala, einer geistigen Bewegung, die sich seit dem 13. Jahrhundert von Spanien und Südfrankreich aus verbreitet, eine große Rolle. Auch davon ist das Frankreich des 18. Jahrhunderts geprägt. Ihr Hauptdokument, der *Sohar*, bezeugt eine Verknüpfung, die zur Wechselseitigkeit der *Schicksale* führt. Es heißt dort: »Es ist kein noch so geringes Ding in dieser Welt, das nicht abhängig wäre von einem Wesen, das darüber gesetzt ist. Und wird das untere Ding in Bewegung gebracht, dann auch jenes obere, das darüber gesetzt ist, denn alles ist wechselseitig miteinander verbunden und geeinigt.«[412]
Im 18. Jahrhundert wurden diese Ideen von vielen christlichen Denkern auf das moralische Übel, das Böse, angewandt. Dabei wurde der Sündenfall zur Ursache allen Übels schlechthin. Die zentrale Lehre Martinèz de Pasquallys lautet:

> »Der Mensch ist nicht das einzige Wesen, das die Spuren der ersten Sünde trägt und die Konsequenzen erleidet; alle Wesen sind wie er gefallen; die, die den Himmel bevölkern oder die den Thron der Ewigkeit umgeben, wie die, die im Exil auf dieser Erde sind; alle fühlen schmerzlich das Böse, das sie von ihrer göttlichen Quelle entfernt hält, und erwarten ungedulig den Tag der Rückführung. Nichts ist leichter zu verstehen; denn infolge des Prinzips der Emanation ist das bloße Entstehen der begrenzten Geister ein Niedergang, da es sie vom unfehlbaren und vollkommenen Geist entfernt, mit dem sie ursprünglich vereint waren."[413]

Durch das Band, das alles Geschaffene vereint, zieht der Mensch mit seiner Tat alles übrige in die Gottesferne. Er allein trägt darum Verantwortung für alles Leid, das in der Welt vorkommt.
Bedeutendster Schüler Martinèz de Pasquallys ist Louis-Claude de Saint-Martin, ohne den de Paquallys Theorien nicht die weitreichende Verbreitung und Bedeutung erfahren hätten. Sein ausgedehntes Werk führt die Ansätze seines Lehrers weiter. Er wird als *der* Repräsentant des Mystizismus in Frankreich angesehen. Saint-Martin beschäftigt sich intensiv mit der Möglichkeit der menschlichen Rehabilitation. Nach dem Sündenfall wird dem Menschen als erste Gnadengabe die

---

[412] Zitiert aus: Hans Joachim Schoeps, Jüdische Geisteswelt, Hanau 1986, 115.

[413] Zitiert in: Joyce O. Lowrie, a.a.O. 17.

Zeit gegeben, um an seinem Heil zu arbeiten. Eine zweite Gnadengabe ist das Gesetz des Mose. Die auf dem Weg zum wiederzuerlangenden Heil nötige Reinigung geschieht durch das blutige Opfer - auch außerhalb des spezifischen Opferkultes. Mord, Krieg und sonstige Ungerechtigkeiten sind notwendig. »Die unschuldigen Opfer treten in den Plan der göttlichen Ökonomie ein, der sie wie ein reines und konservierendes Salz einsetzt, um dadurch schuldige Opfer, mit denen sie ins Grab hinabsteigen, vor dem gänzlichen Verfall und der totalen Zersetzung zu bewahren.«[414] Das Blut der Unschuldigen hält also die Waage in der Balance, ohne die die Welt keinen Bestand hätte. Dieses Blutopfer kommt mit Jesus Christus an seinen Höhepunkt, da er mit seiner freiwilligen Opferung ein gewichtiges Beispiel zur Erlangung der Erlösung gibt und die wirksame Nachahmung, ja, sogar ihre Überbietung ermöglicht. Im Anklang an Joh 14,12 kommt Saint-Martin zur Aussage: »Jeder Mensch kann seit dem Kommen Jesu Christi durch die ihm eigene Gabe weiter als Christus gehen.«[415] Die - blutigen und, seit der Hingabe Jesu Christi, die ja nicht nur eine leibliche (blutige), sondern eine alle Lebensbereiche umfassende Hingabe war, auch die unblutigen - Leiden *aller* Geschöpfe sind einbezogen in diesen Läuterungsprozeß. Nur durch Opfer und Leiden kommt es zur Reintegration in die verlorene Einheit mit dem Göttlichen. »Alle geschaffenen und emanierten Geschöpfe im zeitlichen Raum, und folglich auch der Mensch, arbeiten am gleichen Werk der Wiedererlangung ihrer Ähnlichkeit mit ihrem Urgrund.«[416] Dem Menschen, der allein durch seine Freiheit die Macht hatte, diese Ähnlichkeit zu verdunkeln, und dies de facto auch seit dem Sündenfall tat, ist kraft seiner Freiheit auch die Umkehr ermöglicht. Saint-Martin ist Optimist: Er traut der Willenskraft des Menschen Großes zu!

Ganz ähnliche Ideen finden wir bei Ballanche, Cagliostro und Fabre d'Olivet.

Auffallend ist bei allen Vertretern des Martinismus die Tendenz zur Überzeugung, der Mensch könne sich kraft eigener Willensanstrengung selbst erlösen. Jesus Christus nimmt eher die Rolle des Vorbilds als die des Erlösers ein. Es ist kein Zufall, daß sich diese Theorien am

---

[414] Zitiert in: ebd. 24.

[415] Zitiert in: ebd. 25.

[416] Zitiert in: ebd. 26.

Rande des Freimaurertums entwickelt haben, das im Frankreich des 18. und 19. Jahrhunderts weit verbreitet war und auch außerhalb der Logen das Leben und Denken der Menschen prägte.

Auch Joseph de Maistre war zeitlebens im Umkreis des Freimaurertums beheimatet, von dem er sich teils angezogen (z.B. durch das Ziel der Universalen Theokratie), teils abgestoßen (z.B. durch den Dualismus zwischen Gut und Böse) fühlte.[417] Durch Lektüre und späteren persönlichen Kontakt war er mit Saint-Martin bekannt. Er wurde von gleicher Wichtigkeit wie dieser für die Entwicklung bezüglich der Themen Gewalt, Leiden und Sühne im 18. und 19. Jahrhundert.[418] De Maistres Denken wird durch sehr verschiedene Einflüsse geformt.[419] Für unser Thema finden sich bei ihm vor allem aufschlußreiche Gedanken zur Sühnegemeinschaft aller, für die er (wie später auch Blanc de Saint-Bonnet - anders als Bloy[420]) das Wort Reversibilität gebraucht. De Maistre denkt hier zuerst an die Sühnegemeinschaft innerhalb der Familien: Verdienste und Schuld der Eltern wirken sich auf das Leben der Kinder und aller nachfolgenden Generationen aus. Er kommentiert:

> »Es gibt in der ganzen geistlichen Welt keine großartigere Analogie, kein erstaunlicheres Verhältnis von Intention und Mittel, Folge und Ursache, böser Tat und Wiedergutmachung. Es gibt nichts, das auf eine Gott würdigere Art beweist, was das Menschengeschlecht immer bekannt hat, selbst bevor man es ihnen gelernt hatte: der Unschuldige, der für die Schuldigen bezahlt, das HEIL DURCH DAS BLUT.«[421]

Weil uns diese Sühnegemeinschaft im Leben so selbstverständlich und geläufig ist, folgert er: »Ich glaube immer mehr, daß die Theorie der Reversibilität für den Menschen so natürlich ist, daß man sie im wahr-

---

417 Vgl. ebd. 19.

418 Vgl. ebd. 18 f.

419 Vgl. ebd. 22ff.

420 Vgl. oben S. 80f.

421 Ebd. 429. Interessant ist diesbezüglich die Ähnlichkeit von »Le Salut par le Sang« mit dem Titel Bloys »Le Salut par les Juifs«!

sten Sinne des Wortes als angeborene Wahrheit ansehen kann, da es absolut unmöglich ist, daß wir sie erlernt haben.«[422]

Gleich nach seiner Bekehrung gibt Barbey d'Aurevilly dem jungen Bloy Schriften von Joseph de Maistre an die Hand, und Bloy läßt sich von ihm prägen. Viele Gedanken de Maistres wie auch des Martinismus kommen aber wohl eher auf dem Umweg über Blanc de Saint-Bonnet auf Bloy zu. Wenn Marie-Joseph Lory zu dem Schluß kommt: »Von 1872 bis 1875 war der Einfluß Blanc de Saint-Bonnets [auf Bloy] sehr groß. Er erklärte, systematisierte, erhellte das, was der junge Léon Bloy seit seiner Konversion verschwommen vor sich hatte«[423], dann gilt das ebenso für die Personen, von denen Blanc geprägt war. Als Schüler von Ballanche kam Blanc auch mit Joseph de Maistre und Louis-Claude de Saint-Martin in Berührung[424] und übernimmt deren große Themen ebenso wie ihren Lösungsweg und prägt damit auch Bloy. Da sich zwischen Blanc und Bloy erstaunliche Parallelen finden[425], wenden wir uns diesem jetzt ausführlich zu.

2. Blanc de Saint-Bonnet

Bloy faßt die Grundüberzeugung Blanc de Saint-Bonnets 1874, anläßlich einer Besprechung von dessen Buch »La Légitimité« (Blancs Buch »La Restauration Française« nimmt darin auch einen breiten Raum ein) so zusammen: Da es Gott gefallen hat, dem Menschen die Freiheit zu geben, wurde dieser die Achse der Schöpfung. Als er fiel, folgte ihm

---

[422] Joseph de Maistre, Les Soirées de Saint-Pétersbourg, Lyon 1831, 196.

[423] Marie-Joseph Lory, La pensée religieuse de Léon Bloy, 8.

[424] Vgl. Raymond Christoflour in der Einführung zu: Antoine Blanc de Saint-Bonnet, De la douleur, XIV.

[425] Das überrascht nicht, bedenkt man die Art, in der Bloy die Bücher Blanc de Saint-Bonnets durchstudierte. Vgl. für *La restauration française*: Joseph Bollery, Les Cahiers Léon Bloy, juillet - décembre 1929. - Marie-Joseph Lory weist darauf hin, daß u. a. der berühmte Satz Bloys: »L'homme a des endroits de son pauvre coeur qui n'existent pas encore et où la douleur entre afin qu'ils soient« fast wörtlich von Blanc de Saint-Bonnet übernommen ist, der in *De la douleur* schreibt: »L'homme a des endroits de son coeur qui ne sont pas, et où la douleur entre qu'ils soient«: De la douleur, 18. Aber den kleinen Unterschied bemerkend, lenkt er ein: »L'idée est de lui, certes, mais la formule admirablement frappée, véritablement pascalienne, est bien de Bloy!«: vgl. Marie-Joseph Lory, La pensée religieuse de Léon Bloy, 8.

alles. Damit kam gleichzeitig das ursprüngliche Gleichgewicht durcheinander: Indem der Mensch sich von Gott entfernte, legte er die Last der Welt auf sich selbst und ist seither für sie wie für das eigene Leben verantwortlich, der Situation eines unklugen Verwalters gleich, der großen Reichtum aufs Spiel setzte und nun seine eigenen Mittel einsetzen muß, um die Integrität seiner Lagervorräte zu retten. Der Sündenfall impliziert die Notwendigkeit von Leid und Schmerz: Er ist die Ursache von allem, erschließt alles, erklärt alles. Denn im Sündenfall ist die Solidarität aller Menschen begründet. Die Schöpfung wurde so zur Einladung Gottes an die Freiheit der Menschen. Sie wurden von Gott der Kraft ihrer eigenen Anstrengung übergeben, werden dabei jedoch barmherzig unterstützt, indem sie schrittweise von sich weggeführt werden: durch den Zwang zur Arbeit, durch den Geschmack an göttlichen Dingen und endlich durch die höheren Tugenden, die ihr Herz für das Ewige bereiten. Die Ungleichheit der Menschen, die Blanc de Saint-Bonnet gegen die Französische Revolution festhält, ist nichts anderes als der Ausdruck der Ungleichheit der Seelen, die ihren je eigenen Weg der Befähigung zur Begegnung mit dem Unendlichen zu gehen haben. Das Ganze ist einem Wald vergleichbar mit verschiedenen Bäumen, die dem Wind ausgesetzt sind: Wie dort die höchsten Bäume, müssen auch in der Gesellschaft die starken Seelen (der Heiligen) dem Sturm stellvertretend trotzen. Wie es in der Gesellschaft berechtigterweise durch Herkunft und Bildung ausgezeichnete Führer gibt, so gibt es in der christlichen Gesellschaft die Aristokraten des Opfers, des Schmerzes und des Martyriums, deren Schönheit nur Gott bekannt ist.[426]

Mit diesen Gedanken steht Blanc de Saint-Bonnet ganz in der Tradition der Martinisten und Joseph de Maistres. Ausgangspunkt ist die Einheit und Solidarität alles Geschaffenen. Durch den Sündenfall bricht diese Einheit auseinander, das Gleichgewicht wird gestört. Der dadurch hervorgerufene Schmerz ist zugleich ein gottgegebenes Heilmittel: Durch Verdienste und Leiden kann der Mensch für sich und die gesamte Schöpfung die Rehabilitation erlangen.

Auch im 1849 erschienenen Meisterwerk Blanc de Saint-Bonnets »De la douleur« finden wir diese Themen. Diese Buch hinterläßt die tiefsten

---

[426] Vgl. Inédits 24f.

Spuren in Bloys Werk, da er, der von Natur aus Traurige, allein schon vom Titel angezogen gewesen sein muß. In diesem Werk treffen wir Schritt um Schritt auf »Gedankengut Bloys«, d. h. auf Ideen, die dieser von Blanc de Saint-Bonnet als seinem Lehrer übernommen hat. Wir werden diese Ideen nun im Einzelnen darlegen. Das Anliegen ist dabei nicht eine Zusammenfassung des Buches zu erstellen (die sich ohnehin kaum von der oben wiedergegebenen der anderen Bücher Blanc de Saint-Bonnets unterscheiden würde!), sondern das Auffinden der den Schüler prägenden Ideen und der Aufweis der bis in die Sprache reichenden Verwandtschaft.

Blancs »métaphysique de la douleur«[427] ist eine Art Trostbuch, in dem versucht wird, den Leidenden Mut zuzusprechen, den Sinn ihres Leidens zu erschließen, den Horizont zu öffnen. In diesem Sinne schreibt es Blanc wohl auch für sich selber, um in den Anfragen des eigenen Lebens nicht unterzugehen, sondern sich selbst auf ein tragendes Fundament zu stellen.[428] Das im Leiden aufbrechende »Warum?« holt er aus der Enge des nur auf das eigene Leben hin Fragenden in die Weite der Menschheitsgeschichte: »Im Sündenfall liegt der Ursprung der Schmerzen.«[429] Denn dort liegt der Grund für die Labilität des ursprünglich stabilen Gleichgewichts. Von nun an muß die Last der Sünde getragen und ausgeglichen werden. Getragen wird sie von aller Kreatur. Ausgleichen im Sinne von »heilen« kann aber nur der Mensch. Durch seine Freiheit ist er allein dazu in der Lage, er allein kann Verdienste erringen. Doch um den Menschen dazu zu befähigen, braucht es eine Art »Pädagogik« Gottes: Der Mensch wird durch Arbeit und Schmerz aus der Gefangenschaft in sich selbst befreit, er wird aus sich herausgeführt, geöffnet für das Ewige. Deshalb kann Blanc sagen: »Das Leben führt von sich aus eine so weise Operation durch.«[430] Dabei haben Leiden und Schmerz eine doppelte Funktion: Er befreit den Menschen von seiner Ichbezogenheit, und er ist ein Mittel der Sühne; freiwillig auf sich genommen, schafft er den nötigen Ausgleich im gestörten Gleichgewicht. Darum ist der Schmerz »die

---

427 Vgl. Vorwort von Raymond Christoflour in: Antoine Blanc de Saint-Bonnet, De la douleur, XIX.

428 Vgl. oben S. 56.

429 Antoine Blanc de Saint-Bonnet, De la douleur, 19.

430 Ebd. XLV.

große Helferin der Schöpfung«[431], und Blanc kann ausrufen: »Welch wunderbare Sache ist wie der Schmerz! Welch geniales Hilfsmittel ist in die Zeit eingetreten!«[432]

Von da aus ist es folgerichtig, daß der Erlöser leiden muß: »Das Gesetz der Inkarnation ist ein Gesetz des Leidens. Der Heiland wurde der Mann der Schmerzen: durch sie hat er die Welt freigekauft.«[433] Daran anschließend findet sich die später von Bloy übernommene Interpretation des Kindermords in Bethlehem[434]:

> »Das gleiche Gesetz des Leidens, das seines ist, sucht all jene heim, die ihm nahekommen, oder die sich danach sehnen, ihm nahezukommen. Die unschuldigen Kinder waren für den Heiland nur Zeitgenossen, und diese Ähnlichkeit genügt, um sie in das Leiden zu stoßen und sie so jung in den Armen ihrer untröstlichen Mütter sterben zu lassen: ruhmvolles Glück, so rasch und so wunderbar gesichert!«[435]

Es gibt bei Blanc die Vorstellung, daß das Leiden ein Zeichen der Nähe zu Jesus Christus ist, eine Segnung der Seele, die Gott, der Vater, liebt: »Dieser Vater wird sie behandeln, wie er seinen Sohn behandelte, zu sehr dieses Kind liebend, um sie nicht mit dem zu erfüllen, was er als das Beste hat! Was wird diese ungetröstete Seele also tun müssen? Sie wird sich sagen müssen, wie sehr ein Gott sie liebt, der sich ihr so innig und für alle Ewigkeit eint.«[436] Ja, gerade das Leiden ist es, das die Menschen auszeichnet, sie dem Ewigen ähnlich macht: »Um deutlich zu zeigen, worin das Zeichen der Ähnlichkeit besteht, ist der Ewige - fleischwerdend - gekommen, um nah bei uns zu leiden.«[437] Und diese Ähnlichkeit ist rettend: Gott will »ihnen durch das Leiden die Ähnlichkeit mit seinem göttlichen Sohn geben; und diese Ähnlichkeit allein wird zum Grund für sein Erbarmen.«[438] Darum ermuntert Blanc den (leidenden) Leser: »Was kommt

---

431 Ebd. 5.

432 Ebd. 12.

433 Ebd. 146.

434 Vgl. oben S. 64.

435 Ebd. 146f.

436 Ebd. 145.

437 Ebd. 146.

438 Ebd. 20.

es dir darauf an, oh mein Ebenbild, auf welches Ziel hin du Tränen vergießt? Der Unendliche empfängt sie immer! Nimm also dein Kreuz und folge Christus, ohne zu wissen, ob du es - wie er - für eine ganze Welt trägst.«[439]

Hier kommt der Gedanke der Solidarität und der Gemeinschaft der Heiligen ins Spiel, dem Blanc de Saint-Bonnet wie viele seiner Zeitgenossen große Bedeutung zumißt. »Hat uns die Kirche nicht durch das hohe Gesetz der Gemeinschaft der Heiligen gelehrt, daß ein Austausch der spirituellen Güter zwischen allen Seelen, die noch auf Erden sich mühen, die im Himmel regieren und die sich im Fegefeuer läutern, besteht?«[440] Blanc gebraucht den Begriff der Reversibilität als Synonym für diese spirituelle Gütergemeinschaft (im Unterschied zu Bloy, worauf wir noch zu sprechen kommen):

> »Also formen die drei Menschen, der triumphierende, der kämpfende und der leidende, gleichsam ein einziges Wesen, von dem ein Bein schon im Himmel ist. Im Licht des Ewigen werden alle Menschen einander wieder Glieder sein. Die Verdienste von jedem gießen sich in diesem geheimnisvollen Leib auf alle aus durch den geheimnisvollen Kanal der Reversibilität, wahrhaftige Wiederherstellung des Blutkreislaufs des Menschen. Aber eine so wunderbare Reversibilität, woher kann sie ihre Quelle nehmen, wenn nicht aus einer noch viel wunderbareren Einheit? Einheit und Solidarität alles Geschaffenen, deren erstaunliches Mysterium unser Verstand niemals in dieser Welt verstehen wird.«[441]

Der Austausch der spirituellen Güter wird hier im Bild des Leibes vorgestellt. Der Lebenssaft, das »Blut«, dieses Leibes sind die Verdienste jedes einzelnen, die in ihren lebensschaffenden Auswirkungen allen zuteil werden. Im Licht des Ewigen gehören alle aufs Engste zueinander, sind einander »Glieder«. Blanc meint sogar, sie sind einander »wieder Glieder«, das heißt, es gab schon am Anfang diese geheimnisvolle Einheit, die am Ende wiederhergestellt sein wird. Die Einheit umfaßt nicht nur die gesamte Menschheit, sondern alles Geschaffene, für das der Mensch in seiner Freiheit verantwortlich ist. Er ist die Achse dieser Einheit, die alles andere zusammenhalten soll. Die

---

439 Ebd. 245.

440 Ebd. 228.

441 Ebd. 229.

durch die menschliche Freiheit ermöglichten Verdienste sind schöpferisch in ihrer Konsequenz, »kosmogonisch« schreibt Blanc: »Das ontologische Prinzip des Menschen [die Freiheit] scheint auch das kosmogonische Prinzip zu sein, gegründet auf Einheit und universelle Reversibilität ein und derselben Schöpfung im Schoße Gottes. Die Freiheit, dieses Wunder des Bedingten ('cette merveille du relatif'), erscheint so als die Achse der gesamten Schöpfung.«[442] Auf das rettende Handeln dieser Freiheit warten alle Wesen, um durch ihre Verdienste heil und aus der Zerstreuung zusammengeführt zu werden, die der Sündenfall für alles Geschaffene mit sich brachte. Blanc formuliert als Hypothese:

> »Die unzähligen Wesen, die die majestätischen Kreise der Schöpfung erfüllen, gründen in der Schönheit und der gleichbleibenden Lieblichkeit des Guten und warten darauf, daß das - aus dem gleichen Schoß hervorgegangene - mit einer so großen Freiheit ausgestattete Wesen [Mensch] durch Reversibilität das versprochene Erbe für Legionen von Unschuldigen erhält, wie die Väter und Mütter für ihre Nachkommen verdienen, wie unser religiöses Gesetz die Lebenden einlädt, für die Seelen derer zu büßen, die das Purgatorium durchwandern. Und all die geistlichen Wesen, die getrennt worden waren, um zu lieben, teilen in Raum und Zeit aus, um eines Tages die großartige Einheit des ewigen Achten Tages wieder zusammenzusetzen; und das gesamte Universum ist aufmerksam auf das, was auf dieser Erde geschieht, dem heiligen Ort des Kampfes; und der Mensch, diese kosmogonische Kreatur, ist der Knoten aller Schöpfung. Ob derartig der Hergang für das sich auf der Erde erfüllende Mysterium der Erlösung sein wird?«[443]

Von dieser »Kosmogonie« wird sich Bloys »Kosmogonie« erheblich unterscheiden, auch wenn vieles auf den ersten Blick ganz ähnlich aussieht. Auch Blanc kennt den Gedanken des einen Menschen, des universellen Adam, der alles Geschaffenen in sich eint. Aber bei ihm ist dies nicht der durch seine Inkarnation alles Menschsein umfassende Jesus Christus, sondern die Menschheit selbst, Ausfluß seines optimistischen Menschenbildes. Jesus Christus dient - wie bei den Martinisten - eher als Vorbild und Beispiel. An ihm kann der Mensch seine Sendung ablesen; Christi Vorbild ermöglicht dem Menschen, daß er die eigene Freiheit ergreift und in Liebe sein Leid für alle trägt, eine

---

[442] Ebd. 231.

[443] Ebd. 233. Blanc sieht seine Hypothese gestützt von der »alten und unerschütterlichen Lehre der überzähligen Werke: Opera supererogationis«: vgl. ebd. 229.

Haltung, zu der Jesus Christus ihn zieht, die aber immer schon im Bereich seiner Möglichkeiten lag. Durch diese Haltung heilt der Mensch die gesamte Schöpfung und führt sie zur ursprünglichen Einheit zurück; er umfaßt diese Einheit also in gewisser Weise (da er sie durch seine Freiheit zu erhalten hat), was Blanc mit dem Ausdruck »universeller Adam« bezeichnet. Seine Zukunftsvision lautet:

> »Am Ende der verbindenden Kette der Wesen festgemacht, wird der Mensch sich eins fühlen mit dem Universum. Brennpunkt in seinem Leiden und großer Lichtwerfer durch seine Liebe, wird er der Patriarch der Welten sein und der universelle Adam. Um ihm seine Sendung zu offenbaren, kam Gott auf diese Erdkugel herab[444]; und als er - alle Schmerzen der Zeit auf sich nehmend, um sie in seinem Herzen auszuhalten, und das Kreuz der Welt tragend - Golgotha erklommen hatte, sagte eine Stimme: HIER IST DER MENSCH! Und DER MENSCH, obwohl für den Heroismus und die Last geheiligt, rief seinerseits aus: Wenn der Kelch nicht an mir vorübergehen kann, geschehe Dein Wille! Von da an begründete der eifernde Menschensohn im Endlichen durch die Freiheit eine höhere Existenz und zog den Menschen zu der Unendlichkeit der ewigen Grenzen durch den Schmerz. Alles bewegt sich auf dieses eine Wesen zu; Gott hat den Punkt gefunden, auf den Seine Gnade reichlich fallen muß; das lebende Gedicht der Schöpfung wird in die Einheit schreiten. Der vollendete Mensch, die Himmel rufen: Valde bona! Alles ist vollbracht!! Bei jeder guten Tat, die er vollbringt, wird eine Seele geboren, die die Unschuld trägt; bei jedem Schmerz, den er leidet, findet diese Seele in sich eine Fähigkeit des Glücks. Und der Mensch, der den Schmerz gefühlt hat, bekleidet sich mit Heiligkeit, um inmitten der Engel zu erscheinen!«[445]

Das eine Wesen, auf das sich alles hinbewegt, ist der vom Schmerzensmann Christus angesteckte Mensch der Schmerzen, ein Ideal, zu dem jeder Mensch unterwegs ist und von Gott auf wunderbare Weise geführt wird. Von dieser Zukunftsvision kündet heute schon das Leben der Heiligen: »Der Heilige, dieses auf den Schmerz gegründete Wesen, ist er nicht das wahre Ziel, das komplette Wunderwerk der irdischen

---

444 Die Weitergabe dieser Sendung formuliert Blanc an anderer Stelle so: »Demzufolge opfert sich Gott für den Menschen und der Mensch hier [auf Erden] für das Universum«: ebd. 239.

445 Ebd. 243f.

Sendung?«[446] Denn Heilige sind für Blanc vor allem gekennzeichnet durch ihre Gabe der Stellvertretung. »Die Hagiographien wissen, daß die Seelen, die durch außerordentliche Gnaden bevorzugt werden, sehr oft zu leiden bestimmt sind für die, die den Schmerz nicht zu tragen vermögen.«[447] Am Leben der Heiligen wird etwas vom ursprünglichen Wesen des Menschen deutlich: »Gott wollte den Menschen zeigen, daß sie sich entfalten durch das Wollen, den Verdienst und die Bemühungen der einen für die anderen und daß die Ursprünge ihrer Existenz sich verbergen in den Tiefen der menschlichen Freiheit und Solidarität.«[448] In einer Welt, in der so viele das solidarische Einstehen für die anderen verweigern, müssen Heilige stellvertretend den Kampf austragen: »Der Held hat die Kraft, sein Leben einmal zu geben, der Heilige die Tapferkeit, es jeden Tag hinzugeben.«[449] Wie Christus sind sie Vorbilder, Vorreiter auf einem Weg, dem es nachzufolgen gilt. Blanc weiß, daß er es bei seinen Lesern nicht mit Heiligen zu tun hat.[450] Er möchte sie dennoch ermuntern: »Jeder Moment ist eine Erwartung Gottes; und dieser Moment ist eine Quelle der Heiligkeit«[451]. Den Leidenden ruft er zu: »Freut euch also, denn ihr tragt - vielleicht ebenso gut wie die Heiligen - festgemacht auf euren Schultern durch das Band der Reversibilität - einen Mantel der Schmerzen, der die Zukunft vieler Seelen einschließt, die ihr noch nicht kennt, aber die ihr in Gott kennen werdet.«[452] Er beschreibt diese geheimnisvolle Leidensverwandtschaft in anschaulicher Weise: »Wer also hat die Gewichte gesehen, die das Leben hier unten jeder Seele auf-

---

[446] Ebd. 232. Er ist es in der Weise, daß selbst Gott nicht umhin kommt, ihn zu bewundern, was Blanc den schönen Ausspruch wagen läßt: »L'homme n'est sublime que parce que Dieu peut l'admirer«: ebd. 223.

[447] Ebd. XLVII.

[448] Ebd. 169.

[449] Ebd. 64.

[450] Es erinnert einen an Bloy, wenn wir lesen: »Der Autor schreibt nicht für die Heiligen, sondern für die, die - genauso wie er - nötig hätten, es zu werden«: ebd. XLIX. Und auch der oft zitierte Ausruf Bloys: »Es gibt nur eine Traurigkeit: wir sind keine Heiligen!« (ArmeFr 374 u. ö.) hat einen Vorläufer bei Blanc, der schreibt: »Man kennt unsere ganze Traurigkeit und all unser Elend, wenn man sagt, daß der Mensch Jesus Christus verloren hat«: ebd. XXXIX.

[451] Ebd. 133.

[452] Ebd. 34.

lädt?«[453] Und diese Gewicht näher beschreibend: »Ich glaube, daß eine Welt im Weltraum kreist für jede Seele, die in dieses Leben kommt, denn das Gewicht des Schmerzes, das ein einziges Herz tragen kann, stellt das Gleichgewicht von einer ganzen Welt wieder her.«[454] Jeder Schmerz, ob freiwillig oder unfreiwillig ertragen, trägt eine Spur des Leidens der Heiligen in sich. Wenn den unfreiwillig Leidenden auch der Heroismus der Heiligen abgeht, so trägt ihr Leiden doch die Bewegung der Heiligkeit in sich. Zwar gilt:

> »Ausfluß der Bewegung des Unendlichen selbst, bringt die Gnade allein dem Menschen den nötigen Heroismus, um auf seinen aktuellen Willen zu verzichten und stattdessen zu Gott zu sagen: Daß Dein Wille geschehe und nicht der meine! Sie allein macht ihn wie ein zartes Lamm, sich der Operation durch die göttliche Hand fügend, sich wie ein Besiegter dem anbetungswürdigen Willen gebend, sich opfern wollend, in Agonie fallend, bereit hier 'seine Seele zu verlieren', um sie im ewigen Leben wiederzufinden.«[455]

Es gilt aber auch:

> »Es ist weit vom Schmerz bis zum Sühneleiden, da das eine vor allem das Eigentum der Unfreiheit ist und das andere die Tat freier Herzen. Nichtsdestoweniger gibt es in jedem Schmerz ein Samenkorn der Unterwerfung, einen geheimen Keim des Verzichts. Der menschliche Wille antwortet auf den Schmerz mit einem bestimmten Grad der Ergebung.«[456]

So sehen wir schon bei Blanc einen ersten Ansatz zum fließenden Übergang zwischen unfreiwilligem und freiwilligem Leiden. Bei ihm gründet er in der Beschaffenheit des Schmerzes als gottgegebenes Heilmittel, in der Gnade, die der Schmerz per se mit sich bringt.
Bloy hingegen argumentiert von der Inkarnation her. Ausgangs- und Endpunkt seines Geschichtsbildes ist allein das Kreuz Jesu Christi. Dieses Kreuzesleiden umfaßt alle Leiden von Anbeginn der Welt bis zu

---

[453] Ebd. 221.

[454] Ebd. 244.

[455] Ebd. 137f.

[456] Ebd. 109f.

ihrem Ende.[457] Auf diese Weise haben dann auch alle Leidenden teil am Erlösungswerk, denn es ist Jesus Christus, der in ihnen leidet, der »in Agonie liegt bis ans Ende der Zeit«. Bloy stellt also nicht ein verklärtes Menschenbild, sondern die Menschwerdung Gottes und sein Leiden in die Mitte seiner »Kosmogonie«. Dadurch gibt er der naiv-optimistischen Lösung der Theodizée-Frage Blancs eine dramatische Wende: Was Blanc in Bezug auf heiligmäßige Menschen formuliert: »Wie könnte man die Generationen ahnen, die seit Beginn der Welt die Herrlichkeit gebären?«[458], wird bei Bloy - weil Jesus Christus alle umfängt - auf alle Leidenden ausgeweitet. Dabei wird der Ausruf, der aus dem Munde Blancs staunende Verehrung anklingen läßt, bei Bloy zu einem Schmerzensschrei![459]

Blancs Vertrauen auf die wohlgefügte Ordnung allen Leids, die in der göttlichen Zuteilung des Schmerzes begründet ist[460], folgt Bloy nur teilweise: Es lassen sich unzählige Stellen finden, an denen er verbal zustimmt, immer mit dem Grundtenor: »Alles, was geschieht, ist anbetungswürdig.« Vielleicht hat er dabei Blanc im Ohr mit den Worten: »Die im Leiden stille Seele macht der Schöpfung Ehre: nichts verherrlicht den Unendlichen besser.«[461] Und er sieht den Meister vor sich, der ohne große Worte das ihm Aufgegebene erduldete. In der eigenen Praxis bleibt aber trotz aller Mühe ein Sich-Sträuben. Die verbale Ergebung geht letztlich nicht auf. Dieser Widerstand ist wohl der innere Antrieb dafür, daß Bloy die *soziale Komponente* ganz anders herausarbeitet als Blanc.

Wir kommen hier zurück auf die Bedeutung des Wortes »Reversibilität«. Bei Blanc ist es ein Synonym für die Solidarität in der Gemein-

---

457 Blanc gibt durch die Relativierung der chronologischen Ordnung dafür eine wesentliche Denkvoraussetzung dafür vor: »Als Folge seiner Schwächung [durch den Sündenfall] kann der Mensch nur in chronologischer Ordnung wahrnehmen, was in Gott sich in einer unendlichen, ewigen und unteilbaren Ordnung ereignet«: ebd. 5.

458 Ebd. 21.

459 Vgl. oben S. 98.

460 »Es ist immer eine tiefe Weisheit, die die Wohltaten und die Übel von einer Familie oder einem Volk dem anderen weitergibt, einem Urteil folgend, dessen durchgängige Gerechtigkeit die Zukunft zeigen wird. Lassen wir das Glücksrad sich drehen ohne Mißtrauen: Nichts bewegt sich im Universum, das nicht von oben seine Bewegung erhält«: Antoine Blanc de Saint-Bonnet, a.a.O. 105.

461 Ebd. 135.

schaft der Heiligen, das Ausgießen der Verdienste des Einzelnen auf alle. Es handelt sich dabei um eine wunderbare Ordnung: »Die Menschen werden in die Situationen hineingeboren, die ihrer Formung am vorteilhaftesten sind.«[462] Und: »Die Seelen sind hier unten gestaffelt wie im Fegefeuer.«[463] Bloy stellt dem entgegen, daß wir nach dem Sündenfall eben nur »per speculum in aenigmate« erkennen, das heißt für ihn: Wir sehen stets das *Gegen*-teil von dem, was wirklich ist[464], der Satz Blancs müßte dann umgekehrt heißen: Die Seelen sind hier unten genau andersherum - spiegelverkehrt - gestaffelt als im Fegefeuer. Eben das bezeichnet Bloy mit »Reversibilität«. Allerdings weist Blanc selbst schon Ansätze in diese Richtung auf. Man liest bei ihm Worte wie: »Wenn die Dinge so wären, wie man sie von der Erde aus sieht, wäre Gott selbst von der Schöpfung entmutigt.«[465] Und bei ihm findet sich auch schon die Ahnung: »Der Geringste der Menschen, der hier unten so klein *scheint*, wird sich am Ende riesig zeigen.«[466] Was dann bedeutet: »Die Reichen dieser Welt sind arm, weshalb die Heiligen reich sind.«[467] Aber das bleiben Ansätze ohne soziale Konsequenz. Blanc ist nicht wie Bloy ein von der Sehnsucht nach Gerechtigkeit Gepeinigter. Sein Stichwort heißt nicht »Gerechtigkeit«, sondern »Nächstenliebe«, eine Liebe, die Frieden zwischen Reichen und Armen schaffen soll, ohne diese Ordnung zu stören.[468] Denn: »Die wirtschaftliche Ordnung ist viel exakter als die psychologische Ordnung der Welt!«[469] Darin entspricht die Sklaverei z.B. der natürlichen Disposition der Menschen, die zum größten Teil nicht ungezwun-

---

462 Ebd. 85. - Bloy versucht beizeiten, solche Sätze für sein persönliches Leben gelten zu lassen. Doch angesichts eines Säuglings aus reichem Hause schreibt er: »Die Dämonen haben ein Gesetz erlassen, nach dem gewisse Kinder reich und andere arm geboren werden müssen. Dein Vater, oh kleiner König, hat sich die Substanz von vielen Armen angeeignet ...«: Blut 249.

463 Antoine Blanc de Saint-Bonnet, a.a.O. 103.

464 Vgl. oben S. 80f.

465 Antoine Blanc de Saint-Bonnet, a.a.O. 220f.

466 Ebd. 221.

467 Ebd. 26.

468 »Die Freiheit läßt alle Gleichheit auf der Erde verschwinden, und die Brüderlichkeit, das heißt die Nächstenliebe, weit davon entfernt, ihre Folge zu sein, kommt, um Frieden zwischen beiden zu machen«: ebd. 84.

469 Ebd. 86.

gen arbeiten würden.[470] Blanc versteigt sich zu Aussagen wie: »Für den freigelassenen Neger besteht die Freiheit im Nichtstun.«[471]
Wir werden im nächsten Kapitel sehen, wie radikal Bloy in diesem Punkt eigene Wege geht. So gibt es eine Wegkreuzung, von der ab die Dinge auseinanderlaufen. Berge liegen zwischen der Behauptung Blancs: »Das Kapital, das nicht nur ein erspartes Produkt ist, rührt von zwei christlichen Tugenden her: der Arbeit und der Mäßigung«[472], und Bloys Aussage: »Das Blut des Armen ist das Geld. Man lebt davon und stirbt daran seit Jahrhunderten. Es ist der ausdrucksvolle Inbegriff alles Leidens«[473]!!

3. Barbey d'Aurevilly

Auch in den Werken Barbey d'Aurevillys hinterlassen Joseph de Maistre und Blanc de Saint-Bonnet Spuren. So ist vor allem sein Roman »Un prêtre marié« ein Versuch, das Thema der Sühnegemeinschaft aufzugreifen. Die Handlung läßt sich so zusammenfassen: Sombreval (»Dunkeltal«), ein verheirateter Priester, kommt mit seiner Tochter Calixte in das Dorf zurück, in dem er Priester war. Er bleibt in dem Dorf gemieden, da er von einem Fluch begleitet erscheint und Angst auslöst. Schreckliche Voraussagen der geheimnisvollen Wahrsagerin La Malaigne werden sich erfüllen. Die Tochter Calixte, die von Geburt an ein geheimnisvolles Kreuz auf der Stirn hat, leidet freiwillig, um den Vater loszukaufen. So verzichtet sie beispielsweise auf die Liebe von Néel de Néhou. Ihr Vater, der sie auf seine Art sehr liebt und weiß, daß sie wegen seiner Gottlosigkeit leidet, beschließt ihrzuliebe, wieder Priester zu werden (seine Frau ist gestorben). Das verschlimmert allerdings die Sünde noch: Denn jetzt begeht er ein Sakrileg, indem er die Messe feiert, ohne zu glauben. Nach verschiedenen Verwicklungen sterben die drei Hauptpersonen gemäß der Prophetie von La Malaigne.[474]

---

470 Ebd. 183.

471 Ebd. 175.

472 Ebd. 181f.

473 Blut 175. Vgl. Viertes Kapitel!

474 Vgl. Richard Griffiths, Révolution à rebours, 153.

Mit großer Begeisterung schreibt Bloy zur Neuauflage des Romans 1876 einen überschwänglichen, sehr langen Artikel, in dem er das Buch als »Überströmende und großzügige Seelennahrung und große Erleuchtung für den Geist« preist.[475] Bloy fasziniert darin das Thema der Solidarität und Sühnegemeinschaft, das »tragische Gedicht der Sühnung«: »Unnütze Sühne des unbußfertigen Vaters, der Gott den Leib seiner Tochter abhandeln will; rechtfertigende Sühne des frommen und bußfertigen Mädchens, das den Dämonen die Seele ihres Vaters entreißen möchte und sich freiwillig opfert, um der erschrekkenden Gerechtigkeit ihres Gottes zu genügen.«[476] Bloys Urteil rührt wohl vor allem aus der Begeisterung für den Meister, dem er soviel zu verdanken hat. Nüchtern betrachtet stoßen wir hier auf eine typische Schrift der katholischen Romantik, in der der Sühnegedanke im Grunde nur literarisches Mittel ist. Richard Griffiths urteilt: »Es ist offensichtlich, daß Barbey die Bedeutung der Idee in keiner Weise begriffen hat; er zeigt nur sein Bedürfnis, die Themen seiner ersten Romane weiterhin zu behandeln - die leidenschaftliche und sinnliche Liebe, das Entsetzliche, der verfluchte Held, die blasse und leidende Heldin, das Fatale, die Wahrsagerei, die Hexen, der Inzest und all das 'méli-mélo' der romantischen Dekadenz.«[477]

Zusammenfassung: Wir können das den verschiedenen »Vordenkern« Gemeinsame so zusammenfassen: Alle gehen von einem organischen Band aus, das die Geschöpfe geheimnisvoll verbindet. Durch den Sündenfall des Menschen wurde alles Seiende aus der ursprünglichen Einheit gerissen. Es gibt nun zwei wesentliche Kräfte: die mißbrauchte, sündige Freiheit, die das Auseinanderstreben alles Geschaffenen zur Folge hat, und die erlösende Freiheit zur Buße (durch Verdienste, die man leidend erwirbt), die zur Reintegration führt. Jesus Christus ist das große Vorbild der erlösenden Freiheit. Er hat durch sein Leben und Beispiel allen Menschen die Nachfolge ermöglicht. Das heißt: Der Mensch, der durch die Freiheit alles ins Verderben reißen konnte, kann durch die Freiheit auch alles zur Einheit zurückführen. Wichtig-

---

475 Vgl. Inédits 71-94.

476 Ebd. 79.

477 Richard Griffiths, a.a.O. 153.

stes Hilfsmittel ist dabei das Leiden: Als Resultat der Sünde gehört es wesentlich zum gefallenen Menschen. Es ist aber weniger ein Übel als ein gottgegebenes Mittel, die Leiter zur Einheit wieder zu ersteigen.
Auffällig sind zwei Dinge: Erstens die optimistische Sichtweise des Menschen und seiner Möglichkeiten, das Vertrauen, das in ihn gesetzt wird. Zweitens die optimistische Antwort auf die Fragen des Leidens, das Vertrauen in die alles umfassende Ordnung.
Wir begegnen im Werk Bloys immer wieder ähnlichen Spuren, doch entwickelt er sie sehr eigenständig weiter und formt sie dabei mehr und mehr um. Er ersetzt den blinden Optimismus bezüglich des Menschen mit der Gewißheit, daß Jesus Christus es ist, der die Erlösung für alle vollbracht hat. In sein Erlöserleiden sind nach Bloy die Leiden aller Menschen hineingenommen, Jesus Christus leidet alles aus. Dieses Ausleiden enthält eine ungeheure Tragik und sprengt die Sichtweise des naiven Vertrauens: Bloys Vertrauen ist gespannt vom Rand der Verzweiflung bis zur kindlichen Ergebung, Abgrund und Weite, die nur Gott ausfüllen kann.

II. Zeitgenossen

Die oben skizzierten Ideen der »Vordenker« bleiben bis ins 20. Jahrhundert hinein mächtig in Frankreich, erfahren jedoch mehr und mehr eine gewisse Läuterung und Reifung. Diese können wir erfassen, wenn wir nun »Zeitgenossen« Bloys in den Blick nehmen: Joris-Karl Huysmans, Paul Claudel und Charles Péguy. Während Huysmans noch eine starke Bindung zu Stil und Inhalt der »Vordenker« erkennen läßt, lassen sich Claudel und Péguy ebenfalls vom Gedanken der Substitution her begreifen, geben ihm aber eine ungleich reinere Form und reineren Gehalt. An ihnen werden wir deutlicher sehen, wie Bloy von seiner Zeit geprägt und doch eigenständig war.

1. Joris-Karl Huysmans

Bloy und Huysmans gehören beide zu dem Kreis der »familiers« Barbey d'Aurevillys. Wie wir schon gesehen haben, gehörte Joris-Karl

Huysmans einige Jahre (1884-1889) zu den engsten Freunden Bloys.[478] Mit dem Auf und Ab dieser Freundschaft verändert sich auch die Wertung, die Bloy dem Gedankengut Huysmans zukommen läßt (und umgekehrt).

Während Bloy mit der gewohnten Leidenschaft sich in diese Freundschaft hineingibt, fällt auf, daß Huysmans sich von Anfang an in gewissen Situationen von ihm zu distanzieren weiß. Die Bettlerei Bloys stößt ihn immer wieder ab, und er ist bemüht, dies auch gegenüber anderen stets zu betonen.[479] Auch der Stil Bloys findet früh schon seine Kritik.[480] Zudem hält er Bloy für faul.[481] Allerdings läßt er ihn nichts von alledem spüren (er weiß, daß das gefährlich wäre, da er dessen Art kennt, gegen seine Kritiker ins Feld zu ziehen!) und unterstützt ihn immer wieder großzügig[482]. Gleichzeitig gibt es sehr viel Verbindendes. Die Kritik, die Bloy in seinem Buch »Le désespéré« auf die zeitgenössischen Literaten niederprasseln läßt und die ihm den Zugang zur Öffentlichkeit für lange Zeit versperrt, behauptet er (wohl zu recht), von Huysmans übernommen zu haben, ganz und gar dessen Urteilsvermögen sich anvertrauend.

Als Bloy 1888/89 einige Zeit beim »Gil Blas« üppig Geld verdient, ist er nicht bereit, mit Villiers und Huysmans zu teilen, und zieht sich zu-

---

478 Vgl. oben S. 32f.

479 Bloy schreibt z.B. Ende 1885 einen geheimzuhaltenden Brief an François Coppée und bittet um finanzielle Hilfe für Huysmans. Coppée teilt dies Huysmans aber trotzdem mit und beide einigen sich in ihrer Meinung über Bloy, was Coppée dann schreiben läßt: »Sans quoi, je serais allé vous parler de la lettre de Bloy pour vous assurer que j'avais bien tout compris, connaissant le personnage. Tout cela est, comme vous dites, fort bête, mais encore plus insignifiant«: Brief Coppées an Huysmans vom 17. Januar 1886 in: Léon Bloy, J.-K. Huysmans, Villiers de l'Isle-Adam, Lettres, Vanves 1980, 56.

480 Im September 1887 schreibt Huysmans an Arij Prins: »J'ai lu la préface qu'il a finie pour son fameux livre de chez Quantin. C'est très ennuyeux et très médiocre - pas une idée, des métaphores sans arrêt et des injures!! - Il est impossible à cet homme de ne pas déclamer et insulter, à tort et à travers, comme un boeuf«: ebd. 92.

481 An Gustave Guiches schreibt Huysmans im August 1888: »Il [Bloy] est malheureux, cela est bien vrai, et, malgré son peu de travail en tout sens, il vaut qu'on le plaigne ... J'ai fait diverses tentatives par lettres pour lui ces derniers temps. Il a lassé tout le monde; on lui reproche une incurable paresse, comment faire?«: ebd. 132.

482 Vgl. ebd. 66 und 75.

rück.[483] Seine baldige Kündigung kommentiert Huysmans schadenfroh.[484] Im November desselben Jahres schreibt Huysmans: »Ich bin nun endgültig befreit von Herr Bloy, der einen Haufen Schändlichkeiten gegen mich an einen Dritten geschrieben hat.«[485] Diese »Schändlichkeiten« waren aber ihrerseits die beleidigte Reaktion Bloys: Huysmans hatte ihn in den Wochen vor Villiers Tod von diesem ferngehalten, so daß Villiers starb, ohne daß Bloy ihn noch einmal sehen konnte.[486] Trotzdem lädt Bloy Huysmans im Mai 1890 zu seiner Hochzeit ein und bittet ihn sogar, sein Trauzeuge zu sein, was Huysmans jedoch hochmütig verweigert.[487] Noch im Februar 1891 schreibt Bloy an Huysmans einen Brief, in dem er sich nach der Lektüre einiger Auszüge aus »Là bas« überschwänglich bei ihm für die »wunderbare literarische Freude« bedankt, die dieser ihm in seiner dänischen Einsamkeit bereitet hat. Doch im April 1891 findet diese Begeisterung ein jähes Ende, als Huysmans, in einem Interview nach den zeitgenössischen Schriftstellern befragt, die Wertschätzung verdienen, alle möglichen Namen aufzählt außer dem Bloys. Bloy, der sich zur gleichen Zeit in Dänemark für den Ruhm Huysmans einsetzt, ist stark getroffen und bricht nun auch seinerseits mit Huysmans.[488]

Man muß diesen angespannten Beziehungshintergrund kennen, um die inhaltlichen Auseinandersetzungen der beiden richtig zu lesen. Oft geht es eher um enttäuschte Freundschaft und erschütterten Stolz als um die Sache selbst.[489]

Doch gibt die zerbrochene Freundschaft auch den Blick frei für einen Graben, der sich zwischen beiden auftat, als die - von Bloy so herbeigesehnte - Bekehrung Huysmans stattfand: der Graben zwischen der

---

483 Vgl. dazu sowohl Villiers als auch Huysmans in: ebd. 138f.

484 »Bloy à été congédié du Gil Blas où il embêtait tout le monde, les lecteurs par le profond ennui de ses articles, les rédacteurs par son manque suprême d'éducation«: Huysmans an Arij Prins im März 1889, ebd. 144.

485 Ebd. 179.

486 Vgl. ebd. 170f.

487 Vgl. ebd. 190f und 192f.

488 Vgl. ebd. 201f.

489 So ist die völlig unterschiedliche Bewertung von Huysmans Buch *Là Bas* im Februar bzw. Mai 1891 zwar einerseits auf die spätere vollständige Lektüre dieses Buches zurückzuführen, wir erkennen darin aber auch den Trotz des verratenen Freundes: vgl. ebd. 196ff mit 205f!

Spiritualität des einen und des anderen. In Huysmans autobiographischen Schriften stoßen wir auf eine extreme Wehleidigkeit der Hauptperson gepaart mit einer Heroisierung, die für Bloy unerträglich sein muß.

Dies sei hier an Huysmans Buch über die eigene Bekehrung »En route« (1895) konkretisiert: Von seinem Beichtvater in Paris für zehn Tage zur Einkehr in ein Trappistenkloster geschickt, jammert Durtal (= Huysmans) darüber, »so plötzlich auf die Schlachtbank geführt zu werden«; er empfindet sein Los als »schrecklich« und überlegt: »Ich müßte überhaupt vorher wissen, ob mein Körper fähig ist, ein solches Heilmittel zu ertragen! Er ist schwächlich und zart und an das späte Aufstehen gewöhnt. Er wird gewiß elend, wenn er nicht eine kräftige Fleischnahrung erhält, und Nervenschmerzen peinigen ihn, sobald die Essenszeit geändert wird.«[490] (Wie muß sich das für jemanden wie Bloy anhören, der jahrzehntelang vom Hunger verfolgt wird!) Am Tag vor seiner Abreise »weinte er über sein Geschick, welches ihm so traurig, so bemitleidenswert vorkam, daß er auf eine besondere Hilfe hoffen zu müssen vermeinte«[491]. Um sich sein »schweres Schicksal« zu erleichtern, »stopfte er Zucker und Pakete mit Schokolade in die Ecken seines Koffers, um seinem vielleicht durch das Fasten angegriffenen Magen damit aufzuhelfen. Er nahm Servietten mit, weil er dachte, daß sie im Kloster fehlen würden.« Tabak, ein Päckchen Antipyrin und ein Fläschchen Opium sollten auch nicht fehlen.[492] In der Trappe folgt dann eine eher peinliche Schilderung der Generalbeichte in allen Details.[493] Unmittelbar darauf zieht sich Durtal zu einer »Plauderei« mit einem ständigen Gast und Oblaten auf dessen Zimmer zurück[494] und grämt sich bald darauf über die Aussicht, daß am nächsten Morgen - der ersten Kommunion nach seiner Bekehrung - nicht ein Pater, sondern ein gewöhnlicher Priester auf Reisen die Messe feiern wird. Doch wunderbar fügt es sich, daß dann doch kein Geringerer als der kranke Abt diese Messe feiert.[495] Anschließend wird Durtal dann von einem Gefühl der Öde und Leere befallen, gefolgt von unreinen Vorstellungen.[496] Am Ende steht ein Gespräch mit dem Gastpater: »'Es hat über neun Stunden gedauert', sagte Durtal, 'und ich wundere mich, daß ich nicht verrückt

---

490 Joris-Karl Huysmans, Vom Freidenkertum zum Katholizismus. Selbstbekenntnisse, Hildesheim 1947, 158f.

491 Ebd. 188.

492 Vgl. ebd. 188f.

493 Vgl. ebd. 232-235 und 246-252.

494 Vgl. ebd. 254.

495 Vgl. ebd. 259-270.

496 Vgl. ebd. 270-315.

geworden bin. Ich hätte es nie für möglich gehalten, daß die Seele solche Leiden zu ertragen vermöchte.' Aber das Antlitz des Paters strahlte. Er drückte Durtal die Hand und sprach: 'Freuen Sie sich, mein Bruder, Sie sind wie ein Mönch behandelt worden«[497], worauf Durtal die Mystik der Nacht des Johannes vom Kreuz zu begreifen glaubt!![498] Es versteht sich von selbst, daß Durtal den Patres als besondere Erscheinung auffällt, denn er ist - laut seinem Beichtvater - »unglücklicher als die weniger gebildeten, einfacheren Gemüter«[499], ist - nach Meinung des Abtes - »einer der wenigen Laien, die unsere Lebensweise vertragen können«[500] und bekommt vor der Abreise versichert: »Nichts konnte Sie abschrecken« - mit dem Zusatz: »Wenn doch alle so anspruchslos und gefügig wären!«[501]
In seinem Buch »L'Oblat« (1903) fährt Huysmans auf diese Art fort, was Bloy den Kommentar entlockt:

> »Lesen Sie, zum Beispiel, seine Klagen, sein abwechselndes Gejammer über den Frost und das Tauwetter, Sie werden verblüfft sein von diesen *Acta Martyrum* - in einem Buch, das zur Ehre der religiösen Askese geschrieben wurde, - um das Heldentum eines Opfers zur Geltung zu bringen, das darin besteht, durch trockene oder feuchte Kälte einige Schritte von seiner Behausung zur Frühmesse zu gehen.«[502]

Ein anderer für Bloy anstößiger Punkt ist das verklärte Bild, das Huysmans über das Leben der Mönche pflegt. Den Abt der Trappisten läßt er sagen: »Wir treten hier ein, um Buße zu tun, um uns abzutöten; aber wenn wir kaum etwas gelitten haben, so tröstet Gott uns schon!«[503] Und wenn er auch die ganze Härte des Klosterlebens nicht tragen möchte, so »träumt« Huysmans doch: »Man müßte eine Abtei gründen, in der man nach Belieben in einer guten Bibliothek arbeiten könnte. Es müßte ein Zusammenleben mit einigen trefflichen Mitbrüdern sein; dazu müßte es eine hinlängliche Nahrung und Tabak nach Belieben geben.«[504] Wenn seine Vorstellungen auch sicher gereift sind, bis er 1899 Paris verläßt, um in der Umgebung von Ligugé ein

---

497 Ebd. 315.

498 Vgl. ebd. 317.

499 Ebd. 250.

500 Ebd. 277.

501 Ebd. 373.

502 Léon Bloy, Sur Huysmans, Bruxelles 1986, 61. - In diesem kleinen Bändchen hat Raoul Vaneigem die in Bloys Schriften verstreuten Artikel über Huysmans gesammelt veröffentlicht.

503 Joris-Karl Huysmans, Vom Freidenkertum zum Katholizismus, 368.

504 Ebd. 139.

Oblatenleben zu beginnen, so stößt dieses Projekt nicht nur bei Bloy[505], sondern auch bei Claudel auf Mißtrauen[506].

Und doch wird diese Kritik allein Huysmans nicht gerecht. Seine Schriften führten viele zum Glauben.[507] Sein Leben in Ligugé und mehr noch sein tapferes Sterben - allen eigenen Vorbehalten zum Trotz[508] - sind dafür beeindruckendes Zeugnis.[509] Huysmans litt 1906/1907 an einem sehr schmerzlichen Kiefergeschwür und verzichtete während seines Todeskampfes auf jegliches Schmerzmittel, um »seine eigenen Sünden und die der anderen zu sühnen«[510]. Es ist bekannt, daß der junge Louis Massignon, der Huysmans 1907 in Ligugé besuchte, als er hörte, dieser habe in der Todesstunde für ihn gebetet und seine Leiden für ihn aufgeopfert, sehr ergriffen war und sich der zahlreichen Symbole des Leidens und der Stellvertretung erinnerte, die in Huysmans Zimmer gesammelt waren: ein sehr einfaches Kreuz, eine Reproduktion von Grünewalds *Gekreuzigtem* und das Photo eines

---

505 »Il ne dit pas ce qu'il a quitté, mais assurément ce n'est pas lui-même. Il avoue, d'ailleurs, très candidement, que l'oblature n'a rien de farouche, surtout pour celui qui ne hait pas la fine cuisine et qui a des finances lui assurant du loisir dans les environs d'un cloître«: Léon Bloy, Sur Huysmans, 61.

506 An Louis Massignon schreibt Claudel 1908: »Le principal reproche que je lui fais est celui-ci: on ne se fait pas moine à moitié. Qui se fait moine entre dans une voie de perfection dont la fin unique est l'union aux volontés de Dieu et dont la première condition est un parfait renoncement à soi-même. Or l'oblat de Huysmans considère la vie religieuse simplement comme un moyen agréable de poursuivre pour chacun de nous sa vocation préférée, art, science, littérature ou tournage de ronds de serviette ... Et puis que de difficultés! Tous les gens qui ont l'expérience de la vie monastique savent que ce qu'elle a de plus dur, plus que toutes les mortifications corporelles, c'est la vie en commun. Or combien plus difficile la vie en commun à des artistes et à des savants, gens capricieux et insociables par excellence et je dirai par vocation«: Les grandes correspondances. Paul Claudel et Louis Massignon, Paris 1973, 54.

507 Vgl. Albert Sleumer im Vorwort zu: Joris-Karl Huysmans, Vom Freidenkertum zum Katholizismus, 9f.

508 Noch im Dezember 1906 schreibt Huysmans in einem Brief: »Je ne me sentais pourtant pas une vocation pour cette voie de Douleurs dans laquelle on me mène. Je doute que j'y prenne jamais goût, ce qui prouve que je n'ai l'étoffe d'un Saint! Je voudrais bien que le Ciel en fût si persuadé qu'il me lâche là-dessus«: zitiert in: Richard Griffiths, Revolution à rebours, 173.

509 Vgl. François Mauriac in: Pierre Brunel et André Guyaux, Cahier de l'Herne. Huysmans, 265.

510 Vgl. Richard Griffiths, a.a.O. 145.

Portraits von Anna-Katharina Emmerich, das ihre stigmatisierten Hände zeigt.[511]

All dies verweist schon auf verwandte Inhalte, die es in den Werken Bloys und Huysmans trotz zahlreicher Unterschiede gibt (was Bloy auf »Ideenfetzen« zurückführt, die Huysmans bei ihm aufgeschnappt habe: »Er hat mir nicht nur meinen Gedanken gestohlen, sondern er hat ihn widerlich verkehrt und verkauft ('prostituée'!)«[512]). Beide beschäftigen sich intensiv mit der Substitution.
Huysmans Ausführungen zu Leiden und Stellvertretung finden sich hauptsächlich in seinem Buch »Sainte Lydwine de Schiedam« (1901). Darin erzählt er die Geschichte der seligen Lydwina, die - 1380 geboren und vom fünfzehnten Lebensjahr an unheilbar krank - achtunddreißig Leidensjahre im Krankenbett verbringen mußte. Nach hartem Ringen konnte sie ihre Krankheit als stellvertretendes Leiden für andere annehmen. Sie ernährte sich seit dem neunzehnten Lebensjahr ausschließlich von der heiligen Kommunion und wurde mehr und mehr mit mystischen Gnaden beschenkt. Ihr Rat, ihr Gebet und ihr Opfer zogen viele Ratlose an, die bis zu ihrem Tod 1433 stets Hilfe fanden.[513]
Wie Bloy steht auch Huysmans ganz in der Nachfolge Blanc de Saint-Bonnets. Denn auch bei ihm geht es darum, daß die guten Taten die Aufgabe haben, die bösen Taten zu »neutralisieren«[514], bzw. daß die Leiden die Aufgabe haben, für das Böse zu sühnen: »Das Universum läge ohne das - und wie lange schon! - in Trümmern.«[515] Denn alles ist getragen vom Gesetz des Ausgleichs:

---

511 Vgl. Jean-François Six, L'Aventure de l'amour de Dieu. 80 lettres inédites de Charles de Foucauld à Louis Massignon, Paris 1993, 45. Massignon spricht 1913 von Huysmans als seinem »frühesten Lehrmeister« (»mon premier maître Huysmans«): ebd. 147.

512 Léon Bloy, J.-K. Huysmans, Villiers de l'Isle-Adam, Lettres, 205.

513 Die selige Lydwina ist eine Zeitgenossin von Jeanne d'Arc und auch von Paul Claudels fiktiver Violaine. Alle drei Frauen erlebten das große abendländische Schisma und dessen Ende, was ihre Attraktivität für die Dichter des *Renouveau Catholique* erklärt: Ein Büßerleben allein kann dem kirchlichen und politischen Chaos noch entgegenwirken.

514 Joris-Karl Huysmans, Sainte Lydwine de Schiedam, 39.

515 Ebd. 38.

»Dieses Gesetz eines zu wahrenden Ausgleichs zwischen dem Guten und dem Bösen ist einzigartig geheimnisvoll, wenn man es bedenkt, denn, indem er es begründete, scheint der Allmächtige sich selbst Grenzen gesetzt und seiner Allmacht Bremsen geschaffen zu haben. Damit diese Regel sich erfüllen kann, ist es in der Tat nötig, daß Jesus an das Mitwirken des Menschen appelliert, und daß dieser sich nicht weigert, es zu leisten. Um die Missetaten der einen wiedergutzumachen, benötigt er die Abtötungen und Gebete der anderen; und gerade darin besteht der Ruhm der armen Menschheit; nie läßt sich Gott, der so respektvoll vor der Freiheit seiner Kinder ist, daß man die zählen kann, die er vor der Macht ihm zu widerstehen bewahrte, nie läßt sich Gott verleiten. Immer hat er durch die Epochen hindurch Heilige gefunden, die sich bereiterklärten, durch Schmerzen das Lösegeld der Sünden und der Fehler zu zahlen.«[516]

In der Anerkennung des »Gesetzes eines zu wahrenden Ausgleichs« besteht zwischen Bloy und Huysmans bis ins Vokabular hinein uneingeschränkte Einigkeit.
Als Lydwine um das Annehmenkönnen ihres Leidensopfers ringt, wird ein junger Pater ihr zum rettenden Lehrer:

»Er lehrte sie, daß die Menschheit von Gesetzen gelenkt wird, die ihr Leichtsinn übersieht, dem Gesetz der Solidarität im Bösen und der Reversibilität im Guten, Solidarität in Adam, Reversibilität in Unserem Herrn; anders gesagt, jeder ist bis zu einem gewissen Punkt für die Fehler der anderen verantwortlich und muß sie bis zu einem gewissen Punkt sühnen; und jeder kann auch, wenn es Gott gefällt, in einem gewissen Maß die Verdienste, die er besitzt oder die er erwirbt, denen zuteilen, die keine haben oder die keine sammeln wollen.«[517]

Wie der göttliche Vater die Last dieses Gesetzes seinem Sohn auferlegt, so gibt dieser bestimmten Seelen den »Nachlaß seines Opfers« als Erbe. Denn der Sohn kann nicht mehr selber leiden, »seit er zurückgestiegen ist zu seinem Vater in den azurblauen Jubel der Himmel; sein Erlöserwerk ist mit seinem Blut versiegt, seine Qualen haben mit seinem Tod geendet. Wenn er hier unten noch leiden will, kann es nur noch in seiner Kirche sein, in den Gliedern seines mystischen Lei-

[516] Ebd. 37.

[517] Ebd. 102.

bes«[518]. Sie ist in jedem ihrer leidenden Glieder »wie eine arme Witwe, die die letzten Wünsche ihres Gatten erfüllt, um mit ihren Leiden zu ergänzen, was an seinen fehlt.«[519] Und ganz deutlich gesagt: Die sich opfernden Seelen »geben dem allmächtigen Gott etwas, daß selbst ihm fehlt: die Möglichkeit, noch für uns zu leiden«[520].

Huysmans läßt also ganz im Gegensatz zu Bloy die Agonie Jesu Christi hinter sich. Zwar betont er, daß kein Leiden sich mit dem Leiden Jesu je vergleichen läßt. (Die Schrecklichkeit der Agonie Jesu sei bedingt durch ein vor allem seelisches Erleiden: Im Ölgarten sieht Jesus die Greueltaten aller Zeiten vor ihm und nach ihm und sieht, wie wenig sein Tod die Welt verbessern wird, so daß er aufschreit: »Laß diesen Kelch an mir vorübergehen!«[521]). Aber die Agonie Jesu Christi erstreckt sich nicht über die Länge der Zeit, wird nicht in der Agonie jedes einzelnen Menschen ausgelitten. Vielmehr ist es Jesus selbst, der »die Nägel einschlägt«, die »Rolle des Henkers« annimmt und mit »Hilfe der Engel« kreuzigt.[522] Hier unterscheidet sich das Christusbild von Huysmans und Bloy fundamental. Und hier zeigt sich auch der Graben, der zwischen ihnen angesichts des Leidens aufbricht: Während Bloy die äußerste Spannung zwischen der Realität des Leidens und dem Glauben an die in Jesus Christus geschehene Erlösung aushält, gibt es bei Huysmans keine Spannung: Der Pater verheißt Lydwine, wenn sie ihr Leiden als Erbe Christi ansieht, sogleich die »Empfindung der Seligkeit«, die dann auch prompt eintritt: »Nun, meine Tochter, wenn eine Seele an diesem Punkt ist, ändert sich ihre Art des Leidens. Gott nähert gewissermaßen die beiden extremen Empfindungen der Seligkeit und des Schmerzes einander an, und sie vermischen sich. Wo ist die eine? Was ist von der anderen geblieben? Keiner weiß es.«[523]

Bei Huysmans kommt hier ein Zug zu tragen, der uns schon im Martinismus sowie bei Boullan und Vintras begegnet ist: die Überzeugung von einer Art Automatismus. Tatsächlich hatte Huysmans Konversion

---

518 Ebd. 103.

519 Ebd. 100.

520 Ebd. 103.

521 Vgl. ebd. 108-110.

522 Vgl. ebd. 105.

523 Ebd. 104.

stark unter dem Einfluß Abbé Boullans gestanden.[524] Auch wenn er sich später von ihm distanzierte, bleibt er bezüglich seiner Sühnetheorie ihm verbunden.[525] So vertritt er: »Man muß wissen, daß jede Krankheit eine Sühne ist, und wenn Gott sie nicht als beendet ansieht, kann sie kein Arzt unterbrechen. Der Arzt heilt nur, wenn sein Eingreifen mit dem Ende der Sühne zusammenfällt, die der Herr festlegt.«[526] Huysmans spricht von der Möglichkeit des »Transfers eines Übels von einer Person auf eine andere« und demonstriert das an der Fähigkeit Lydwines, das schreckliche Zahnweh einer Freundin auf sich zu ziehen.[527] Die Möglichkeit des Transfers geht sogar soweit, daß Lydwine die Sünden eines Mannes, der sich selbst schämt, sie zu beichten, als ihre eigenen beichtet und an seiner Statt auch die Buße leistet.[528]

Die Vermutung, die der Zeitgenosse Huysmans und Bloys Léon Blum 1903 im »Gil Blas« erwägt, daß Huysmans trotz seiner Konversion vor allem ein »romancier naturaliste« geblieben ist[529] (ein Urteil, das auch Bloy teilt), legt sich immer dort nahe, wo Huysmans den letzten Dingen in der Distanz des Zuschauers begegnet. Auch der Gedanke an die ewige Verdammnis eines Menschen erschüttert diesen Zuschauer nicht. Er wird emotionslos vorgetragen, als handle es sich um einen mißglückten Einkauf. Bezüglich eines Priesters, der die Weisungen Lydwines mißachtet und dessen Tod sie voraussieht, bemerkt die Büßerin: »*Ich* verzeihe ihm von ganzem Herzen, aber daß er sich keine Illusionen macht, er ist verdammt.«[530] Und nach dem Tod einer Sünderin kann man lesen: »Als Lydwine für sie betete, sagte ihr Engel zu

524 Vgl. Richard Griffiths, Révolution à rebours, 126-131.

525 Vgl. ebd. 130f. Léon Bloy schreibt über diese Verbindung kurz nach dem Tod Abbé Boullans einen bissigen Artikel (»L'Expiation de Jocrisse«), in dem er Huysmans als »Nachfolgepapst« für den Carmel karikiert: Sur Huysmans, 140-146.

526 Joris-Karl Huysmans, Sainte Lydwine de Schiedam, 72.

527 Vgl. ebd. 214f.

528 Vgl. ebd. 17f.

529 Zuletzt veröffentlicht in: Pierre Brunel et André Guyaux, Cahier de l'Herne. Huysmans, 260.

530 Joris-Karl Huysmans, Sainte Lydwine de Schiedam, 162.

ihr: 'Du verlierst deine Zeit, sie ist in dem Abgrund, aus dem man nicht entkommen kann.'«[531]
Bei aller Würdigung Huysmans besteht somit zwischen dem Genie Bloys, Claudels, Péguys auf der einen Seite und dem Niveau der Schriften Huysmans eine entscheidende Kluft.[532]

2. Paul Claudel

Bestand zwischen Huysmans und Bloy zeitlebens eine - in Freundschaft und Feindschaft - leidenschaftliche Beziehung, so berühren sich die Wege Léon Bloys und Paul Claudels kaum. Bloy erwähnt ihn nicht ein einziges Mal, und alles weißt darauf hin, daß er ihn überhaupt nicht wahrgenommen hat.[533] Anders bei Claudel: Vierzehnmal kommt er in seinen Tagebüchern auf Bloy zu sprechen, 1935 findet man darin gar eine Photographie von Bloy.[534] Doch auch für ihn ist Bloy nicht prägend: erstmals ist von Bloy an dessen Todestag im November 1917 die Rede. Zu unterschiedlich ist wohl - trotz der inhaltlichen Verwandtschaft - Wesen und Lebensmilieu dieser beiden Männer: Der 1868 geborene Paul Claudel lebt seit 1882 in Paris, wo er 1885 das Studium des Rechts und der Politik beginnt.[535] Wie die meisten seiner Zeitgenossen ist er rigoroser Positivist, ein Zustand, unter dem er zwar leidet (er verspürt einen »faim spirituelle«), aus dem er aber zunächst keinen Ausweg findet. Der Poesie Arthur Rimbauds verdankt er das Aufgebrochenwerden seines Materialismus': »Die Lektüre der 'Erleuchtungen' und, ein paar Monate später, von 'Eine Saison in der Hölle' war für mich ein durchschlagendes Ereignis. Zum ersten Mal öffneten diese Bücher einen Spalt in meinem materialistischen Gefäng-

---

531 Ebd. 225.

532 Vgl. Raïssa Maritain, Les grandes amitiés, 399.

533 In ihren Memoiren wundert sich Raïssa Maritain im Zusammenhang mit Claudel darüber, daß die großen, im gleichen Zeitraum sich ereignenden Konversionsbewegungen ganz unabhängig voneinander ihren Weg fanden: »Et Claudel? Depuis 1886, depuis plus de vingt ans déjà, Claudel était catholique. Son oeuvre poétique était déjà considérable; mais nous ignorions tout de lui en 1909, et de sa foi et de son oeuvre. On peut remarquer que les grands mouvements de conversion en France, au XIXe et au XXe siècles, ont eu plusieurs sources apparemment indépendantes les unes des autres«: Les grandes amitiés, 182.

534 Paul Claudel, Journal II, Paris 1969, 97.

535 Vgl. auch für das Weitere: Lagarde et Michard, Paris 1969, 177-218.

nis und gaben mir einen lebendigen und fast physischen Eindruck des Übernatürlichen.«[536] Da Claudel sich aber nicht mit einer Religion der Künste und des Schönen zufriedengeben will, bleibt die Krise innerer Unzufriedenheit, bis er 1886 in Notre-Dame während der Weihnachtsvesper seine Bekehrung erfährt. »In einem Augenblick wurde mein Herz berührt und ich glaubte.«[537] Nach dem Abschluß seines Studiums wird er 1890 Diplomat und bleibt es bis 1936. In dieser Zeit entsteht sein literarisches Hauptwerk. Von 1936 bis zu seinem Tod schreibt er zahlreiche poetische Kommentare zur Bibel - nach dem Vorbild Abbé Tardif de Moydreys[538].

Zwei Einbrüche prägen sein Leben und Werk, die an Bloy - besonders an die Tragödie mit Anne-Marie Roulée - erinnern[539]: Als Reaktion auf den Widerspruch, den er zwischen seinem Dichterauftrag und seiner religiösen Erweckung fühlt, tritt Claudel 1900 als Novize in Ligugé und Solesmes ein. Er wird dort wieder weggeschickt und erlebt dies als abgrundtiefes Scheitern:

> »Ja, alles wollte ich geben. Alles muß ich zurücknehmen. Aufgebrochen bin ich, muß an den gleichen Ort zurück. Alles war vergebens. Nichts ist vollbracht. Ich spürte in mir eine Kraft, eine gewaltige Zuversicht. Die ist dahin. Ich hatte versagt, so wurde befunden. Ich habe Sinn und Ziel verloren. Und so wurde ich wieder hergeschickt, ganz nackt, mit dem alten Leben, ganz ausgedörrt, keine andere Weisung, als das alte Leben von neuem zu beginnen, o Gott, das Leben, vom Leben geschieden, mein Gott, keine andere Hoffnung als Dich allein, der Du von mir nichts wissen willst. Dazu ein Herz, zuinnerst getroffen... Und die Kraft gebrochen.«[540]

---

536 Zitiert in: ebd. 177.

537 Zitiert in: ebd. 178. Er hätte sich nach diesem Geschehen gerne Léon Bloy anvertraut. »C'est dans ces instants de tourments intérieurs, avouait-il à Stanislas Fumet, qu'il eût souhaité s'en ouvrir à Léon Bloy, mais, ajoutait-il, 'je n'osais pas lui rendre visite, il me faisait peur'«: Michel Lioure, Claudel lecteur du *Désespéré*, Cahier de l'Herne. Léon Bloy, 403.

538 Vgl. Paul Claudel, Journal II, 123.

539 Michel Lioure weist darauf hin, daß Claudel *Le Désespéré* von Bloy wohl schon als Zwanzigjähriger gelesen hatte. Nach seiner Krise 1900-1904 mußte ihm aber dieses Buch ganz neu aufgehen: »Dans *le Désespéré* de Léon Bloy, Claudel ne pouvait pas ne pas reconnaître une âme soeur, victime exemplaire, héros précurseur de ce 'pur désespoir' que lui même avait tenté d'illustrer et d'exorciser dans *Téte d'Or*«: a.a.O. 404.

540 Paul Claudel, Mittagswende, Dramen I, Heidelberg 1959, 500f.

Bei der Rückkehr in seinen diplomatischen Dienst begegnet er auf dem Schiff einer verheirateten Frau und beginnt mit ihr ein verbotenes Verhältnis, das bis 1904 andauert und aus dem ein uneheliches Kind hervorgeht.[541] Erst 1917 erhält Claudel wieder einen Brief von dieser Frau, auf die er verzichten mußte und die doch seine große Liebe blieb. Ohne sich je wiederzusehen, leiden beide ein Leben lang unter dieser Trennung.
Die fehlgeschlagene Ordensberufung und der Schmerz des Abschieds bleiben vor allem in Claudels Dramen stets gegenwärtig und die notwendige Trennung von sich vollkommen Liebenden eines seiner zentralen Themen.[542] Die Lektüre der »Sainte Lydwine de Schiedam« von Huysmans (den er ansonsten nicht sehr schätzt[543]) und anderer zeitgenössischer Literatur zum Thema »Ausgleich schaffendes Leiden«[544] gaben ihm dafür einen sinnvollen Deutungshorizont: Der Verzicht wurde für Claudel *die* Form des christlichen Leidens, das weit über den eigenen Lebensraum hinaus Frucht bringt. Deutlich wird das besonders in zwei Dramen Claudels: »Der Bürge« und »Mariä Verkündigung«.

»Der Bürge« handelt am Ende des Empires. Die Hauptpersonen sind: Toussaint Turelure, ehemaliger Mönch, Jakobiner, Soldat und später Funktionär unter Napoleon; Sygne, Gräfin von Coûfontaine, deren Familie durch Toussaint Turelure 1793 hingemordet wurde; ihr einzig verbliebener Verwandter, der königstreue Offizier Georges, ihr Vetter, den sie liebt und dem sie die Ehe versprochen hat; Abbé Badilon, der Seelenführer Sygnes. *Die Handlung:* Papst Pius VII. wird auf der Flucht von Georges heimlich in Coûfontaine

---

541 Claudels Tagebuch gibt dazu folgende kurze Hinweise: »Ihre Abreise - 1. August 1904. Geburt von Louise: 22. Januar 1905«: Journal I, Paris 1968, 3.

542 Vgl. Edwin Maria Landau im Nachwort zu: Paul Claudel, Ein Lesebuch, 284f.

543 Das bezeugt nicht nur sein Sohn Pierres Claudel in einem Gespräch mit Richard Griffiths (Vgl. Richard Griffiths, Révolution à rebours, 202), sondern auch der Briefwechsel Paul Claudels mit Louis Massignon (vgl. Les Grandes Correspondances. Claudel - Massignon, 54f).

544 Richard Griffiths schreibt: »La souffrance réparatrice tient une grande place dans les romans catholiques de cette période, nous l'avons vu, et Claudel lisait énormément. Nous savons qu'il avait lu, par exemple, *l'Immolé* de Baumann: 'ce livre que j'ai tant aimé', disait-il plus tard. Il conseilla à son fils Pierre de lire *Sainte Lydwine de Schiedam*, lui qui cependant n'aimait pas Huysmans. Il est donc clair que Claudel lut, en ces années-là, des ouvrages qui parlaient de la réversiblité de la souffrance, et que ces lectures lui plurent énormément«: Révolution à rebours, 183f.

versteckt, als Toussaint Turelure bei Sygne auftaucht und droht, beide zu vernichten, es sei denn, sie gäbe ihm ihre Hand. Abbé Badilon bittet Sygne, sich zu opfern, um den Papst und damit die Kirche vor der Vernichtung durch das Kaiserreich zu retten. Er spricht ihr von der umfassenden Bedeutung dieses Opfers: »Oh, wir sind hier nicht allein! Bußfertige Seele, Jungfrau, sieh das unermeßliche Volk, das um uns ist, die seligen Geister im Himmel, die Sünder unter unseren Füßen und die Myriaden Menschen hintereinander, die warten auf Deine Entscheidung!«[545] Sygne ringt sich das Opfer ab, heiratet den Mann, den sie haßt und schenkt ihm einen Sohn. Beim Sturz des Empires muß sie als Vermittlerin Toussaint Turelures mit Georges verhandeln, der nicht nur auf die von ihm geliebte Frau, sondern auch auf den geliebten Grund und Boden der Grafschaft zugunsten Toussaint Turelures verzichten soll. Bei einer Schießerei wirf sich Sygne in eine Kugel, die Georges auf Toussaint Turelure abfeuerte, und wird dabei tödlich verletzt; Georges stirbt bei der Schießerei. Auf dem Todesbett stellt sich heraus, daß Sygne sich nicht, um ihren Gatten zu schützen, in die Kugel geworfen hatte, sondern weil sie einen schnellen Tod für Toussaint Turelure zu schade fand. Sie ist bis zuletzt nicht bereit, ihm zu verzeihen, der kurz nach ihrem Tod vom rückgekehrten König zum »Graf von Coûfontaine« ernannt wird.

Im Mittelpunkt der Handlung steht also das Opfer Sygnes, durch das Papst und Kirche gerettet werden, und das Verzichten-*müssen* Georges, dessen Hab und Gut gänzlich in die Hände Toussaint Turelures fällt, der am Ende selbst wird, was Georges gewesen war: Graf von Coûfontaine. Claudel kreist in diesem Stück um die Frage, wie das Leben des einen am Opfer des anderen hängt. Es werden zwei Arten von Opfer vorgeführt: Sygne, die freiwillig - um den Papst zu retten - ihr Leben hingibt, und Georges, der ungefragt verzichten muß und ohne den Toussaint Turelure nicht geworden wäre, was er geworden ist. Beide Male gilt das Motto: Der eine lebt vom anderen, und zwar ganz ähnlich, wie es uns schon bei Bloy begegnet ist. Es besteht auch hier eine Balance: zwischen Sygne und dem Papst ebenso wie zwischen Georges und Toussaint Turelure.

Eine Variation dieses Themas ist das Drama »Mariä Verkündigung«. Es handelt gegen Ende des Mittelalters, zur Zeit des großen abendländischen Schismas, auf dem Gut Combernon, zu Füßen des Nonnenklosters Marienberg. Violaine, Tochter von Anne Vercors, Verlobte von Jacques Hury, begegnet dem Kirchenbaumeister Pierre de Craon (Architekt der Kathedrale von Reims), der sie einmal begehrt hatte und infolge einer versuchten Annäherung von Lepra befallen wurde. Aus Mitleid und christlicher Liebe gibt die glückliche Violaine dem unglücklichen Mann zum Abschied einen Kuß. Mara, ihre Schwester, beobachtet das und benutzt es, um Jacques Hury, den auch sie liebt, für sich zu gewinnen. Violaine wird durch den Kuß vom Aussatz angesteckt und führt von nun an im Wald der Umgebung ein zurück-

---

545 Paul Claudel, Dramen II, Heidelberg 1958, 177.

gezogenes, gottgeweihtes Leben. Als Maras - aus der Ehe mit Jacques Hury hervorgegangenes - Kind stirbt, bringt sie es in der Weihnacht in den Wald zu der inzwischen erblindeten Violaine und fordert, daß sie es lebendig mache. Während Mara die liturgischen Weihnachtstexte vorliest, erwacht das Kind auf dem Schoß Violaines mit ihren blauen Augen zu neuem Leben. In dieser Nacht wird auch der durch den Sieg Jeanne d'Arcs zurückkehrende französische König in der Kathetrale zu Reims gekrönt. Das Schisma findet ein Ende. Pierre Craon wird auf geheimnisvolle Weise vom Aussatz geheilt. Bevor Violaine bald darauf, von ihrer immer noch eifersüchtigen Schwester getötet, stirbt, gelingt es ihr noch - beim Läuten der Angelusglocken (»Der Engel des Herrn brachte Maria die Botschaft«, eine der Anspielungen auf den Titel) - Frieden zu stiften zwischen Mara und Jacques Hury bzw. zwischen Mara und Anne Vercors, der von einer Pilgerreise aus dem Heiligen Land nach Jahren zurückkehrt.

In Anne Vercors und Violaine werden zwei Menschen vor Augen gestellt, die auf je eigene Weise ihr Leben für das Wohl der anderen einsetzen: Anne Vercors entschließt sich zu einer Pilgerreise nach Jerusalem, um für Frankreich und die Kirche den Frieden zu erbitten. Auf die Frage seiner Frau: »Was vermag ein einzelner Pilger?« antwortet er:

> »Ich bin nicht allein! Ein großes Volk ists, die Freude erfaßt es, mit mir bricht es auf! Das Volk all meiner Toten mit mir, die Seelen alle, eine über der anderen, von denen nichts mehr verbleibt als der Stein, alle diese getauften Steine mit mir, die nach ihrem Standort verlangen! Und da es wahr ist, daß der Christ nicht allein ist, sondern daß er Gemeinschaft hält mit all seinen Brüdern, ist es das ganze Reich mit mir, das da ruft und hingezogen wird zum Throne des Herrn und das wieder Sinn und Richtung zu ihm hin nimmt und dessen Abgesandter ich bin, das ich mit mir nehme, um aufs neue es aufzurichten nach dem ewigen Vorbild.«[546]

Claudel führt uns den Radius der Tat eines einzelnen vor Augen. Stellvertretend macht sich Anne Vercors auf, um das »tiefe Loch in der Erde« aufzusuchen, »welches das Kreuz dort bohrte«. Er verläßt sein bequemes Leben, um Anteil zu haben am Leiden und nur so auch am ewigen Leben. Die Reversibilität, wie sie hier beschrieben wird, entspricht dem Gedanken Bloys. Anne Vercors ruft aus:

> »Alles geht zugrunde, nur ich bleibe verschont. Dergestalt, daß ich vor ihm [Gott] eines Tages mit leeren Händen erscheinen werde und ohne jeden Anspruch, unter denen, die ihren Lohn bereits empfingen … Ich habe nicht genug an seinen Wohltaten, und weil ich jene empfing,

---

[546] Ebd. 32.

> warum sollte ich die größeren andern überlassen? ... Wer nimmt mehr auf, der volle Krug oder der leere? ... Das ist das Übel der Welt, daß jedermann sich seiner Güter zu erfreuen gedachte, als seien sie für ihn geschaffen ... Darum auch hat Gott alles, was vergänglich ist, von sich gewiesen.«[547]

Zeitlich parallel zur großen Pilgerreise des Vaters spielt sich das Büßerleben Violaines ab. Ihre besondere Berufung ist schon im Aussatz angedeutet, an dem Pierre Craon durch die begehrende Berührung mit ihr erkrankt. Sie soll unberührt bleiben, der eigene Aussatz besiegelt das. In ihrer Heiligkeit »trägt« sie für viele: Pierre Craon wird von seinem Aussatz geheilt und fähig, sein Leben ganz in den Dienst der Kathedrale von Reims zu stellen. Maras Eifersucht wandelt sie, indem sie ihr den geliebten Mann überläßt. Während sie selbst in der Abgeschiedenheit verdorrt und erblindet, wird sie fähig, dem toten Kind das Leben und ihre Augen zu schenken. (Wie Maria ist sie so Jungfrau *und* Mutter, eine weitere Bedeutung des Titels »Mariä Verkündigung«!) Doch weit über den Kreis der Familie hinaus wirkt Violaines Leben: Das Schisma ist beendet, die Macht des Königs wiederhergestellt. Hatte der Vater, danach verlangt, die Erde zu berühren, in der das Kreuz aufgerichtet war, so hatte es Violaine bestiegen. Anne Vercors bekennt am Ende:

> »Da nahm ich wie ein Jude Anstoß, weil das Antlitz der Kirche sich verfinstert und weil sie schwankend ihres Weges zieht, von allen Menschen verlassen. Und ich wollte von neuem mich pressen an das leere Grab, mit meiner Hand hineingreifen in die Grube des Kreuzes. Doch meine Tochter Violaine war weiser. Ist es der Zweck dieses Lebens zu leben? Bleiben die Füße der Kinder Gottes an diese Erde gefesselt? Nicht zu leben ist der Sinn, nein, zu sterben, und nicht das Kreuz zu zimmern, nein, es besteigen und all unsern Besitz lachend verschenken!«[548]

Man kann auch im wohl berühmtesten Drama Paul Claudels »Der seidene Schuh« Spuren unseres Themenkreises finden. Wir beschränken uns auf eine für unseren Zusammenhang besonders ergiebige Szene[549]. Es geht in dieser Szene um die Frage der Offenbarung Gottes im Menschen. Gott wurde Mensch und nahm das menschliche »Nichtsein« an, um ganz eins mit den Menschen zu werden. »Die Liebe will, daß es nicht zwei Plätze gibt, sondern einen einzigen.«[550] Dieser Gabe Gottes entspricht die Antwort des Men-

---

547 Ebd. 30f.

548 Ebd. 101.

549 Dritter Tag, Zehnte Szene: Dramen II, 528-539.

550 Ebd. 537.

schen, sich ganz zu geben. »Das Kreuz wird erst dann befriedigt sein, wenn es alles in Euch, was nicht Wille Gottes ist, zernichtet hat.«[551] Dona Prouhèzes Herz gehört - trotz aller äußerer Entsagung - immer noch Don Rodrigue. Wenn sie ihr Herz nicht gänzlich gibt, kann Don Camille nicht aus der Verdammung losgekauft werden. Dieser mahnt sie: »So sterbt denn durch diesen in Euch erstickten Gott, der mich ruft mit einem entsetzlichen Schrei, und Ihr verweigert Euch, ihn mir zu geben!«[552] Eine letzte Bitte Don Camilles verhallt nicht unerhört: »Prouhèze, ich sterbe vor Durst! Laßt mich endlich auf Eurem Antlitz den Gott sehn, den Ihr in Euch nicht verbergen könnt, und auf dem Grund Eures Herzens bis an das Wasser gelangen, zu dessen Brunnen Gott Euch machte!«[553] Dieses Wasser wird nur durch den von Dona Prouhèze alles abfordenden Verzicht entbunden. Von dieser Lösung her fällt ein klärendes Licht auf eine zu Beginn aufgestellte, provozierende These Don Camilles:

> »Ich aber sage, daß der Schöpfer sein Geschöpf unmöglich fallen lassen kann. Wenn es leidet, leidet auch er. Er selbst erschafft, was in ihm leidet. Es steht in meiner Macht, diese Gestalt zu vereiteln, die er aus mir machen wollte, und in der mich niemand, das weiß ich, ersetzen kann. Wenn ihr bedenkt, daß jedes Geschöpf auf ewig unersetzbar ist durch ein andres, dann begreift ihr auch, daß wir imstande sind, den sympathischen Künstler um ein unersetzliches Werk, ein Teilchen seiner selbst zu bringen.«[554]

Keiner kann den anderen ersetzen, sicher. Und doch kann das Wasser des Lebens von einem zum anderen fließen, wenn dieser eine sich bereit macht, Gott in sich nicht zu ersticken, sondern mit ihm sich um des anderen willen ganz entäußert. Gott selbst leuchtet dann im Antlitz dieses Menschen auf, Gott, der dieses Wasser des Leidens selbst hervorbringt aus dem Grunde des ihm geöffneten Herzens. Es kann einer nicht gegen seine Zustimmung erlöst werden. Aber niemand von uns weiß, ob nicht gerade das mir abzuringende Opfer diese Zustimmung des anderen letztlich ermöglicht.

Claudel besteht darauf, daß dieses Opfer freiwillig sein muß, um teilzuhaben am Opfer Christi.[555] Kritisch kommt er daher zweimal in

---

[551] Ebd. 538.

[552] Ebd. 539.

[553] Ebd.

[554] Ebd. 535.

[555] Claudel ist hier ganz in der Gefolgschaft Huysmans und seiner »Sainte Lydwine«:

seinen Tagebüchern auf Bloy und seine Art des Verzichtleistens zu sprechen: Einmal im Vergleich mit Franz von Assisi (»Wenn Bloy - wie der heilige Franziskus - die Armut geheiratet hat, dann war das bestimmt keine Liebesheirat.«[556]), ein andermal mit Thérèse von Lisieux (die bereit ist, an Stelle anderer die Nacht des Glaubens zu ertragen)[557]. Er bescheinigt Bloy »une attitude bien différente«[558], bei der für Claudel das Wesentliche fehlt: die Freiwilligkeit des Opfers. Obwohl Bloy diese von Claudel geforderte Opferhaltung auch kennt (man denke nur an »La femme pauvre«!), setzt er den Akzent anders - vielleicht tatsächlich aus der Erfahrung des eigenen Unvermögens heraus.[559] Nicht die eigene Opferbereitschaft, sondern die Inkarnation ist der Angelpunkt. Dadurch gewinnt seine »Leidenstheologie« eine andere Weite: Es geht nicht nur um den heldenhaften Verzicht einer frommen Elite, sondern auch um das ungefragt abgeforderte Leiden Unzähliger!

3. Charles Péguy

Am 6. Januar 1906 schreibt Bloy an Péguy:

> »Sie kennen mich nicht, und wir sind einander so fremd, daß ich nicht weiß, wie die Lust, mich nicht mehr zu ignorieren, in Ihnen geboren werden kann. Doch hat einer Ihrer Freunde mich Ihre Studie über Jean Coste lesen lassen, und ich wäre genötigt, vor mir selbst auszuspeien, wenn ich Sie nicht beglückwünschte. In unserem Zeitalter der Autofahrerei und grenzenlosen Idiotie ist es verblüffend, in dem Winkel einer Broschüre einem methodisch so gewandten Beweisführer, einem Dialek-

---

vgl. Richard Griffiths in: Georges Cattui et Jacques Madaule, Entretiens sur Paul Claudel, 240-243.

556 Paul Claudel, Journal II, 492.

557 Es ist bemerkenswert, wie die Spiritualität der Stellvertretung im Frankreich dieser Zeit in ganz unterschiedlichen, einander nicht bekannten Menschen aufbricht. Es gibt diesen Aufbruch ebenso außerhalb des als »Renouveau Catholique« Bezeichneten: Thérèse von Lisieux lebte 1873-1897, Charles de Foucauld 1858-1916: vgl. Karl-Heinz Menke, Stellvertretung, 417-419.

558 Paul Claudel, Journal II, 570.

559 Michel Lioure bemerkt dazu: »Le consul de France aux États-Unis, comme un des héros de *l'Échange*, a vite appris que 'l'argent est une bonne chose pour ceux qui savent s'en servir'. Il ne pouvait donc approuver la passion de Bloy pour une pauvreté qu'il semblait avoir sinon choisie du moins assumée jusqu'à la revendiquer«: a.a.O. 407.

tiker von so unfehlbarer Präzision zu begegnen und gleichzeitig - o Wunder! - einer so jungen Seele, einem so leidenschaftlichen Talent! Die Stelle: 'Das Elend ist eine Größe ...' hat mir den erschütternden Eindruck einer Verjüngung Pascals gegeben. Es gibt davon andere, die Seite 23 z.B.: 'Der Elende ist in seinem Elend ...', deren ich keinen anderen Zeitgenossen fähig glaube. Alter Gefangener des Elends, dem zu entfliehen mir mit 60 Jahren immer noch nicht gelungen ist, aber trotzdem noch an die Hoffnung gekettet, danke ich Ihnen, daß Sie sich - ohne mich zu kennen - die Mühe machten, *für mich* diese bemerkenswerte Seite zu schreiben.«[560]

Liest man das Cahier »De Jean Coste« vom 4. November 1902, so verwundert Bloys Begeisterung nicht.[561] Es gibt darin vieles, das ihn ansprechen *mußte*. Die Seite, die er als »für mich« erkennt, lautet:

»Der Elende ist in seinem Elend; der beständige Blick, den er auf sein Elend wirft, ist selbst ein elender Blick; das Elend ist nicht ein Teil seines Lebens, ein Teil seiner Sorgen, die er der Reihe nach angeht, unbeschadet des Restes; das Elend ist sein ganzes Leben ... Wenn Jean Coste, in die Enge getrieben, sich eines Tages mit seiner Frau und seinen Kindern das Leben nimmt, wird sein letzter Tag sein schrecklichster Tag sein. *Dies irae*, Tag des Zornes!«[562]

Péguy antwortete nicht auf Bloys Initiative, so daß es nie zu einer Annäherung dieser beiden so ähnlichen und so unterschiedlichen Geister kam. Raïssa Maritain erklärt das Verhalten Péguys damit, daß dieser nicht nach einem ganz selbständig gegangenen Weg als »Schüler Bloys« erscheinen wollte.[563]
Der 1873 in Orléans geborene Charles Péguy[564] kommt 1892 nach Paris und tritt dort 1895 in die sozialistische Partei ein.[565] Er beginnt

---

560 J II, 292.

561 Jacques Maritain hatte es Bloy gegeben in der Hoffnung, seine beiden großen Freunde einander anzunähern: vgl. Raïssa Maritain, Les grandes amitiés, 151.

562 Charles Péguy, Oeuvres en prose I, Paris 1959, 503f.

563 »Nous comprîmes plus tard que, subissant une évolution très profonde, et réellement très personelle, il ne voulait pas que l'on pût dire qu'il avait subi l'influence d'un autre et surtout celle de Bloy pour qui il nourrissait une singulière antipathie«: Raïssa Maritain, a.a.O. 152.

564 Wir berufen uns im folgenden vor allem auf die umfassende Arbeit von Pie Duployé, Die religiöse Botschaft Charles Péguys, Freiburg 1970.

565 Vgl. ebd. 67, 77, 199.

1900 mit der Veröffentlichung seiner Cahiers, die bis 1914 erscheinen werden. Es ist nicht exakt auszumachen, ab wann Péguy sich dem Christlichen neu zuwendet, da er diesen Schritt im Privaten läßt.[566] Als er 1905 aus der Partei austritt, scheint er ihn jedenfalls bereits vollzogen zu haben.[567] Aus Rücksicht gegenüber seiner Frau, die seinen Glauben nicht teilt, verzichtet er bis zu seinem Tod (oder zumindest bis kurz davor[568]) auf die Teilnahme an den Sakramenten. Opfer des Ersten Weltkrieges, stirbt Péguy als Leutnant am 5. September 1914 beim Ausbruch der Marneschlacht.
Péguy wollte sich nie in die Reihe der Konvertiten einreihen lassen.[569] Er betonte die Geradlinigkeit seines Weges über den Sozialismus zum Christentum:

»Wir haben, unsere Generation hat niemals eine Kehrtwendung vollzogen. Auch keine Drehung, keine Abkehr. Wir sind stets den gleichen geraden Weg gegangen, sind nie von ihm abgewichen, und dieser gleiche gerade Weg hat uns dorthin geführt, wo wir jetzt stehen ... Durch eine ständige Vertiefung unseres Herzens in der gleichen Richtung ... haben wir den Weg des christlichen Glaubens wiedergefunden.«[570]

Das Grundanliegen dieses Weges, das sich durch alle seine Werke zieht, ist das Ende des Exils für jede und jeden.[571] Das Exil hat zwei Namen: Hölle und Elend.
In seinem ersten großen Werk »Jeanne d'Arc« (1897) empört sich Jeanne in leidenschaftlicher Solidarität gegen die »ewige Abwesenheit der verdammten Seelen« und erklärt sich bereit, an deren Stelle diese »ewige Abwesenheit« zu erleiden. Da das unmöglich ist, bittet sie Gott, sie möglichst lange leidend auf der Erde zu belassen.[572]

---

566 Vgl. ebd. 184-189, 194.

567 Vgl. ebd. 190-201.

568 Der Soldat Péguy wohnte am 15. August 1914 einer Heiligen Messe bei. Es bleibt offen, ob er zuvor bei einem jungen Kapuziner (»mon chapelain«) seiner Kompanie gebeichtet hatte und an diesem Tag auch kommunizierte: vgl. Raïssa Maritain, a.a.O. 241f.

569 Er setzte sich damit bewußt ab von Leuten wie Jacques und Raïssa Maritain u. a.: vgl. Pie Duployé, a.a.O. 510-532.

570 Charles Péguy, Oeuvres en prose II, Paris 1957, 178-180.

571 Vgl. Hans Urs von Balthasar, Herrlichkeit II, Einsiedeln 1962, 803.

572 Vgl. Charles Péguy, Oeuvres poétique complètes, Paris 1975, 38f.

Mit gleicher Rigorosität, wie Jeanne gegen die Hölle, kämpfen die Sozialisten gegen das Elend, das für den Elenden nicht nur das eigene Leben, sondern die Welt an sich, sogar das Universum bestimmt:

> »Gesehen von ihm ist das Universum elend. Unsere Schlußfolgerung wird sein, daß das menschliche Elend des Einzelnen von universeller Wichtigkeit ist. Die Verdammung ist von universeller Wichtigkeit für die Katholiken. Das soziale Elend ist von universeller Wichtigkeit für uns. Eine einzelne Begebenheit kann allumfassendes Leiden verursachen. Das Fehlen eines Teilchens kann einen allumfassenden Mangel verursachen: Es fehlt Ihnen ein einziges Wesen, und alles ist entvölkert.«[573]

Darum gibt es in Péguys »Cité harmonieuse« keine »Fremden« und keine »Verdammten«[574], es gibt keinen, der von ihren Gütern ausgeschlossen wäre[575], sie ist eine »Cité sans exil«[576]. Für Péguy steht fest: »Wir erlauben nicht, daß es hier eine einzige Ausnahme gibt, daß man auch nur einer Person die Tür vor der Nase zuschlägt. Im Himmel und auf Erden, wir erlauben nicht, daß es dort Teile der Stadt gibt, die nicht im Innern der Stadt ihren Wohnsitz haben.«[577]
Trotz seines Kampfes gegen die »Hölle im Himmel und auf Erden« wird Péguy von der Höllenerfahrung in doppelter Weise eingeholt: durch das nicht enden wollende Elend für ihn und seine Familie[578] aufgrund seines »Ausgeschlossenseins aus der modernen Welt«[579] und durch das »Ausgeschlossensein der modernen Welt (die er mit Hilfe der Kategorien Bergsons interpretiert[580]) aus dem lebendigen Leben«[581]. Gleichzeitig muß Péguy bekennen: »Auch ich bin ein Mo-

---

573 Charles Péguy, Oeuvres en Prose I, 507.

574 Vgl. ebd. 12.

575 Vgl. ebd. 8 und 26.

576 Vgl. ebd. 259.

577 Ebd. 193.

578 Am 15. November 1908 schreibt Péguy an Pesloüan: »Wenn Du erfährst, daß wir uns alle sieben das Leben genommen haben, wird es Dir ewig leid tun; gegen diese Versuchung wehre ich mich freilich mit von Tag zu Tag geringerem Erfolg«: zitiert in: Pie Duployé, a.a.O. 94f.

579 Vgl. Hans Urs von Balthasar, a.a.O. 818-822.

580 Vgl. Charles Péguy, Oeuvres en Prose II, 1346-1349.

581 Vgl. Hans Urs von Balthasar, a.a.O. 821.

derner, bin angesteckt von der modernen Demagogie, die ich bekämpfe.«[582]

Zunehmend erkennt Péguy in der Kirche die mögliche Gegenkraft zu dieser Demagogie[583], da sie - durch eine »liaison mécanique automatique«[584] - einzigartig mit Jesus Christus verbunden ist, der in seiner Agonie die Hölle stellvertretend erlitten hat. Denn der Sünder, »der davonging und beinah verloren war, hat die Angst und damit den Quell der Hoffnung entriegelt im Herzen Gottes selbst, im Herzen Jesu: das Zittern und Schaudern der Angst, das Erbeben der Hoffnung«[585]. Péguy beklagt, daß diese Gottesangst in ihrer Tragik heruntergespielt und immer schon im Licht von Ostern gesehen wird. Der hereinbrechende Frühling übertönt das im Gedenken gegenwärtige »Echo einer entsetzlichen Agonie«.[586] Nur die Heiligen fühlen diese Agonie mit, nehmen an ihr teil. Was in »Jeanne d'Arc« (vor allem in der Fassung von 1909) schon angeklungen war, wird in »König Ludwig« ausgeführt: Der Heilige ist »Repräsentant Jesu«, gibt wie er niemals die Hoffnung für den Sünder auf, steht wie Jesus in unzerbrechlicher Solidarität mit diesem: Sünder und Heiliger zusammen bilden das »christliche System«.[587] Die Verantwortung, die in der Politik das Genie für das Volk trägt, müssen in der solidarischen Menschengemeinschaft (»communauté des saints«) die Heiligen tragen. Gilt für den genialen Menschen: »Er ist Stimme, Ausdruck und Offenbarung dieses ganzen Volkes«[588], so gilt für den Heiligen, daß er an Jesu Stelle

---

582 Charles Péguy, L'Esprit de Système, Paris 1953, 152.

583 »Et quand on dit que l'Église a reçu des promesses éternelles, qui se rassemblent à une promesse éternelle, il faut entendre rigoureusement par là qu'elle a reçu la promesse qu'elle ne succomberait jamais sous son propre vieillissement, sous son durcissement, sous son raidissement, sous son habitude, sous sa mémoire. Qu'elle ne serait jamais du bois mort et une âme morte; qu'elle n'irait jamais jusqu'au bout d'un amortissement aboutissant à la mort. Qu'elle ne succomberait jamais sous ses dossiers et sous son histoire. Que ses *mémoires* ne l'écraseraient jamais totalement. Qu'elle ne succomberait jamais sous l'accumulation de sa paperasserie, sous la raideur de sa bureaucratie. Et que les saints rejailliraient toujours«: Charles Péguy, Oeuvres en Prose II, 1349.

584 Ebd. 494.

585 Charles Péguy, Oeuvres poétiques complètes, 571.

586 Vgl. Charles Péguy, Oeuvres en prose II, 442.

587 Vgl. Hans Urs von Balthasar, a.a.O. 863f.

588 Charles Péguy, Par ce demi-clair matin, Paris 1952, 166.

eintritt für die Sünder und so mit Jesus dafür Sorge trägt, daß Gottes Zorn entwaffnet wird und die Gesamtheit der Menschen bei ihm ankommen kann. Péguy faßt das in seinem berühmten Bild der antiken Flotte, indem er Gott, den Vater, sagen läßt:

»Und nun sind sie wie eine große antike Flotte, unzählbar, im Angriff gegen den Groß-König. Hinter dem vordersten Punkt halten sich eng verschnürt wie ein Bündel, das ich nicht brechen kann, nahen sich tollkühn die schweren Triremen, schamlos durchbrechen sie die Brandung meines Zorns. Sie bieten sich mir unter diesem Winkel, und ich kann sie nur unter diesem Winkel nehmen. Sie nahen geduckt, wie Krieger, die zum Sturmangriff antreten, und zusammen eine Lanze, ein Dach mit ihren Schilden bilden und oft auch mit ihren Leibern. Und die Spitze bilden die gefalteten Hände meines Sohnes. Wie wollt ihr, daß ich da noch richte, da solches geschah.«[589]

Was Rasse und Herkunft für den Helden bedeuten, das bedeutet die Gemeinschaft der Heiligen für den Heiligen: »Wie das Blut der Rasse im Herzen des Helden aufsteigt und überfließt, so steigt das Blut der Gnade im Herzen des Heiligen auf und fließt über.«[590] Dieses in der Gemeinschaft der Heiligen aufsteigende Blut ist das Blut Jesu Christi und dieses Blut begründet die Hoffnung auf eine Ewigkeit ohne Exil. Denn: »Jeder ist mit jedem und allen untereinander und zusammen verbunden, gleichzeitig ist all das dem Leib Jesu verbunden. Wechselseitig; gegenseitig; unmittelbar; persönlich.«[591]

Péguy und Bloy sind einander ähnlich und fremd zugleich. Pie Duployé schreibt: »Es lassen sich schwerlich zwei religiöse Universen vorstellen, die durch ihre theologischen Vorstellungen enger verbunden und durch ihre irdischen Bekundungen verschiedener und gegensätzlicher wären.«[592] Sie sind einander fremd durch ihre Persönlichkeit, ihre Art, ihren Stil. Ähnlich sind sie sich vor allem durch ihre existentielle Betroffenheit vom eigenen und fremden Elend, das Stachel bleibt auf ihrem Weg im christlichen Glauben.

---

[589] Charles Péguy, Oeuvres poétiques complètes, 699ff.

[590] Charles Péguy, Oeuvres en prose I, 1202.

[591] Charles Péguy, Oeuvres en prose II, 496.

[592] Pie Duployé, a.a.O. 525.

Zusammenfassung: Wir konnten in diesem Dritten Kapitel auf dem Weg über die »Vordenker« und »Zeitgenossen« Bloys einen Einblick gewinnen in die geistig-geistliche Atmosphäre des 19. und beginnenden 20. Jahrhunderts und sind dabei auf die enorme Bedeutung gestoßen, die die Idee der Substitution, der Stellvertretung, besonders des stellvertretenden Leidens, für das religiöse Denken dieser Zeit hatte. Wollen wir uns von Bloy ein Bild machen, so gehört diese »Atmosphäre der Stellvertretung« unbedingt dazu. Doch sahen wir bereits, wie Bloy sich abhebt von diesem »Hintergrund«, wie er ganz eigene Wege geht: In der Radikalität der sozialen Konsequenz erreicht Bloys »Theologie« ihren Höhepunkt und bleibt bis heute prophetisch aktuell. Dies ist noch weiter zu vertiefen.

Viertes Kapitel

Das Blut des Armen

»Das Recht auf Reichtum, diese tatsächliche Verneinung des Evangeliums, diese menschenfressende Verhöhnung des Erlösers, wird in alle Gesetzbücher eingetragen. Es ist unmöglich, diesen Bandwurm auszureißen, ohne daß die Eingeweide mit zerrissen werden, und die Operation ist höchst dringend. Gott wird dafür sorgen. - 'Du hast nicht das Recht, dich zu freuen, wenn dein Bruder leidet', brüllt die endlose Menge der Verzweifelten von Tag zu Tag lauter.«[593]

I. Das Blut des Armen als Substanz des Wohlstands

1. Das Blut als Symbol des freiwilligen Opfers

Joseph Flory schickt »einen Liter seines Blutes«, lesen wir im Tagebuch Bloys.[594] Gemeint ist einer jener Geldbeträge, die das (Über-) Leben der Familie Bloy ermöglichen. Flory, der selbst kaum etwas hat, ist bereit, das Wenige zu teilen, seine Verehrung für Bloy äußert sich nicht in leeren Worten, er ist bereit, Bloys Leben tatkräftig zu unterstützen, indem er dafür etwas »von sich« gibt, nicht nur etwas von seinem Überfluß, sondern »einen Liter seines Blutes«, ein wirkliches Opfer. Für Bloy besteht aber gerade darin die einzig wirkliche Hilfe: »die unbedingte, die restlose Hingabe seiner selbst, so wie Jesus es getan hat«[595]. Denn nur die Liebe kann heilen, und »Liebe gibt sich ganz«[596], ohne Vorbehalt. Bloy hat diese Liebe in zahlreichen Freundschaften hilfreich und rettend erfahren, am tiefsten und schön-

---

593 Blut 177.

594 »Ich besitze einen unerhört unwahrscheinlichen Freund, einen sehr armen Tschechen, der mir jedesmal, wenn er mich dem Tode nahe glaubt, mittels telegraphischer Geldanweisung einen 'Liter seines Blutes' schickt. Hört es, oh meine französischen Verehrer! Der Fall wird beim Jüngsten Gericht zur Sprache kommen«: TB III, 196.

595 Vgl. TB III, 105.

596 Vgl. TB I, 66.

sten in der Begegnung mit Jeanne Molbech, seiner späteren Frau. Er hat auch erfahren, wie schmerzlich es ist, wenn diese Liebe ausbleibt und die Not den Einsamen antrifft, der ihr nichts entgegenzusetzen hat. Das Leiden trifft den - ohne Freundschaft endgültig - Schutzlosen, »bis zu todmattem Siechtum verzehrt von der ungeheuren Sehnsucht, zu lieben und geliebt zu werden«[597]. Einzig helfen kann hier eine Person, die bereit ist, »das Almosen ihrer selbst« zu geben[598], das für Bloy immer auch - wenn irgend möglich - großherzige materielle Unterstützung mit einschließt. Hier zählt wieder, was wir früher schon sahen: »Einen Freund erkenne ich daran, daß er mir Geld gibt.«[599] Bloy hatte solche Freunde. Über Henry de Groux finden wir z.B. in seinem Tagebuch: »De Groux erklärt mir, 'er schäme sich Uhrgehänge zu tragen, während ich vor Hunger krepiere', und läßt mir 50 Francs zukommen.«[600]
Die Hingabe allein ist es aber auch, die den *Gebenden* heilt, da sie ihn von seinem Egoismus, der ja *die* Folge der Sünde Adams ist, befreit und ihn mit Christus eint. »Da sie Bilder und Abbilder Gottes sind, versteht es sich von selbst, daß die Menschen gemacht sind, um immer zu geben, und daß die, die nicht geben, sich den Dämonen gleichgestalten.«[601] Angesichts einer Ansichtskarte aus Lourdes kommt Bloy darum die Idee:

> »Bei dieser Gelegenheit empfinde ich wieder einmal meine nun schon so alte, schmerzliche und an sich geradezu ungeheuerliche Abneigung gegen diese geheimnisumwitterte Stätte, welche - Gott sei es geklagt - nachgerade zur zentralen Senkgrube des zeitgenössischen Gefühlskitsches geworden ist. Was ich verlange, ist zweierlei: Erstens: einen Christen, der nach Lourdes wallfahrtet, nicht um von Leid zu genesen, sondern um Leid zu empfangen, und zweitens: einen weiteren Christen, der im Gelde schwimmt, in Lourdes durch ein unbezweifelbares Wunder geheilt wird und heimkehrt, um sofort all seinen Besitz unter die Armen zu verteilen.«[602]

---

597 Vgl. Braut 46.

598 Vgl. TB II, 229.

599 TB I, 58.

600 TB I, 87.

601 J II, 336.

602 TB II, 298f.

Für Bloy ist klar: Solange der Arme schreit, kann es keine »Millionäre mit goldenem Herzen« geben.[603] Im Klartext: »Jeder Mensch, der außer dem, was zum körperlichen und geistigen Leben notwendig ist, noch etwas besitzt, ist ein Millionär und infolgedessen ein Schuldner derer, die nichts besitzen.«[604] Die Verweigerung, das nicht unbedingt Notwendige auszuteilen, hat den Mangel der anderen zur Folge, ja verursacht diesen sogar, ist also erbarmungslos und ohne Mitleid, denn es gibt kein Mitleid, das helfen kann und nicht hilft. Solange der Reiche also noch ein Reicher ist, ist er unfähig zum Mitleid, das diesen Namen wirklich verdient[605]: »Die Erfahrung meines grausamen Lebens sowie die religiösen Meditationen haben mich gelehrt, daß es keine 'guten Reichen' geben kann und daß das Mitleid einzig und allein bei den Armen zu Hause ist.«[606] Und er stellt fest: »Es ist fast nie vorgekommen, daß einer dieser geldgeschwellten Christen einen tränenberieselten Bruder in die Arme nahm, um ihn durch Zahlen seines Lösegeldes mit einem Teil seines Überflusses wirklich und in einem Mal zu retten.«[607]

2. Das Blut als Symbol des unfreiwilligen Opfers

Die Hingabe, ursprünglich das Gesetz der Liebe, wird in der sündigen Welt zum Gesetz des Bösen: Anstatt mich selbst hinzugeben, gebe ich den anderen hin. Die Raffgier des einen fordert das Opfer des anderen. Bloy verdeutlicht dies an zahlreichen Beispielen. Hören wir eines von

---

603 »On me parle d'un millionnaire pieux qui refuse de venir en aide aux pauvres, quoiqu'il ait un coeur d'or. C'est incroyable ce qu'il y a de coeurs d'or dans le monde, surtout parmi les catholiques opulents!«: J III, 302.

604 Blut 197. - An anderer Stelle läßt er einen Künstler zu einem Millionär sagen: »Sie sind Millionär, was wollen Sie dann hier? Sie sind Millionär und besitzen einen dieser häßlichen Wagen, die ich verabscheue, und Sie gebrauchen ihn nicht einzig und allein zu dem Zwecke, den Armen zu Hilfe zu eilen? Sie verstehen schon recht, um den Armen zu helfen, die ihnen anvertraut sind mit ihrem Unglück und die weinend auf Sie warten. Und deshalb sind Sie ein infamer Schuft, der die Armen bestiehlt! Denn schließlich schulden Sie das Geld, das Sie nichts gekostet hat als die Schande, es von ihrem Vater geerbt zu haben, der wahrscheinlich ein Räuber war, streng genommen den Bedürftigen, und Sie können es nicht behalten, ohne der feigste und erbärmlichste aller Halunken zu sein«: ebd. 253.

605 Das ist der Grund für Bloys Abneigung gegen Caritasbazare!

606 TB I, 94.

607 Verzw 220.

der Arbeit in den Kolonien, die nach Bloy wegen des Elends, das die Eroberer über sie gebracht haben, »ein Bild der Hölle sind, soweit dieses Reich der Verzweiflung für uns überhaupt vorstellbar ist«[608]:

»Zehn- oder zwanzigtausend Menschen, die wie Tiere ernährt werden, sind auf den unermeßlichen Diamantenfeldern buchstäblich eingesperrt. Diese Arbeiter sind Sklaven einer Bergwerksgesellschaft, die es sogar den Kindern verbietet, ihre Väter zu besuchen, die ohne Gnade und Barmherzigkeit an der Ausbeutung des Diamantenfeldes arbeiten. Wenn durch den ungeheuren Wert der Steine und die anscheinende Leichtigkeit, sie zu stehlen, in Versuchung geführt, einige dieser Versuchung erliegen, so müssen sie sich auf grauenhafte Züchtigungen gefaßt machen, wenn die Aufseher sie erwischen. Dann strömt ihr Blut dem Bach des Blutes zu, das schon vorher für die schauderhafte Eroberung dieses Landes vergossen wurde, dieses Landes, das durch den Geiz einiger Kapitalisten in eine Kolonie der Hölle verwandelt worden ist.«[609]

In solchen und ähnlichen Beispielen wird deutlich, was Bloy meint, wenn er sagt, »daß die Freude des Reichen zur Substanz den Schmerz des Armen hat«[610]. Diese Freude muß bezahlt werden. Sie wird bezahlt vom »Blut der Armen«[611], von dem Blut, das fließt, damit das Leben der Reichen angenehm und unbeschwert bleibt. Bloy erinnert an die Ermüdung, den Hunger, die Tränen, die Bitterkeit und die Angst der armen, zur Arbeit gezwungenen Kinder, die Kehrseite der feinen Wäsche der »jungen Tochter aus vornehmem Hause«.[612] Und er kommentiert: »Schaurige Lage der Besitzenden, die aus Standesrücksichten dazu verdammt sind, die Armen, von denen sie ihr Geld beziehen, zu verfolgen, ohne die zuweilen grauenvollen Entbehrungen, Leiden, ja tiefste Herzenstrauer sehen zu wollen, die dieses Geld verkörpert... - 'Ich will, sagt der Moloch, daß die Kinder sterben.'«[613] Die Ungerechtigkeit des Handels und des Kreditgeschäftes, wo sich die einen

---

608 Vgl. Blut 236. Und Bloy fügt hinzu: »Es ist ein Glaubensartikel, daß Jesus nach seinem letzten Seufzer zur Hölle hinabgestiegen ist, um die leidenden Seelen aus ihr wegzuführen, die allein von ihm befreit werden konnten.«

609 Ebd. 213.

610 TB II, 286.

611 Vgl. Blut 175.

612 Vgl. ebd. 262.

613 TB I, 250.

auf Kosten der anderen bereichern[614], die Fabrikarbeiterinnen und Fabrikarbeiter, die Tag und Nacht arbeiten und doch nicht von ihrer Arbeit leben können[615], die Kohlenkumpel, die ihr Leben ruinieren für die Wärme in den Wohnzimmern der Reichen, während ihren Kindern die Zähne klappern[616], die Väter, die das Brot ihrer Kinder den Vermietern geben müssen[617] - all das sind weitere Themen Bloys. Endlos sind die Verbindungen, subtil, unsichtbar, viele ebenso grausame und erschreckende bleiben verborgen. Darum wendet er die gesamte Gewalt seiner Sprache auf, um hinzustoßen auf das Unrecht, das die Armen verzweifelt macht und die Reichen nicht kümmert.

3. Krieg gegen die Armen

»Ob Sie es zugeben oder nicht, Herr Krämer, Sie sind der Hüter aller Ihrer Brüder, und wenn Ihr schmutziges Geschäft an dieser Bruderliebe zugrunde geht, - um so besser für Sie. Dann werden Sie denen gleich, die leiden, und die Freiheit der Seele gewinnen.«[618]

Wenn Bloy über den Handel[619] spricht, dann spiegelt das zuallererst seine eigenen demütigenden Erfahrungen. Er bleibt aber nicht in diesem engen Bereich, sondern seine eigenen Erfahrungen machen ihn sensibel für weltweite Vorgänge.
Handel, sagt er, ist »Krieg gegen den Armen«, »weil er den Armen verschlingt«.[620] Er belegt dies so:

»Die Kleinhändler aller Art, Bäcker, Metzger, Schlächter, Kohlenhändler und auch die Vermieter usw., verdienen in Wirklichkeit nur an den

---

614 Vgl. ebd. 264.

615 Vgl. ebd. 258f.

616 Vgl. ebd. 188f.

617 Wir hören hier Bloys eigene quälende Erfahrung: »Man muß selbst ein Armer gewesen sein, um verstehen zu können, was es bedeutet, wenn man unaufhörlich die beste Frucht seiner Arbeit und seines Kummers, die Blume des Blutes seiner Kinder, weggeben muß, um einem faulen, großen oder kleinen Schmarotzer den Wanst zu füllen ...«: ebd. 240.

618 Blut 269.

619 »Im Grund heißt 'handeln': sehr teuer verkaufen, was billig gewesen ist, wobei man nach Möglichkeit über Quantität und Qualität zu täuschen versucht«: ebd. 266.

620 Vgl. ebd. 264.

Armen, die immer unfähig sind, sich mit Vorräten zu versehen oder Gelegenheiten auszunutzen. Die Hälfte von fünf ist drei, das ist die Rechenkunst der Kleinhändler. Ein Kilo Brot kostet fünfunddreißig Centimes. Der Arme, der sich nur ein Pfund auf einmal kaufen kann, muß vier Sous dafür bezahlen. Wenn er zweimal am Tage Hunger hat, so hat ihm im Verlauf des Monats der Bäcker 1 Franc 50 Centimes gestohlen. So ist es immer.«[621]

Ein anderes Beispiel für die Verruchtheit des Handels ist der Handel mit Geld, der Kredit. »Ich zwinge Sie doch nicht, zu mir zu kommen, sagt der Wucherer, der im innersten Wesen eines jeden Kaufmanns verborgen ist. - Das ist klar, du Hundsfott, du zwingst mich nicht; aber die Notwendigkeit, die unüberwindliche Notwendigkeit zwingt mich, und das weißt du ganz genau.«[622] Wie schnell diese Notwendigkeit in eine lebenslange Abhängigkeit münden kann, schildert Bloy an einem Beispiel:

»Eine arme, alte Frau schuldet einer Dame von der 'Caritas' an die zehn Francs. Die Dame sagt zu ihr: 'Sie können mir kein Geld geben, Sie werden mir also Ihre Arbeit geben.' Die Unglückselige, erfüllt von dem Verlangen, ihre Schulden zu bezahlen, arbeitet also; sie besorgt den Haushalt, die Wäsche, die Küche und die Näherei. So vergehen Wochen, Monate und Jahre. Der Tod kommt. Sie schuldet immer noch die zehn Francs und obendrein eine ewige Dankbarkeit.«[623]

Dieses Beispiel ist eine Parabel, die sich auch auf weltweite Kreditgeschäfte mit den Armen übertragen läßt, die im Kleinen wie im Großen immer den Kürzeren ziehen. Es braucht diese Armen, damit der Profit der Reichen stimmt, ja, die Armen sind nötig, um die Reichen zu schaffen. »Genügen hunderttausend Arme, um einen Reichen zu schaffen? Das ist im Abendland eine Frage. In Asien, im riesenhaften

---

621 Ebd. 264f.

622 Ebd. 266.

623 Ebd. 199. - Der männliche »Wohltäter« stellt die Sache anders an: »Auf der Schwelle eines Pfandhauses wird ein reicher Mann angesprochen. - Was tun Sie denn hier? Sie wollen doch bestimmt nichts verpfänden. - Ich suche eine günstige Gelegenheit. Zuweilen trifft man hier nämlich kleine, hübsche Frauen, die keinen Freund haben und aus Armut gezwungen sind, das Kostbarste, was sie haben, zu versetzen. Manche weinen sogar, was sie noch niedlicher macht. Man wirft sich zu ihrem Retter auf, und zehn gegen eins, wenn man es geschickt anfängt, wird man von ihnen belohnt. Das kostet nicht viel, und man hat außerdem ein gutes Werk getan«: ebd. 192.

Völkergewimmel Chinas oder Indiens, sind vielleicht eine Million dazu nötig.«[624]

Um des Geldes der Reichen willen wird das Brot der Armen dem Meer übergeben: »Im Winter 1897/98 ließ ein berühmter amerikanischer Spekulant, um die Getreidehausse auf dem Weltmarkt zu halten, siebzig Millionen Hektoliter Korn ins Meer werfen, zwei oder drei Stunden weit von New York weg. Dieser Mann, der so den Lebensunterhalt eines großen Reiches zerstörte, hatte in der Taufe oder auch anderswo den Namen Josef erhalten, was 'Hüter des Brotes' bedeutet.«[625] Doch das eigentliche Brot ist für den Reichen das Geld. »Man muß essen, um zu leben«, sagt ein Gemeinplatz der Bürger. Bloy kommentiert:

> »Daß man nicht leben kann, ohne zu essen, wurde schon dargelegt, es ist daher fast müßig, die Lebensnotwendigkeit des Geldes nachzuweisen. *'Es verschlingt Geld!'* ächzen im geheimen die Familienväter. Eine ungemein erhellende Redewendung! Aber was soll man denn verschlingen, wollen Sie mir das sagen, wenn nicht Geld? Gibt's denn sonst etwas Verschlingbares auf der Welt? Liegt es nicht klar am Tage, daß das Geld eben jener Gott ist, der will, daß man ihn verzehre, der einzige Spender des Lebens, das lebendige Brot, das Brot des Heils, der Weizen der Auserwählten, die Speise der Engel, zugleich aber auch das verborgene Manna, das die Armen vergeblich suchen?«[626]

Die Gewinnsucht bzw. die Sucht nach Reichtum schreckt auch nicht davor zurück, Menschenopfer zu bringen. Als Beispiel nennt Bloy die Perlenfischerei.

> »Die Manga-Reva-Inseln, die zum südlichen Zipfel des Archipels gehören, hatten bei ihrer Entdeckung 25 000 Einwohner. Jetzt haben sie nur noch 500. Die Damen und die Haifische haben die anderen alle verschlungen. Diese armen Menschen sind, von den Europäern angestachelt, Taucher geworden. Beim Signal zum Tauchen stürzen sich Männer, Frauen und Kinder ins Meer. Wer nicht von den Haifischen aufgefressen wird, wer von Kongestion und Schlagfluß verschont bleibt, wird von der Schwindsucht oder dem Alkohol getötet oder kommt um in den

---

[624] Ebd. 260.

[625] Ebd. 228.

[626] Léon Bloy, Dem Teufel aufs Maul geschaut, 17f.

häufig auftretenden Zyklonen. So stirbt das Volk der Maoris, eines der schönsten Völker der Welt.«[627]

Bloy faßt die Ungeheuerlichkeit zusammen: »Ein bescheidenes Perlenhalsband im Werte von 60 000 Francs ist die Bezahlung des Frühstücks von sechzig Haifischen und repräsentiert den grauenhaften Tod von sechzig Geschöpfen, die nach Gottes Ebenbild geschaffen sind und kaum von ihrem grausigen Handwerk leben konnten.«[628]
Wir könnten noch lange fortfahren, Beispiele für den »Krieg der Reichen gegen die Armen« im Werke Bloys anzuführen. Immer würden wir auf die gleichen grausamen Zusammenhänge gestoßen. Auch wenn manches bewußt überzeichnet ist, um die Aufmerksamkeit auf sonst zu leicht Übersehenes zu lenken, dürfte deutlich genug sein, daß die Beispiele Bloys bis heute nichts von ihrer Aktualität eingebüßt haben und sich nicht nur aus dem Werk Bloys, sondern auch aus der Tageszeitung geradezu endlos ergänzen ließen.

4. Das Blut der Armen ist das Geld

Erinnern wir uns an das Gesetz des übernatürlichen Gleichgewichtes, durch das jede Freude vom Leiden eines anderen bezahlt wird.[629] Von daher wundert es wenig, daß Bloy das »Blut der Armen« als »Geld« bezeichnet: Das Blut, Symbol des Opfers, ist *das* Zahlungsmittel im Gefüge des Gleichgewichtes. »Das Blut des Armen ist das Geld. Man lebt davon und stirbt daran seit Jahrhunderten. Es ist der ausdrucksvolle Inbegriff alles Leidens.«[630] Die Reichen »lassen das Geld arbeiten«. Bloy denkt über diesen Gemeinplatz nach:

> »Arbeiten im Sinne des lateinischen laborare heißt *leiden*. Daher läßt man das Geld, das Gott ist, leiden. Natürlich auf das allerschmachvollste. Das Anspucken ausgenommen - denn der Bürger 'spuckt nicht aufs Geld' - , bleibt ihm kein Schimpf erspart. Man preßt alles aus ihm heraus. Man preßt das Blut der Armen aus ihm heraus durch die Tortur todbringender Arbeiten. Völker gehen zugrunde in Fabriken und licht-

---

627 Ebd. 225.

628 Ebd. 226.

629 Vgl. oben S. 78.

630 Blut 175.

losen Katakomben, damit verfeinerte Kapitalisten ihre Töchter betten können auf Samt und Seide und diese die Muße haben für 'das geheimnisvolle Lächeln der Gioconda'. Das heißt: das Geld arbeiten lassen!«[631]

Bloy spricht vom »außerordentlichen Geheimnis« des Geldes[632], weil es eigentlich sichtbar macht, was unsichtbar, d. h. also einzig wirklich, vor sich geht. »Stellt das Geld nicht das Leben der Armen dar, die sterben, weil sie keines haben?« fragt er.[633] Für Bloy ist alles, was ein Mensch besitzt, »Besitz der Armen«[634], und was nicht unmittelbar zum Leben nötig ist, ist ausschließlich dazu da, es zurückzugeben. »Jeder Reiche, der sich nicht als Verwalter und Diener des Armen betrachtet, ist der elendeste Dieb und feigste Brudermörder. Das entspricht dem Geist des Christentums und ist den Tiefen des Evangeliums entnommen.«[635] Denn der einen Überfluß ist der anderen Mangel. Aber gerade von diesem Überfluß ernähren sich die Wohlhabenden so köstlich. Und sie tun es nicht nur im wörtlichen Sinn - im Gefüge der sichtbaren Welt, sondern eben auch im verborgenen Sinn - im Gefüge der unsichtbaren Welt. »Das Blut und das Fleisch der Armen sind die einzigen Nahrungsmittel, die ernähren können; denn die Substanz des Reichen ist nur Gift und Fäulnis. Es ist also eine hygienische Notwendigkeit, daß der Arme vom Reichen gefressen wird, der ihn sehr gut findet und nicht genug davon bekommen kann.«[636] Die Reichen sind der Meinung, sie hätten einen Anspruch

---

631 Léon Bloy, Dem Teufel aufs Maul geschaut, 18f.

632 Vgl. Jud 318.

633 Verzw 388. - Ein andermal bringt ein Armer seinem Vermieter »Geldstücke, die das Blut meiner Kinder sind oder das meine, das ich Tropfen für Tropfen ausgeschwitzt habe«: vgl. Léon Bloy, Dem Teufel aufs Maul geschaut, 103.

634 Vgl. TB II, 93f.

635 Verzw 389.

636 Blut 188. - Stanislaus Fumet kommentiert: »Il y a là une anthropophagie qui relève à peine de la métaphore, ou qui, en tout cas, exprime si parfaitement une réalité de la vie sociale, où les uns mangent et les autres sont mangés, où les uns sont les consommateurs et les autres les consommés, où, ai-je moi-même écrit à propos de Léon Bloy, 'les uns entrent dans la composition de l'hostie et les autres s'en nourrissent - et ce ne sont pas les mêmes', - que l'habitude prise par les riches de manger le pauvre en secret, comme il a toujours semblé naturel aux sociétés organisées que les uns vécussent du travail des autres...«: Léon Bloy. Captif de l'absolu, 235.

auf diese »Mahlzeit«, und sie »werden zu spät einsehen, daß das Geld, dessen stolze Nutznießer sie waren, ihnen durchaus nicht gehörte«[637]. Die Reichen sind also die »Gläubiger« der Armen und der »Zahltag« wird kommen. Es ist die tiefe Ahnung davon, die viele Reichen die Armut fürchten läßt, vermutet Bloy. »Die Reichen haben Angst vor der Armut, weil sie ein dunkles Vorgefühl von dem Sühneausgleich haben, in den auch sie durch das Vorhandensein der Armut verwickelt sind. Sie erschreckt sie wie das düstere Gesicht eines Gläubigers, der kein Erbarmen kennt.«[638]

5. Das Geld ist Jesus Christus

Die Reichen vermuten nicht allein den Armen als Gläubiger des Jüngsten Gerichts hinter der Armut, die sie ängstigt. Nein, sie »ahnen, daß die Armut das Antlitz Christi selbst, das angespieene Antlitz ist, das den Fürsten der Welt in die Flucht schlägt, daß es vor ihm unmöglich ist, die Herzen der Armen beim Klang der Flöten und Oboen zu verspeisen.«[639] Wir haben bereits gesehen: »Es ist unmöglich, irgendeine Kreatur zu schlagen, ohne Jesus zu schlagen.«[640] Immer leidet Jesus mit, ja er leidet *in* den Armen. Einen Priester läßt Bloy in seinem Roman »Die arme Frau« in Gedanken bedauern, daß er den vor ihm sitzenden Hausbesitzern kurz vor dem von den Armen gefürchteten Zahltag nichts Wirkliches zu sagen wagt: »Ach, warum kann ich nicht in euch aufschreien, in euren fleischlichen Herzen Sturm läuten, euch die heilsame Unruhe, die heilige Angst einflößen, daß sich unter euren Opfern euer Erlöser befindet? 'Ego sum Jesus quem tu persequeris!' wird dem heiligen Paulus gesagt, der wütend gegen die Christen rast...«[641] So ist das Blut der Armen wirklich sein Blut, und damit das Blut Jesu *das Geld schlechthin*.

> »Sein Blut ist das Blut des Armen, durch das die Menschen 'erkauft sind um hohen Preis'. Sein kostbares Blut, das ganz rot und ganz rein

637 Verzw 389.

638 ArmeFr 228.

639 Ebd.

640 Vgl. oben S. 66.

641 ArmeFr 354.

ist, kann alles bezahlen. Das Geld muß also sein Abbild sein: das Geld, das gegeben wird, das ausgeliehen wird, das verkauft wird, das verdient wird, das gestohlen wird; das Geld, das tötet und lebendig macht wie das Wort, das Geld, das man anbetet, das eucharistische Geld, das man trinkt und ißt.«[642]

Als Jesu Blut ist das Blut der Armen zugleich aber auch *das* Mittel der Sühne schlechthin, es ist der Inbegriff der Erlösung, die damit alles vorschnell Triumphalistische und Kitschige verliert. Angewidert kommentiert Bloy darum die zeitgenössische Herz-Jesu-Verehrung: »Es gibt nichts Beklagenswerteres. Wehe den Christen, die nur Rosen sehen, während das rote Blut in Strömen aus dem göttlichen Herzen fließt!«[643]

Weil Jesus Christus im tiefsten Sinn »das Geld« zur Bezahlung unserer Sündenschuld ist, schreibt Bloy dem Geld überhaupt jene geheimnisvolle Symbolkraft zu, die es so anziehend macht. Es ist das Abbild Jesu Christi, und wer sich von Jesus Christus abwendet, wird unmittelbar beim Geld landen. Das Geld ist der Götze schlechthin.

»Gewiß, der moderne Geizhals, der Hausbesitzer, der Kaufmann oder der Industrielle, betet keine Geldsäcke an oder Banknotenbündel auf einem kleinen Altar und in einer kleinen Kapelle. Er kniet auch nicht vor dem, was er anderen Menschen geraubt hat, und er bringt diesem Raub keine Gebete oder Lobgesänge dar im Dufte des Weihrauchs. Aber er verkündet, daß das Geld das einzige Gut ist, und er gibt ihm seine ganze Seele. Das ist eine aufrichtige Verehrung ohne Heuchelei, ohne Lässigkeit, ohne Verleugnung. Wenn er in der Niedrigkeit seines Herzens und seiner Sprache behauptet, daß er das Geld liebe um der Freuden willen, die es verschafft, so lügt er oder täuscht sich selbst in erschreckender Weise, weil diese Behauptung im selben Augenblick, da er sie ausspricht, Lügen gestraft wird durch seine Taten, durch die Anstrengungen und Qualen, zu denen er sich gerne verdammt, wenn es um die Erwerbung oder Erhaltung dieses Geldes geht, das doch nur das sichtbare Abbild des Blutes Christi ist, das in allen seinen Gliedern fließt.«[644]

---

642 Blut 175.

643 TB I, 163.

644 Blut 289.

Diese offensichtliche Anbetung inspiriert Bloy zu beißenden Bemerkungen über den Gemeinplatz »Geld macht nicht glücklich«. Er fragt sich, warum der »Bürger und Scheinchrist« nicht einfach - wie ja andere Leute auch - sagen kann: »Ja, das Geld macht glücklich«? Davor schreckt er zurück. Warum? Bloy spottet: »Du brauchst nicht bangen, daß dir bei der Erwähnung des Geldes das 'Haupt voll Blut und Wunden' erscheinen könnte!« Und ganz im Stil der »Exégèse des lieux communs« weiter: »Ich habe darauf hingewiesen, daß das in unserer Zeit bezeichnenderweise abgewertete Geld oder Silber in der Schrift als ein Gleichnis des leidenden Wortes gilt, der zweiten Person der göttlichen Dreifaltigkeit, des Heilands also. Zu sagen, daß er nicht glücklich macht, ist für einen Christen eine kühne, an Frevel grenzende Behauptung...«[645]

II. Das Blut der Armen ist Christus

Wir werden uns nun noch einmal auf einem anderen Weg dem Gedanken, daß das Blut der Armen Jesu Blut und einziges Mittel der Sühne ist, nähern.

1. Verlangen und Trost

»Consolationem vestram. Welche Trostlosigkeit wird im Gegensatz zum Wortsinn durch dieses unauslöschliche Wort umschlossen und andererseits welches Verlangen! Das Verlangen, Brot zu haben, ein wenig guten Wein zu haben, der das Herz erfreut, das Verlangen nach den Blumen und der Luft der Felder, nach allem, was Gott für die Menschen ohne Unterschied erschaffen hat; vor allen Dingen aber das Verlangen nach der Ruhe des Feierabends, wenn die Angelusglocke läutet. - Meine Kinder und meine Frau werden sterben, verurteilt von Tausenden meiner Brüder, die sie retten würden, wenn sie nur das Fressen für einen ihrer Hunde weggäben.«[646]

Wie sehr das Verlangen einen Menschen prägen kann, weiß Bloy aus eigener Erfahrung. Niemand erlebt das Verlangen so pur wie der

[645] Léon Bloy, Dem Teufel aufs Maul geschaut, 40.

[646] Blut 198f.

Arme. Nun macht Bloy auf etwas Wichtiges aufmerksam: Haben die Reichen auch Verständnis, wenn der Arme sich nach dem Lebensnotwendigen sehnt, so befremdet sie doch sein Verlangen nach »Tröstungen und Freuden«. »Der Gedanke, daß ein Armer sich Tabak gekauft oder sich eine Tasse Kaffee gegönnt hat, ist ihnen unerträglich.«[647] Denn die »Tröstungen und Freuden« sind ihrem Empfinden nach den Reichen vorbehalten. Bloy hingegen fordert: Das Verlangen des Reichen sollte »vor allen Dingen auf seinen notwendigen Anteil an den Leiden des Armen gehen und das des Armen auf seinen notwendigen Anteil an dem Überfluß der Tröstungen, mit denen der Reiche überhäuft wird«[648]. Es geht hier wieder um eine Art Gleichgewicht, um die Balance von Verlangen und Trost, entsprechend der Balance von Schuld und Leid: Wie die Schuld nur durch Leiden ausgeglichen werden kann, so müssen die Tröstungen der Reichen vom Verlangen der Armen bezahlt werden. Dieser Trost der Reichen ist aber ein verhängnisvoller Trost, verhängnisvoll, weil - während sie sich mit ihrem Überfluß trösten - »die Armen für sie leiden«[649]. Und wie die Armen leiden, so sehr nach dem Trost verlangend, den die Reichen ihnen vorenthalten!

Bloy blickt in diesem Zusammenhang auf das im Evangelium oftmals bezeugte Gericht und warnt: »Sie behalten ihren Trost für sich, ihren entsetzlichen Trost, und welch ein Todeskampf, wenn sie, da sie auf Grund unaussprechlicher Abrechnung jedes Stück ihres mörderischen Reichtums abbüßen müssen, diesen Berg der Qualen auf sich zukommen sehen, ehe sie sterben.«[650] Es gibt eine Reversibilität, einen Ausgleich am Ende unserer Zeit[651]. Und es ist unzulässig, dies zu verschweigen - im Interesse der Armen, denen damit die Hoffnung ge-

---

647 Vgl. ebd. 198.

648 Ebd.

649 Ebd.

650 Ebd.

651 Vgl. oben S. 81. Ein armer Künstler wirft darum einem Millionär an den Kopf: »Wenn ich das Unglück hätte, reich zu werden, Herr Millionär, so hätte ich nichts Eiligeres zu tun, als wieder arm zu werden, damit ich das Recht hätte, guten Wein zu trinken und delikates Geflügel zu essen. Die wohlschmeckenden Dinge sind ausschließlich für die Armen da, und die Reichen haben nur ein Recht auf Schmutz und Qualen«: Blut 254.

raubt wird[652] (Bloy kann von einem »völligen Vergessen des Gebots, den Armen das Evangelium zu künden«, sprechen[653]), *und* im Interesse der Reichen, denen damit die Chance der Umkehr genommen wird. »Gibt es einen Priester, der über folgenden Text zu predigen wagte: 'Vae vobis divitibus, quia habetis consolationem vestram - Wehe euch ihr Reichen, die ihr euren Trost habt!'? Das ist zu gefährlich, zu evangelisch, zu wenig liebevoll.«[654] Doch das Verschweigen ist nur vordergründig »liebevoll«. Zudem war es ganz und gar *nicht* die Art Jesu! Er verkündete: Der Trost wird den Armen gehören, die dafür getröstet werden, daß ihnen die Güter in dieser Welt versagt geblieben sind (vgl. Lk 17,25). Gott selbst wird also »nachholen«, was die Reichen hier verweigert haben, indem sie nicht dem Gesetz Christi - dem Geben -, sondern dem Gesetz der Sünde - dem Nehmen - gehorcht haben.[655] In der Erwartung dieses Gerichts schreibt Bloy: »Das Verlangen der Armen muß einmal die Reichen furchtbar anklagen.«[656]

Wohlgemerkt, es geht hier nicht um bloßes Almosengeben, denn selbst noch im Almosengeben verletzt der Reiche den Armen, weil er ihm nicht gerecht wird und das Verlangen des Armen nicht wirklich erfüllt.

»Wer nicht ein ausgesprochener Bösewicht ist, gibt Almosen, das heißt, er gibt einen sehr geringen Teil von seinem Überfluß, - es ist das Vergnügen, das Verlangen des Armen zu schüren, ohne ihm zu genügen. Der Almosengeber opfert die andern, das heißt er gibt das, was den andern gehört, denn das ist sein Überfluß. Der liebende Christ aber gibt sich selbst, indem er das gibt, was er selber notwendig hat, und dadurch

---

652 Vgl. oben S. 51.

653 Vgl. Verzw 50.

654 Blut 198.

655 Bloy legt großen Wert darauf, daß das Evangelium eben nicht unterscheidet zwischen *guten* und *schlechten* Reichen, sondern von den Reichen allgemein spricht. »Ein schlechter Reicher - wenn man Wert darauf legt - ist wie ein schlechter Beamter oder ein schlechter Arbeiter, das heißt ein Mensch, der sein Handwerk nicht versteht oder untreu ist in der Verwaltung. Der schlechte Reiche ist also derjenige, welcher gibt und durch viel Geben ein Armer wird, 'ein Mann des Verlangens', so wie der Prophet Daniel, der das Vorbild Jesu Christi war«: Blut 201.

656 Ebd. 197.

erst wird das Verlangen des Armen erfüllt. So sagt das Evangelium und damit basta.«[657]

Billiger geht es für Bloy nicht, es gibt kein Christsein ohne Hingabe - ohne Hingabe an Gott, ohne Hingabe an den Armen. Die Umwandlung der christlichen Botschaft als eine für jede und jeden »so tröstliche«[658] bagatellisiert die Armen und ihre Not ebenso wie die Reichen und ihre Verantwortung und wird bedeutungslos - für die Armen *und* für die Reichen. Es bleibt ein Gott, der alles und jeden versteht, alle ohne Unterschied liebt und an sein göttliches Herz drücken wird[659], dem also irgendwie auch alles »egal« ist. Dies aber ist für den Armen geradezu entsetzlich, denn die Neutralität Gottes überließe ihn einsam seinem Schicksal, ließe ihn in seinem Leiden allein. Der angeblich neutrale Gott wird zu einem Gott der Reichen. Hier wurzelt die »durch nichts zu übertönende, schreckliche Klage« - von Bloy aus dem Mund eines Armen vernommen: »Ach, der Himmel ist ja nicht für arme Leute wie wir.«[660] Dagegen erhebt Bloy - wie einst die Propheten (und mit ihnen auch Jesus) - lauthals Einspruch und ruft dem an seinem Vermögen festhaltenden Reichen zu: »Dein Geld aus Blut und Tränen wird geprüft vom Feuer, das den Kindern der Armen fehlt, wenn es draußen friert.«[661] Das Verlangen der Armen spricht das Gericht, »es ist der Augapfel Gottes, die Seitenwunde, aus der die letzten Tropfen des Blutstromes seines Sohnes fließen«[662] Dieses Verlangen ist Gott heilig, sein Wehgeschrei dringt ununterbrochen an sein Ohr (vgl. Jak 5,4). Und er wird diesen Schrei nicht unbeantwortet lassen![663]

---

657 Ebd. 200.

658 Vgl. den orginellen Artikel Bloys: La Religion est si consolante, in: Exégèse 228-230.

659 Man vergleiche dazu den wohl oft nur so dahergesungenen Satz eines Kirchenliedes, das nicht zufällig das Lied einer Kirche von Reichen ist: »In göttlichem Erbarmen liebt Christus alle gleich; die Reichen und die Armen beruft er in sein Reich«: Gotteslob 640,2!

660 Vgl. Blut 291.

661 Ebd.

662 Vgl. ebd. 201.

663 Einem Freund schreibt Bloy bezüglich einer Milliardärin, die sich weigert, einem von ihr verehrten Künstler zu Hilfe zu kommen: »Madame, lui dirais-je, pour tous vos millions et pour toutes les richesses de la terre, je ne voudrai pas être

2. Die Empörung Gottes

»Vor der Empörung Gottes gibt es keine Rettungsinsel. Sie ist eine scheue und hungrige Jungfrau, der man die Tür vor der Nase zugeschlagen hat, eine wahre Tochter der Wüste, die niemand kennt. Die Löwen, unter denen sie aufgewachsen ist, sind tot, verräterisch getötet durch Hunger und giftige Schlangen. Vor allen Türen wand sie sich vor Schmerz und bat, man möge sie aufnehmen, und es war keiner, der mit der Empörung Gottes Mitleid hätte. - Und doch ist sie schön, aber unverführbar und unermüdlich. Wenn sie vorübergeht, ruft sie so große Angst hervor, daß die Erde zittert. Die Empörung Gottes geht in Lumpen gekleidet und hat kaum etwas, ihre Nacktheit zu verbergen ... Ihre Augen sind düstere Abgründe, und kein Wort kommt mehr aus ihrem Munde.«[664]

Der sich über das Unrecht empörende Gott steht für Bloy im Gegensatz zu dem »Gott der Wollust und der Vornehmheit, dessen 'Joch sanft ist und dessen Last so leicht' - für die Unterdrücker«, und der die Menschen segnet, von denen die Armen umgebracht werden.[665] Bloy leugnet dabei nicht, daß Jesus Christus gekommen ist, alle Menschen, das heißt auch die Reichen, zu segnen und zu retten. In einem Brief schreibt er:

»Jesus sei für die Armen erschienen, sagen Sie. Ganz gewiß, aber ER ist gleichermaßen für die Reichen erschienen, auf daß diese aus Liebe sich ihres Reichtums begeben und sich freiwillig zu Armen machen, und Sie selber wissen ja, ohne daß ich Ihnen dies ins Gedächtnis zu rufen brauche, daß Tausende und Abertausende heiliger Männer und Frauen diesem Gebot gefolgt sind.«[666]

Für die Reichen ist Jesu Botschaft immer ein drängender Ruf zur radikalen Umkehr. Diesen Ruf sieht Bloy verhöhnt, wenn Reiche, die sich Christen nennen, statt einer wirklichen Hinkehr zu den Armen sogenannte Caritasbazare veranstalten, auf denen sie »tiefgerührt über die Verhungernden Champagner trinken«. Seine sarkastischen Kom-

---

à votre place un seul quart d'heure, parce que, pendant ce quart d'heure je pourrai mourir«: J III, 154.

664 Blut 186f.

665 Vgl. ebd. 186.

666 TB III, 100.

mentare zum Brand des Caritasbazars am 4. Mai 1897[667], haben hier ihren Grund.[668]

> »Vor nicht langer Zeit sind ganz vornehme Leute bei einer unwillkommenen Feuersbrunst in einem Augenblick zu brennenden Fackeln geworden. - Leute, die 'Gutes taten', wie ein berühmter Esel gesagt hat. Sie hatten aus dem weit aufgeschlagenen und sichtbar aufgestellten Evangelium eine hohe und eherne Mauer gemacht, um ihre Vergnügungen zu schützen, und diese Mauer ist glühend rot geworden und auf sie gefallen. Mit Schaufeln und Karren mußten die Menschen zu Bett gebracht werden.«[669]

Es geht Bloy darum aufzurütteln. Es ist eben nicht damit getan, sich in prächtigen Abendkleidern in der eigenen Wohltätigkeit zu baden (»Im Gegensatz zu dem verstaubten und unmodernen evangelischen Gebot weiß die linke Hand sehr genau, was die rechte tut. Die Rechte gibt mit großer Geste oder tut so, als ob sie gäbe, während die Linke auf der Seite des Herzens sie nach Kräften zurückhält.«[670]), weil der Erlös eines Bazars, bei dem der Arme verspeist wird, diesem wieder zugute kommt. Bloy deckt die heuchlerische Falschheit auf, mit der die Reichen - im Namen der *Caritas*! - ihr Gewissen beruhigen und das wirkliche Teilen unterlassen.[671] Für Bloy ist das Feuer immer Zeichen des Heiligen Geistes, und im Ausbruch dieses Feuers beim »Ca-

---

667 Vgl. z.B. Léon Bloy, TB II, 53-55.

668 Wir erwähnen dies, weil diese Kommentare bis heute für viele das Bild von Bloy prägen: So sagte der französische Präsident François Mitterrand am 20.7.93 über Bloy: »Er war ein merkwürdiger Katholik.« Und in der FAZ vom 22.7.93 lesen wir weiter, daß Mitterrand »aus dem Kopf eine längere Stelle, in der Bloy den Geruch brennender Menschenkörper rühmt«, zitierte.

669 Blut 229.

670 Ebd. 227.

671 In der Diktion Bloys klingt das so: »'Arme werden immer mit Euch sein', sagt das Evangelium, und dies erschreckende Wort, das die Besitzenden verdammt, ist gerade der Anlaß des Kannibalensophismus, der ihre Sicherheit begründet. Gott hat bestimmt, daß immer Arme vorhanden sind, damit die Reichen sich fromm darüber trösten, es nicht zu sein, dadurch, daß sie sich in der providentiellen Notwendigkeit bescheiden, ihre Zahl nicht zu vermindern. Arme sind ihnen also nötig, um sich selbst die Gefühlsamkeit ihrer zärtlichen Herzen so billig als möglich zu beweisen, mit Wucherzinsen auf das Paradies zu leihen, sich zu belustigen, zu tanzen, ihre Weiber bis zum Nabel ausgeschnittene Kleider tragen zu lassen, tiefgerührt über die Verhungernden Champagner zu trinken ...«: Verzw 220.

ritasbazar« sieht er ein Vorzeichen Seines Kommens, des von Bloy so sehnlichst erwarteten Gerichts, bei dem »die Verspottung der Armen« vergolten wird.

»Es kann überhaupt nicht schön genug sein, denn endlich ist der Tag des Herrn gekommen, der seit vielen tausend Jahren in den Sklavenhäusern, den Gefängnissen und den Gräbern erwartet wird; der Tag, an dem die Verspottung vergolten wird, die Verspottung, die so unendlich ist wie der Himmel, und die in der Heiligen Schrift 'göttliche Verspottung' (subsannatio) heißt. Das ist das wahre Fest der Caritas unter dem Vorsitz der Liebe in Person, des gefürchteten Vagabunden, von dem geschrieben steht, daß keiner seine Wege kennt, der niemandem Rechenschaft abzulegen hat, der geht, wohin es ihm gefällt. Das ist in Wahrheit das Fest der Armen, das Fest für die Armen, das Fest ohne eitle Hoffnung und ohne Enttäuschung. Ohne den Einsatz von Mittelspersonen bekommen die Armen in einer Sekunde auf wunderbare Weise und für immer alles, was die Reichen als Ergebnis ihrer Vergnügungen geben können, und noch weit mehr.«[672]

Bloys *Caritas* orientiert sich dagegen am Kreuz Jesu Christi, das für ihn ja der Heilige Geist ist[673]. Dieses Kreuz ist der Inbegriff des Mitleids, fern von allem Schmalzigen. Jesus sieht all das ungerechte Leid der Armen, und es läßt ihn Blut schwitzen:

»Jesus hängt am Kreuz des Elends, und er sieht diese Dinge. Er sieht auch andere, welche die Menschen nicht sehen können. Er sieht, wie solche Taten sich unendlich häufen, und er sieht den tiefen Abgrund seines eigenen Entsetzens. Deshalb also hat er gelitten und Angst gehabt, wie es die Leidensgeschichte erzählt. Soviel ich weiß, spricht die 'Nachfolge Christi' nicht von dieser Angst Jesu, die bestimmt größer war als alle menschlichen Ängste, und die trotzdem nachahmenswert sein müßte wie alles andere. Die Nachfolge in der Angst, die Blut schwitzen läßt! Nur müßte man wissen und glauben, daß wir in Wirklichkeit göttliche Geschöpfe sind von unendlicher Bedeutung und unendlichem Wert, 'Götter'. Ego dixi: Dii estis. Doch wir wollen es nicht wissen und leugnen es ohne Ende und Maß, wie falsche Götter.«[674]

---

672 Blut 230f.

673 Vgl. oben S. 8.

674 Blut 193.

Solange wir diesen »tiefen Abgrund des Entsetzens Gottes« angesichts des Leidens seiner Armen nicht wahrnehmen und uns von ihm erschüttern lassen, solange wir ihm unsere eigene Gleichgültigkeit andichten wollen, haben wir nichts verstanden von der Tragik der Liebe Gottes, nichts vom wirklichen Leiden Jesu Christi und infolgedessen auch nichts von der Nachfolge, die uns in ebendiese Liebe ruft, zu der wir befähigt sind, weil wir durch seine Menschwerdung mit ihm zu »Göttern« wurden, Teilhaber seiner rettenden Agonie.

3. Die alles Elend bündelnde Geschichte Gottes

»Der Reiche ist ein reißendes Tier von unersättlicher Blutgier«[675], notiert Bloy in seinem Tagebuch. Er ernährt sich, ohne jemals genug zu bekommen, vom Armen, von seinem Leid, das dieser durch ihn und für ihn (an seiner Stelle) zu tragen genötigt wird. Er jagt den Armen, und »der Jäger hetzt sein OPFER weiter und weiter *ohne doch je des* ERLÖSERS IN SEINEM BLUTE *gewahr zu werden*, DER *herbeigeeilt kam, ihm* SEINEN EIGENEN LEIB *zu bieten*«[676]. Denn das ist die Antwort Gottes auf das unermeßliche Leid der Armen, daß er selbst zum »vollendeten Armen, in dem die erlesensten Greuel des Elends zusammengerafft sind«[677] wird, daß er in seiner Empörung kein außenstehender »Zuschauer« ist, sondern sich jede einzelne Leidensgeschichte zu eigen macht, sie selbst durchleidet *in* allen Opfern der Geschichte. »Wie wäre es, wenn man es unternähme, alles Elend und jegliche Trübsal der Armen, all ihr Leid und all ihren Jammer zu einem riesigen Bündel, zu einer ungeheuren Garbe zusammenzuschichten? *Die Geschichte Gottes hätte man da*!«[678]
Genau betrachtet ist für Bloy nicht von der *Geschichte Gottes mit den Armen*, sondern von der *Geschichte der Armen als Geschichte Gottes* zu sprechen, und zwar in dem Sinne, daß er diese Geschichte selbst durchlebt, jedes einzelne Leiden selbst durchleidet. Daß das auch für die Armen eine immer neu schwer nachzuvollziehende Botschaft ist, weiß Bloy aus eigener Erfahrung!

---

675 TB II, 286.

676 Ebd.

677 Vgl. Verzw 152.

678 TB II, 223.

»EGO SUM RESURRECTIO ET VITA. Ist das nicht Dein Wort, o Herr? Schau her! Deine letzten Freunde, ja die Armen selbst, sind auf der Flucht! Deine Kreuzesstätte wird am Ende gar zu schauerlich! Und könnten jene, die zu Staub zerfallen sind, zu neuem Leben zurückkehren, glaubst Du nicht, daß dann auch diese laut schreiend beim Erschauen Deines lebenden Leichnams fortstürzen würden? Ehedem, o leidender Erlöser, da warst Du der Armen Vater, Du nanntest Dich ihr Haupt und sie nannten sich Deine Glieder, denn sie hofften auf Deine Herrlichkeit. Aber dies ist in Wahrheit zuviel, und wenn Du Deine Todesqualen auch nur noch hundert Jahre länger duldest, dann werden die Menschen Dich mit Recht den Vater der Toten nennen!«[679]

Der »lebende Leichnam« Jesu, das sind die jeweils heute Leidenden. Wir haben ja bereits gesehen, daß Bloy Jesus »immer nur am Kreuz« sieht, ständig »in Agonie«, in der Agonie seiner Glieder. Dort wartet er auf das endgültige Erscheinen der Herrlichkeit Gottes am Jüngsten Tag, den Bloy aufgrund der Visionen Anne-Maries noch in seiner eigenen Lebenszeit hereinbrechen sieht, deutlich empfindend, daß der Leiden nun mehr als genug wären. Doch der unbegreifliche Gott läßt sich von der Menschen Ungeduld nicht drängen!
Bloy starb 1917. Und doch sah er in aller Deutlichkeit die Last des Leidens, die - wie keinem anderen Volk - den Juden aufgebürdet ist. In und mit ihnen leidet Jesus Christus Agonie. Sie sind in besonderer Weise mit ihm verbunden und darum arm und bedrängt wie er.

III. Das Blut der Juden als Christi Blut

1. Bloy und die Juden

Bloys Verhältnis zu den Juden ist nicht unumstritten. Während die einen ihn als »Judenhasser« titulieren[680], stellen andere seine tiefste Sympathie für die Juden heraus. Die Ursache für eine solche Band-

---

679 TB I, 176.

680 So schreibt z.B. in der 1983 erschienenen deutschen Ausgabe von »Histoires désobligeantes« der Herausgeber Jorge Luis Borges in seinem Vorwort: »Nicht nötig hinzuzufügen, daß er [Bloy] Antisemit war, obwohl eines seiner besten Bücher Le Salut par les Juifs betitelt ist«: in: Léon Bloy, Unliebsame Geschichten, 8.

breite liegt zum einen in Bloys eigenem Weg, zum anderen in seiner mißverständlichen Art zu schreiben begründet. Beginnen wir mit Letzterem: Bloy schreibt 1892 als Antwort auf die judenfeindliche Schrift Édouard Drumonts »La France Juive« - eine 1200 Seiten umfassende, 1886 erschienene Hetzschrift gegen die Juden, die den Franzosen das Geld gestohlen haben und gezwungen werden sollen, es wieder herauszurücken[681] - das Buch »Das Heil durch die Juden«. Wer in diesem Buch liest, wird immer wieder über Formulierungen stolpern wie: »Das Mittelalter hatte den gesunden Instinkt, die Juden in den schmutzigsten Stadtbezirk, der eigens für sie reserviert war, zu verweisen ...«[682] oder: »dieses Volk der Verfluchten«[683] oder: »Sympathie für die Juden ist unbedingt ein Zeichen von schändlicher Gesinnung«[684]. Diese Reihe ließe sich lange fortsetzen, und das, obwohl er doch behauptet, »daß 'Das Heil durch die Juden' seit dem XI. Kapitel des Römerbriefs unzweifelhaft das energischste und eindringlichste christliche Zeugnis zugunsten des erstgeborenen Volkes ist«[685]. Wer Bloy verstehen will, wird gut daran tun, sich an die Art seines Redens über die Christen zu erinnern, er wird ganz Ähnliches finden, Bloy spart auch dort nicht mit Schelte. Raïssa Maritain kommentiert: »Das ist eben seine ständige Art zu übertreiben. Er geht nicht zärtlicher mit den Seinen um«. Sie spricht von einer »diamantenen Unparteilichkeit«, wenn Bloy die Aufgabe des Heiligen Geistes derart schildert, daß seine »göttliche Funktion seit sechstausend Jahren in Wahrheit die zu sein scheint, die christlichen Schweine zu ernähren, nachdem er die Säue der Synagoge geweidet hat«.[686] Wir haben diese Übertreibungen bereits kennengelernt und wissen, daß es manchmal mühsam ist, durch sie hindurch zum Eigentlichen zu stoßen. Für »Das Heil durch die Juden« finden wir allerdings bei Bloy selbst den Schlüssel. Am 28. Januar 1896 schreibt er in einem Brief an den Großrabbiner Zadoch Kahn:

---

681 Vgl. Jud 303. Dazu: Marie-Joseph Lory, La pensée religieuse de Léon Bloy, 163-165.

682 Jud 307.

683 Ebd. 309.

684 Ebd. 323.

685 Ebd. 297.

686 Vgl. Raïssa Maritain, in: Léon Bloy, Das Heil und die Armut, 54.

»Diese im Geiste der Verheißungen der Heiligen Schrift konzipierte Arbeit sollte nach meinem Willen bis zum Grunde der Dinge vordringen oder aber im Nichts versinken. Ich hatte daher auf die vom heiligen Thomas von Aquino empfohlene Methode zurückzugreifen, welche darin besteht, vor dem abschließenden Urteil zunächst sämtliche überhaupt denkbaren Einwände und Gegenargumente zu entkräften. Diese Methode ist nicht nur von durchschlagender Wirkung, sondern auch vom philosophischen Standpunkt aus hervorragend ehrlich.«[687]

Daß es nicht ganz gefahrenlos ist, wenn sich Bloy in seiner Art, die Dinge zu sagen, dieser »philosophischen Methode« bedient, versteht sich von selbst: Zu sehr unterscheiden sich Geist und Temperament des heiligen Thomas von denen Bloys! Und so wurde Bloy mit seinem Buch hauptsächlich mißverstanden. »Man wollte lediglich meine Prämissen sehen und unterließ es, zu bemerken, daß ja gerade deren Schärfe darauf berechnet war, meinen Schlußfolgerungen erst ihre ganze Beweiskraft zu geben.«[688] Wir dürfen uns durch die grelle Sprache Bloys auch hier nicht vom Wesentlichen abbringen lassen. Wir werden sehen, daß sich darunter für unser Thema - aber auch für die immer aktuelle Frage der Leidensgeschichte der Juden und ihrer (Be-)Deutung - manches Erhellende finden wird.

Von Wichtigkeit für Bloys Beziehung zum Judentum ist die Begegnung mit Raïssa Maritain.[689] Raïssa ist Jüdin, jedoch ohne jüdischen Glauben. Ihre jüdische Herkunft erkennt Bloy sehr bald als eine besondere Auszeichnung, und er widmet ihr die von Jacques und Raïssa ermöglichte zweite Auflage des »Le salut par les Juifs« Ende 1905 - also über ein halbes Jahr vor ihrer Taufe - mit den Worten: »RAÏSSA MARITAIN widme ich diese Seiten, die verkünden sollen unter allen Völkern den Ruhm des GOTTES Abrahams, Isaaks, Jakobs.«[690]

---

687 TB II, 15.

688 Ebd. 16.

689 Nach dem ersten Besuch von Jacques und Raïssa Maritain schreibt Bloy in sein Tagebuch über sie: »La jeune femme est une juive russe toute petite... En cet être charmant et si frêle habite une âme capable d'agenouiller des chênes«: J II, 267. Vgl. zu dieser Beziehung den Artikel von Denise R. Goitein, Léon Bloy et les juifs, in: Cahier de L'Herne. Léon Bloy, 280-294.

690 Jud 299.

In den Jahren danach befinden sich immer wieder auch Juden in Bloys Freundeskreis, und er verwehrt sich - mit dem ihm eigenen prophetischen Spürsinn - gegen jede Form von Antisemitismus, den er als Katastrophe hervorbrechen sieht. Als sich eine Mme X. 1910 darüber beschwert, daß sein Buch »Das Blut des Armen« mit der »apothéose d'un juif« endet, antwortet er ihr, daß es nichts Selbstverständlicheres gibt als dieses Ende. Und er begründet seine Position:

»Stellen Sie sich vor, daß man in Ihrer Umgebung ständig von Ihrem Vater und von Ihrer Mutter mit der größten Verachtung spricht und für sie nur Beleidigungen und verletzenden Spott übrig hat. Welche Gefühle würden Sie dann haben? Nun, das ist genau das, was unserem Herrn Jesus Christus geschah. Man vergißt oder vielmehr, man will nicht wissen, daß unser menschgewordener Gott ein Jude ist, im wahrsten Sinne des Wortes ein Jude von Natur, der Löwe aus Juda, daß seine Mutter eine Jüdin ist, die Blüte der jüdischen Rasse, und daß alle seine Voreltern Juden gewesen sind, ebenso wie alle Propheten, und daß schließlich unsere heilige Liturgie vollständig aus jüdischen Büchern geschöpft ist. Wie soll man daher die Ungeheuerlichkeit der Beleidigung und der Schmähung ausdrücken, die darin besteht, die jüdische Rasse zu verunglimpfen?«[691]

Und was Bloy 1910 schreibt, klingt nach 1945 wie eine Schreckensvision: »Der Antisemitismus als ganz moderne Angelegenheit ist die schrecklichste Ohrfeige, die unser Herr in seiner Passion, die immer noch dauert, erhalten hat, es ist die blutigste und unverzeihlichste, weil er sie *auf das Gesicht seiner Mutter* und von der Hand der Christen empfängt.«[692]

2. Die Juden - Erben der Verheißung

Wie Paulus im Römerbrief schreibt, bleiben die Juden Erben der Verheißung: »Denn unwiderruflich sind Gnade und Berufung, die Gott gewährt« (Röm 11,29). Bloy unterstreicht dies, wenn er in einem Brief schreibt:

»Es dient zu nichts, von der *zweigeteilten* Rasse auf dem Kalvarienberg zu sprechen. Das ist ein Gemeinplatz ohne irgendeinen Wert. Das ist,

---

691 J III, 129.

692 Ebd.

als ob man sage, daß die Kirche zweigeteilt sei, weil es gute und schlechte Christen gibt. Eine Rasse teilt sich nicht. Gut oder schlecht, konvertiert oder nicht, ein Jude ist immer ein Jude, das heißt Erbe von allen Verheißungen, die Gott seinem Volk gemacht hat und deren Erfüllung nur provisorisch [auf die Christen] übertragen wurde. Aber vor allem ist ein Jude immer der Cousin Jesu Christi.«[693]

Das auf die Christen übergegangene Heil wird am Ende auch den Juden zuteil, und auch sie werden zum Glauben an Jesus Christus kommen (vgl. Röm 11,12.24). Um das Wie zu klären, bedient sich Bloy seiner Art der allegorischen Schriftdeutung, indem er sie auf eine Stelle aus der Matthäus-Passion anwendet, wo die Juden sagen: »Er ist doch der König von Israel! Er soll vom Kreuz herabsteigen, *dann werden wir an ihn glauben*« (Mt 27,42). Bloy legt dies so aus: Erst wenn die Juden an Jesus glauben werden, bricht das Ende, d. h. die volle Herrlichkeit Gottes an. Und die Juden werden glauben, wenn Jesus vom Kreuz herabsteigt. Das Kreuz ist aber, wie wir schon früher sahen[694], das Elend und der Heilige Geist. Durch eine Vision Anne-Maries erhielt Bloy die Erleuchtung, daß Israel und der Heilige Geist nicht zu trennen sind[695], ja daß man jedesmal, wenn in der Schrift »Israel« steht, dafür »Heiliger Geist« einsetzen muß[696]. Daraus aber ergibt sich: Solange Jesus am Kreuz hängen bleibt, d. h. wehrlos an den Heiligen Geist gekettet, liegt die Welt mit diesen beiden in Agonie, es ist das »blutige Reich der zweiten Person«[697]. »Von nun an muß die Thronbesteigung der dritten Person erwartet werden«[698], das große apokalyptische Strafgericht über die »Vergifter der Armen und die Mörder der Kinder«, die voll Entsetzen rufen werden: »Ihr Berge fallet über uns!«[699] Eben das ist dann auch die Stunde Israels, »der geizige, so lange verfluchte und so lange mit Kot begossene Feigen-

---

693 Ebd. 134.

694 Vgl. oben S. 8.

695 Vgl. Jud 367f.

696 Bloy schreibt an Ernest Hello im März 1980: »Elle [Anne-Marie] affirme qu'il est impossible de comprendre un mot de l'Écriture si le nom du Saint-Esprit n'est pas continuellement substitué au nom d'Israel«: Bol I, 425.

697 Vgl. Jud 395.

698 Ebd.

699 Vgl. ebd. 398.

baum, der endlich die einzige Frucht der Freude und des Trostes wird spenden müssen, die das 'Ausspeien' Gottes zu beendigen vermag«[700]. Die Ketten werden zerbrechen, die Jesus und den Heiligen Geist so lange wehrlos aneinanderketteten. »Dann wird es ganz einfach sein, daß der Gekreuzigte herabsteigt, da das Kreuz seiner Schmach mit Recht das ewige Bild und Gleichnis des unsteten Befreiers ist, nach dem er neunzehn Jahrhunderte lang gerufen hat, - und dann wird man zweifellos auch verstehen, daß ich selbst dieses Kreuz bin, vom Kopf bis zu den Füßen!... *Denn das Heil der Welt ist an mich, an Israel, geheftet, und von mir muß es 'herabsteigen'.*«[701]

Es ist vielfach unternommen worden, diese höchst eigenwillige Interpretation zu deuten, einzuordnen und zu werten, so daß wir hier auf Vorliegendes verweisen können.[702] Für unser Thema ist es nur wichtig, in die Beziehung Israel - Wort - Geld - Jesus Christus - Der Arme einzudringen.

3. Das Geld, die Juden und Jesus Christus

»Das Blut der Armen ist das Geld«, wie wir schon gesehen haben. Denn das Blut der Armen ist der »Inbegriff allen Leidens«[703]; es bezahlt alles. Wir kennen auch schon Bloys weiteren Gedankengang: »Die Offenbarung lehrt uns, daß Gott allein arm ist, und daß sein einziger Sohn der einzige Bettler ist... Sein Blut ist das Blut des Armen, durch das die Menschen 'erkauft sind um hohen Preis'. Sein kostbares Blut, das ganz rot und ganz rein ist, kann alles bezahlen.«[704] Das heißt also: Das Blut Jesu Christi ist das Geld. »Das Geld, das gegeben wird, das ausgeliehen wird, das verkauft wird, das gestohlen wird; das Geld, das tötet und lebendig macht wie das Wort, das Geld, das man anbetet, das eucharistische Geld, das man trinkt und ißt. Die Wegzehr für die unstete Lebensgier und die Wegzehr im

---

700 Vgl. ebd. 399.

701 Ebd.

702 Vgl. vor allem die fast 500 Seiten umfassende Untersuchung von Charles Journet, Déstinées d'Israël. A propos du Salut par les Juifs, Fribourg 1945. Ferner: Marie-Joseph Lory, La pensée réligieuse de Léon Bloy, 151-174. Raïssa Maritain, Les grandes amitiés, 113-128.

703 Blut 175.

704 Ebd.

Tode. Alle Aspekte des Geldes sind Aspekte des Gottessohnes, der das Blut schwitzt, durch das alles vollbracht wird.«[705] Für Bloy ergibt sich dann: »Das Wort, das Fleisch, das Geld, der Arme... einander entsprechende Begriffe, Worte, die dem Wesen nach eins sind, die alle das Gleiche, Unsern Herrn Jesus Christus, in der Sprache bezeichnen, die der Heilige Geist gesprochen hat.«[706] Er macht dies hauptsächlich an zwei Bibelstellen fest: Bei der ersten macht er von der lateinischen Entsprechung der Worte Silber und Geld (argentum) Gebrauch[707] und zitiert aus der Vulgata: »Eloquia Domini, eloquia casta: argentum igne examinatum, probatum terrae purgatum septuplum« (Ps 12,7). Bei der zweiten geht es um den von Bloy oft gebrauchten Ausdruck »die Armen essen«, den er aus Hab 3,14b bezieht: »Exsultatio eorum sicut eius, qui devorat pauperem in abscondito«. Das erinnert Bloy an die Eucharistie, wobei *die Armen* und Jesus sich entsprechen, was für Bloy aus dieser Stelle bewiesen ist. Was »der Heilige Geist« gesprochen hat - für Bloy ein Synonym für: was in der Heiligen Schrift steht - beweist nun auch, daß Bloy im Recht ist mit dem, was er über das Gleichgewicht, über die Armen und Jesus Christus zu sagen hat. All das steht doch in der Schrift! Man muß sie nur zu verstehen wissen!

Von hier aus geht Bloy auf die Beziehung der Juden zum Geld ein und bedient sich dabei der von Drumont verbreiteten *Liaison der Juden zum Kapital*. Da die Juden den Gottessohn Jesus Christus nicht angenommen haben, sind sie nun auf ganz eigentümliche Weise mit seinem Abbild, dem Geld, verflochten, »um ihr Schicksal zu erfüllen und nicht ohne Berufung auf der Erde umherzuirren«[708].

> »Da sie von ihrem fürstlichen Erbteil nur das Götzenbild der Macht, nämlich das Geld, behalten haben, wurde dieses unselige Metall ein Unflat in ihren Totenvogelklauen, und sie verlangten, daß es in ihrem Dienste an der Ver-Tierung der ganzen Welt arbeite. Da sie fürchteten, dieser unvergleichliche Diener könnte ihnen entkommen, legten sie ihn grausam in Eisen und ketteten sich selber an ihn mit widernatürlichen

705 Ebd. 175f.

706 Jud 320.

707 Vgl. ebd. 318.

708 Vgl. ebd. 318. Bloy spricht bei dieser göttlichen Bestimmung von einer »Züchtigung« der Juden durch Gott: ebd. 322!

Ketten, die siebenmal um ihr Herz geschlungen waren; und so machte ihr wilder Despotismus sie selbst zu Sklaven.«[709]

Polemischer noch formuliert es Bloy, deutlich das Stilmittel der Übertreibung verwendend und gleichzeitig ein Idealbild der katholischen Kirche des Anfangs zeichnend:

»Denn das ist ein beunruhigendes Geheimnis. Der Tod Jesu trennte von Grund aus das Geld vom Armen, das Abbild vom Urbild, ganz so wie sonst der Tod den Leib von der Seele scheidet. Die katholische Kirche, geboren aus dem göttlichen Blute, bekam den Armen als ihren Teil; die Juden aber, eingesperrt in die uneinnehmbare Festung einer störrischen Verzweiflung, bewachten das Geld, das bleiche Geld, das sie mit ihren ruchlosen Dornen zerkratzt und durch ihre Anspeiungen entehrt haben, - so wie sie ohne Grab den verweslichen Leichnam eines Gottes bewacht hätten, damit er die Welt verpeste!«[710]

Durch die Anhäufung des Geldes machten sie sich die übrigen Völker untertan, so daß die Prophezeiung des Buches Deuteronomium buchstäblich in Erfüllung ging: »Du wirst vielen Heiden auf Zins leihen und von keinem borgen. Du wirst herrschen über viele Völker, und keines wird herrschen über dich.«[711] Und sie sorgten dafür, daß auch die anderen Völker von dieser »Pestilenz« angesteckt wurden.

»Da sie ja länger als zweitausend Jahre auf eine Gelegenheit gewartet hatten, das Wort Gottes zu kreuzigen, so konnten sie auch weitere neunzehnhundert Jahre warten, bis ein gewaltiger Ausbruch des Ungehorsams die Anbeter dieses schmerzhaften Wortes in Schweine verwandelt hatte, damit wenigstens die Herde des 'verlorenen Sohnes' diesem Israel nicht fehle, das sein Vermögen vergeudet hatte.«[712]

Bloy pauschalisiert hier, was er doch an anderer Stelle seinen antisemitischen Zeitgenossen zum Vorwurf machte. Er bedient sich aber ihrer Argumente nur, um sie zu gegebener Zeit gerade *für* die Juden

---

709 Ebd. 389.

710 Ebd. 327.

711 So übersetzt Bloy den Text der Vulgata: »Foenerabis gentibus multis, et ipse a nullo accipies mutuum. Dominaberis nationibus plurimis, et tui nemo dominabitur« (Deut 15,6). Vgl. Jud 389f.

712 Ebd.

zu verwenden. Denn er relativiert hier das gängige Vorurteil immerhin schon, indem er den Juden die Christen zur Seite stellt, die inzwischen auch von Anbetern des Wortes Gottes zu Anbetern des Mammon geworden sind. Die zeitgenössischen Christen stehen also den Juden um nichts nach. Doch bleibt Bloy an diesem Punkt nicht stehen.

4. Die Juden, Jesus Christus und die Armut

> »Wie hätte ich, ein Buch über den Armen schreibend, nicht vom jüdischen Volk sprechen können? Welches Volk ist so arm wie das jüdische Volk? Ah, ich weiß gut, es gibt die Bankiers, die Spekulateure. Und die Legende, die Tradition wollen, daß alle Juden Wucherer seien. Man weigert sich, anderes zu glauben. Und diese Legende ist eine Lüge. Es handelt sich da um den Abschaum der jüdischen Welt. Die, die sie kennen und sie ohne Vorurteile betrachten, wissen, daß dieses Volk andere Aspekte hat, und daß es, das Elend aller Jahrhunderte tragend, unendlich leidet.«[713]

An dieser Stelle, achtzehn Jahre nach dem »Heil durch die Juden« geschrieben, sehen wir deutlich, daß und wie Bloy sich und seine Einstellung zu den Juden entwickelt hat. Es gibt dafür wohl zwei wesentliche Gründe: Der erste sind die oben erwähnten jüdischen Freunde Bloys, die ihn bekennen lassen: »Einige der edelsten Seelen, denen ich begegnet bin, waren jüdische Seelen.«[714] Der zweite wesentliche Punkt ist, daß er auf den jüdischen Dichter Morris Rosenfeld stößt, der als »Dichter des Proletariats« bekannt ist. Rosenfeld hatte lange Zeit als Fabrikarbeiter sein Geld verdienen müssen, bis er durch seine dichterischen Erfolge eine Stelle als Journalist bekam, die ihm aber bald unerträglich wurde, weil er »seine Feder nicht vermieten« wollte.[715] Dieser Zug macht ihn zum Leidensgenossen Bloys, und seine Zeilen erobern dessen Herz. Bloy sagt über ihn: »Wie verschiedenartig auch das Werk Rosenfelds ist, über ihn ist alles gesagt, wenn man ihn den Dichter der Proletarier nennt. Das ist er vor allem deshalb, weil er ein Jude ist, und weil der Jude von Natur Proletarier ist. Aber das Proletariat gehört wie die Tränen allen Völkern und allen Zeiten. Nur sind die jüdischen Tränen die schwersten. Sie haben das

---

713 J III, 129f.

714 Ebd. 130.

715 Vgl. Blut 278.

Gewicht vieler Jahrhunderte.«[716] Und: »Er war ganz und gar Jude und folglich der größte Dichter des Armen.«[717] In beiden Zitaten sehen wir, wie eng der Arme und der Jude für Bloy zusammengehören. Die Juden, die auf natürliche Weise mit Jesus blutsverwandt sind, sind auch auf übernatürliche Weise aufs Engste mit diesem Blut verbunden, indem ihr Blut ständig wie das Blut Jesu geopfert wird, indem sie - wie er - das *»Elend aller Jahrhunderte tragen«*. So kann Bloy auch sagen: »Die Geschichte der Juden hält die Geschichte des Menschengeschlechts auf, wie ein Damm einen Fluß staut, um den Wasserspiegel zu heben«[718], da das Leiden der Juden den »Pegel« des übernatürlichen Gleichgewichtes hebt und Ausgleich schafft für die Untaten der vielen. Denn die Geschichte der Juden ist immer auch die Geschichte Jesu, der auch und besonders in ihnen in Agonie liegt.[719]

IV. Die Armen als tragende Kraft

In einem an Christus gerichteten Gebet heißt es, daß es diesem unmöglich ist, ohne die Armen zu sein, denn er kann ja nicht ein Haupt sein ohne Glieder, und alle seine »Sonnen müßten vom Himmel zur Erde niederstürzen an jenem Tage, an dem es keinen Armen mehr gibt!«[720] Bloy spricht den Armen also eine tragende Kraft zu und zwar eine Kraft, die den ganzen Kosmos zusammenhält. Ein andermal formuliert Bloy: »Gott verlangt von seinen Armen, daß sie die Geduld des himmeltragenden Atlas haben.«[721] Versuchen wir das zu erklären:

In Jesus Christus hat sich Gott all seiner Macht entäußert, wurde ein »sich willentlich eunuchenhaft gebärdender Herrgott«, »unfruchtbar durch eigenen Beschluß, gefesselt, angenagelt, sterbend«[722] - bis heu-

---

716 Ebd. 279.

717 Ebd. 270.

718 Ebd. 316.

719 Zu den Konsequenzen für den christlich-jüdischen Dialog: vgl. unten S. 200-202.

720 TB III, 35.

721 Ebd. 209.

722 Vgl. Verzw 45.

te. Für Bloy heißt das: *»Gott ist arm und bis zu einer bestimmten Stunde machtlos. Was ER gibt, muß ER erst selbst erhalten*, unter unvorstellbaren Leiden, von denen die erhabensten Leiden der Erdenkinder nur ein schwacher Abglanz sind.«[723] Diese Machtlosigkeit Gottes ist zeitlich begrenzt, die »göttliche Impotenz«[724] hat ein Ende. »Nur Zeit benötigt der zahlungsfähige Herr der Ewigkeit, und die Zeit besteht aus der Menschen Verzweiflung.«[725] Das Haupt kann nicht ohne die Glieder leiden, und dieses Leiden allein schafft den Ausgleich, ermöglicht die Balance, verhindert den Zusammenbruch, der logische Folge der Sünde wäre. In dieser Zeit nimmt Jesus Christus *alles* auf sich - doch in der Weise, daß er es *in* den anderen trägt, das heißt, daß er der Leiden der anderen bedarf, um *in ihnen* durch sein Leiden den Ausgleich zu schaffen für die Sünden der Welt. Er wandelt so die Wirklichkeit nach dem Sündenfall, in der sich das Böse des einen immer im Leben des anderen auswirkt, in eine neue Wirklichkeit, indem er bereit ist, sein Leben zu *geben*, indem er sein neues Gesetz der Liebe, des Lebens *für die anderen* und nicht *auf Kosten der anderen* aufrichtet. Die Tragik wird unüberbietbar, indem er alle Leiden der Menschen aller Zeiten in sein Leiden einschließt, das heißt, nicht nur das eigene Leid bejahen mußte, sondern in diesem Ja gleichzeitig das Ja zum Leiden *aller* Menschen sprach, dem er damit einen unüberholbaren Sinn gab, das er aber niemandem ersparen konnte, was im Eigentlichen die Tiefe seines Leidens ausmachte und wodurch sich seine Agonie von jeder anderen noch einmal abgrundtief unterscheidet. In diesem Sinne *braucht* Jesus die Armen. Und in diesem Sinne bergen sie »alle Ströme und Schleusen des Lichts«[726] in sich und »erdulden Leid über Leid um seiner Glorie willen«[727]. Sie sind die Tragpfeiler des Kosmos, bestimmt zu erfüllen, was an den Leiden Christi noch

---

723 TB III, 82. Als Bloys Töchterchen Veronika einmal den traurigen Vater trösten will und nach einem Geschenk für ihn in ihren armseligen Spielsachen sucht, ist Bloy sehr gerührt. »Kann es in der Tat etwas Ergreifenderes geben, als das Mitleid eines Menschen, der selbst nichts sein Eigen nennt und dennoch so gern etwas geben möchte? Und ist nicht Gott der Allerärmste der Armen?«: TB I, 308.

724 Vgl. Verzw 95.

725 Ebd.

726 Vgl. TB III, 36.

727 TB II, 258.

fehlt (vgl. Kol 1,24), und daher in Wirklichkeit die Erhalter der Welt[728], denn in ihnen leidet Christus selbst, ist er leidend gegenwärtig in unserer Welt. Das Blut der Armen ist Christus.

V. *Die freiwillig Armen*

1. Würde von Erlösern

Wir sahen bereits, daß Bloy, wenn er von den Armen spricht, vor allem die unfreiwillig Leidenden im Blick hat, und daß er dem gegenüber die freiwillige Armut als eine Art Luxus empfindet.[729] Und doch verkennt Bloy nicht ihre Bedeutung. Jesus Christus ruft zur Nachfolge. Der »Ärmste der Armen«[730] verlangt nach Trost[731] und Liebe, ruft zur Umkehr aus Liebe, ruft in die Armut. Es gibt keine Liebe zu Jesus Christus ohne die Bereitschaft, seine Armut, sein Leiden zu teilen, ihn darin nicht allein zu lassen, mit ihm unter der Last zu bleiben. Und das heißt gleichzeitig: Es gibt keine Liebe zu Jesus Christus ohne die Bereitschaft, das Leiden aller Menschen zu teilen, sie darin nicht allein zu lassen, mit ihnen unter der Last zu bleiben. Wir haben als Freunde Jesu Christi, als seine Glieder, die »Würde von Erlösern« erhalten, und wir erfüllen dieses Amt im Mit-Leiden.[732] Nur als Leidende sind wir Glieder Jesu Christi, nur als Leidende eins mit ihm. Bloy faßt diesen Gedanken schon sehr früh (1871):

> »Unser Herr Jesus Christus ist nichts anderes als der Schmerzensmann, der vir dolorum, von dem Jesaja spricht, der größte der Propheten. Anders gesagt: Jesus Christus, das fleischgewordene Wort, der mensch-

---

[728] Bloy fährt im eingangs zitierten Gebet fort: »Ich weiß aber auch, daß irgendwo ein Armer lebt, dem es bestimmt ist, alles zu erfüllen und der in dieser gleichen Minute, wo ich zu Dir rede, die Welt um seinen Finger kreisen läßt, irgendwo in einem Bettlerstübchen!...«: TB III, 35.

[729] Vgl. oben S. 11.

[730] Vgl. Jud 324.

[731] »Er kämpft mit dem Tode mitten in der Nacht auf dem Ölberg, dessen Olivenfülle jetzt vertrocknen könnte, da die Leuchte der Welten nun erlöschen wird! Die Verzweiflung dieses Gottes ohne Trost ist etwas derart Fürchterliches ...«: Verzw 114.

[732] Vgl. Léon Bloy, Lettre à Michel Ménard, in: Bol I, 311.

gewordene Gott ist der geistliche Mensch - selbst in seinem Fleisch, ist der unendliche Christ (le chrétien infini), ist der absolute Mensch, ecce homo, und nach einem schönen Ausdruck des heiligen Gregor von Nazianz: 'Gott wurde Mensch um unserer Liebe willen, damit wir Götter würden um seiner Liebe willen.' Alles ist ja miteinander verbunden, alle Wirklichkeiten greifen in einer wunderbaren Ordnung ineinander, und wenn unsere geistliche Gottwerdung das unfehlbare Resultat des wundersamen Ausgleichs der Menschwerdung Gottes ist, beinhaltet die Göttlichkeit des Erlösers für uns die unerbittliche Notwendigkeit unsererseits, Menschen zu sein und *Menschen der Schmerzen.*«[733]

Wir stoßen hier wieder auf den Gedanken, daß in Jesus Christus die gesamte leidende Menschheit vereint ist, daß seine Menschwerdung nicht auf die Spanne des geschichtlichen Lebens reduziert werden darf, sondern daß diese Spanne ineinsfällt mit der gesamten Menschheitsgeschichte. Der Treffpunkt Gottes und des Menschen ist so vorgegeben: das Leiden. Hier eint sich Gott mit dem Menschen, und hier allein wird der Mensch innigst mit Gott vereint, geschieht die Gottwerdung des Menschen. So werden Menschen - ob es ihnen bewußt ist oder nicht - zu Mit-Erlösern. Jesus trägt durch sie bzw. *in* ihnen die Sünde der Welt, sie sind die Ecksteine, die Säulen, die alles erhalten. Dies gilt für alle Leidenden. Und dies muß Konsequenzen haben für jeden Menschen, der zu Jesus Christus gehören will.

2. Solidarität in Buße

»Es gibt nur ein Mittel, die anderen nicht zu bestehlen, nämlich sich selbst zu berauben.«[734]

Es gibt gewiß bei Bloy eine charakterbedingte Verliebtheit in den Schmerz. Aber immer deutlicher tritt eine andere Motivation in den Vordergrund: die Solidarität mit allem, was leidet. Wir sahen, daß die Sünde der Menschen ihr Opfer fordert, daß sie ausgeglichen wird im Gefüge des übernatürlichen Gleichgewichts durch Leiden. Wir sahen auch die geheimnisvolle Verwobenheit, in der keiner weiß, »wessen nächster Verwandter er ist«, wen er leidend macht bzw. für wen er

---

733 Léon Bloy, Lettre à Georges Landry, in: Bol I, 149.

734 Blut 254.

leidet. Und wir sahen das Leiden als Zahlungsmittel, das eingefordert wird von denen, die auf Kosten anderer leben, das hingegeben wird von Jesus Christus und in ihm von allen leidenden Menschen. Solange es diese Weltzeit gibt, muß immer jemand zahlen.
Wenn das Lebensgesetz Jesu Christi nun heißt: »Einer trage des anderen Last!«, so ist es Aufgabe des Christen, sich freiwillig unter die Lasten der anderen zu begeben, die eigene Schulter zur Verfügung zu stellen, sich zum Opfer anzubieten. Diesen Dienst findet Bloy in der Grande Chartreuse von den Kartäusermönchen durch ihr Leben der Buße erfüllt. Nicht nur, daß sie wegen der Reinheit ihres Lebens frei geworden sind von der Verstrickung in das Böse[735], die das Leidenmüssen der anderen nach sich zieht. Mehr noch bieten sie ihr Leben als Sühnepreis für die Vergehen der anderen an; sie erklären sich bereit, für sie, an ihrer Stelle und zu ihrem Wohl, zu leiden. Ihre »Kenntnis der tiefen Solidarität des Christentums«[736] motiviert sie zu dieser »Lebensweise so sprichwörtlicher Strenge«[737]. Der folgende Text bietet eine gelungene Komposition der Verknüpfung von Buße, Schuld, Agonie Christi und Agonie der Welt:

> »Nicht nur zu Lobpreisungen oder Beschaulichkeit wachen und singen die Kartäuser. Es geschieht auch der Fürbitte und der Buße wegen, in Anbetracht der unermeßlichen Schuld des Menschengeschlechts und um teilzuhaben an dem Leiden Jenes, der alles auf sich nahm. 'Jesus Christus', sagte Pascal, 'wird in Todesnot sein bis ans Ende der Welt; nicht schlafen darf man während dieser Zeit.' Dies Wort des armen Jansenisten ist erhaben. Es kam dem Zerpflücker seines eigenen Inneren (Marchenoir) zu Sinn, wie er vereinsamt auf seiner eisigfernen Galerie saß, während er dem Gesang dieser Männer des Gebetes lauschte, die liebeshingerissen um Gnade flehten für das Universum. Er dachte, wie zur Stunde überall auf dem mit dem Blut Christi getränkten Erdenrund zahllose nach dem Bilde des Allerhöchsten Gottes erschaffene Wesen

---

[735] Bloy schreibt über die Mönche der Grande Chartreuse: »Mit ganzem Herzen empfangen diese Befreiten im Schweigen aller irdischen Neigungen die Fülle der Gnaden, die der Fülle ihrer Freiheit entspricht. Der himmlische Vater bricht ihnen selbst das tägliche Brot übernatürlicher Seligkeit, im genauen Verhältnis ihrer Losgelöstheit von allen anderen Beglückungen, und von Mund zu Ohr flüstert ihnen der Heilige Geist die Offenbarungen der großen Liebe«: Verzw 127.

[736] Vgl. ebd. 124.

[737] Ebd.

hingemordet und unterdrückt wurden; daß die fleischlichen Vergehungen und Gedankensünden, grauenhaft in ihrer Unzahl und Ungeheuerlichkeit, eben in dieser gleichen Minute einen Reigen von zehntausend Meilen schlangen um diese Feuerstelle des Gebetes unter der gleichen sternflammenden Kuppel dieser langen Winternacht...«[738]

Die Kartäusermönche leiden solidarisch *mit* den Unterdrückten und *für* die Schuldigen. Sie lassen Jesus Christus in seiner Agonie nicht allein.[739] Und das ist eigentlich Aufgabe jedes Christen. »Indem er uns Glieder Jesu Christi nannte, hat uns der Heilige Geist wieder mit der Würde von Erlösern bekleidet, und, wenn wir uns weigern zu leiden, sind wir nichts anderes als Simonisten und Pflichtvergessene«, meint Bloy.[740]. Er hält nichts von der Unterscheidung einer »besonderen« oder »engeren« Nachfolge, alle sind berufen, heilig zu werden, allen gegenteiligen Behauptungen der Prediger zum Trotz. Bloy spricht in diesem Zusammenhang von der »zu Abführzwecken dienenden Unterscheidung der Weisung und des Rates«[741], durch die die Weisungen Jesu verharmlost werden zugunsten des Bürgers. Es gibt nur die eine Nachfolge, die den Weg zu gehen bereit ist in den Spuren des Schmerzensmannes und in Solidarität mit allen leidenden Geschöpfen. »'Verkauft und gebt weg, verzichtet auf alles, was ihr besitzt', das sind strenge und unvergängliche Vorschriften, die von der christlichen Feigheit, welche sie für allzu heroisch hält, in gotteslästerlicher Weise ausgestrichen worden sind mit Hilfe der gemeinen, jesuitischen Unterscheidung von Gebot und Rat, die das Evangelium seit dreihundert Jahren in den Schmutz zieht.«[742] Das Evangelium gilt für alle, es gibt keine »maßvoll praktizierte Barmherzigkeit, die den Segen Gottes auf die Kapitalisten herabzieht«[743].

---

738 Ebd. 113f.

739 »Die Kartäuser, der Welt abgestorben, um getreuere Diener Jesu Christi sein zu können, wachen und lobsingen mit der Kirche, damit auch sie Gott den Herrn trösten. Gott der Herr ist betrübt bis in den Tod, weil seine Freunde ihn verlassen haben, und weil es not tut, daß Er selber stirbt und das kalte Herz der Ungetreuen neubelebt«: ebd. 114.

740 Ténèbres 308.

741 Verzw 218.

742 Blut 290.

743 Vgl. ebd. 208.

3. Eine freiwillig arme Kirche?

Bloy ist ein unbequemes Glied der Kirche seiner Zeit, ein stets kritisches Mitglied seiner jeweiligen Pfarrgemeinde. Oft empört er sich angewidert gegen Praktiken, die den Armen aus dem Hause Gottes, das doch das Haus der Armen ist, vertreiben wollen.

»Sicher ist, daß der Kirchenvorstand mit den Armen nicht spaßt, und Jesus in eigener Person, gefolgt von der heiligen Schar seiner zwölf Apostel, würde unverzüglich vom Kirchendiener hinausgefegt, käme diese Gemeinschaft in Lumpen daher und hätte kein Geld um die Stühle zu bezahlen. Die reichen und einflußreichen Frömmlerinnen, die ihren Namen auf den gepolsterten Betstühlen anbringen lassen, ertrügen nicht die Nähe eines armselig gekleideten Erlösers, der in Person der Aufopferung seines eigenen Leibes beiwohnen wollte.«[744]

Und in Bloys Tagebuch lesen wir: »Ich versuche, in die Kirche hineinzukommen. Unmöglich. Die Feier der Erstkommunion. Selbst Gott wäre gezwungen, seine zwanzig Centimes Eintrittsgeld zu zahlen! Der Arme wird aus seinem eigenen Haus vertrieben, damit die Weiber der Reichen dort ihren Kleiderluxus zur Schau stellen können. Simonie und Prostitution!«[745] Den »weltlichen Priester« läßt Bloy zu den Reichen sagen:

»Der Reichtum ist dem Herrn angenehm, und deshalb hat er ja auch den Salomon damit gesegnet. Das 'Vae divitibus', das uns einige Anarchisten gerne entgegenhalten möchten, ist ein offensichtlicher Transkriptionsfehler, den wahrscheinlich einer von den filzigen und verlausten Mönchen, die schon lange eine Schande für die Kirche sind, eingeführt hat ... Die Armen gehören an die Kirchentür oder wenigstens ziemlich nahe an die Tür, wo man sich drängt, wo es zieht. Es ist unnötig, daß sie den Altar sehen. Die zahlungskräftigen Pfarrkinder sehen ihn für sie mit; das genügt.«[746]

Bloys Romanfigur Leopold erhält auf die Frage nach dem religiösen Leben einer Gemeinde vom Pfarrer die Antwort: »Oh, es gibt nur sehr kleine Vermögen!« Und wir hören wohl Bloys eigene Erfahrung, wenn

---

[744] Verzw 343.

[745] TB I, 307.

[746] Blut 212f.

es weiter heißt: »Nicht ein einziges Mal besuchte er seine neuen Schäflein und tröstete sie, als sie in der Hölle ihrer Qual saßen.«[747] Ein andermal berichtet er in seinem Tagebuch von der skandalösen Erfahrung eines Freundes:

»Mein sehr lieber Freund, Alfons Soirat, einziger Herausgeber des 'Verzweifelten', erzählte mir, daß er nach dem am 16. April in Pré Saint-Gervais erfolgten tragischen Tode eines seiner Söhne, wie es sich von selbst verstand, zum Pfarrer seines Kirchenspiels ging und diesen mit der Bitte, auf seine äußerste Bedürftigkeit Rücksicht zu nehmen, demütig darum ersuchte, ihm doch den christlichen Liebesdienst der bescheidensten aller priesterlichen Verrichtungen zu gewähren. - 'Lassen Sie ihn außerkirchlich begraben!!!' Dies die Antwort des Herrn Abtes Lavalle, Pfarrers von Saint-Gervais, den ich hiermit der Bewunderung seiner Vorgesetzten und seiner Amtsbrüder empfehlen möchte. Dieser Mann hat noch immer den gleichen Posten inne, wo er mit der Heiterkeit einer bewundernswerten Unbekümmertheit den Hagel der Backenstreiche und den Sturm der Fußtritte erwartet, die einer derartigen Geistlichkeit vorbehalten sind.«[748]

Als Bloys Tochter eine Klosterschule besucht und die Familie unter finanziellen Druck kommt, weil immer neue Anschaffungen nötig sind, kommentiert Bloy die Verordnung, die Schülerinnen müßten nun Handschuhe tragen (um sich von den Zöglingen einer armen Schule zu unterscheiden), mit: »abgrundtiefer Verfall aller Frömmigkeit« und »völliger innerer Zusammenbruch der religiösen Orden unserer Zeit«. »Sie gehen an 'Weltlichkeit' zugrunde. *Sie verachten die Armut und Jesus Christus verläßt sie.*«[749] Und den Reichtum eines Männerordens betreffend: »Niemals jedoch war die Sucht nach dem Besitz so hemmungslos, so ausschließlich alles andere überschattend wie heutzutage, selbst in Ordenshäusern. Einige werden erwidern: 'Nun ja, der Orden mag reich sein, doch jeder Ordensbruder einzeln genommen ist arm'. Welch erbärmlicher Sophismus und im Grunde welch teuflischer Hohn!«[750]

---

747 ArmeFr 349f.

748 TB I, 254.

749 TB III, 139.

750 Ebd. 129.

Diese Beispiele mögen genügen. An anderer Stelle sind wir Bloys Kritik an den »Bürgern« begegnet, der Gilde, der nach Bloy ein Großteil der Gemeindemitglieder zuzuordnen sind. Auch die »wohltätigen Reichen« kennen wir aus der Sicht Bloys. In all diesen Kreisen bleibt Bloy ein Außenseiter, ein Sonderling, wohl auch wegen der eigenen charakterlichen Besonderheiten. Nimmt man seine häufigen Umzüge hinzu, so entsteht das Bild eines Mannes, der zwar täglich zur Heiligen Messe ging, der aber menschlich in einer konkreten Gemeinde wenig verwurzelt ist. Bloys Gemeinde bilden später seine Patenkinder und engen Freunde, die sein geistliches Niveau zu teilen bereit sind, seine Absolutheit und Unbedingtheit. Und Bloys Gemeinde bilden auch immer die Toten, für die er täglich das Offizium betet und die er nachts im Schlafe manchmal schreien hört, worauf er sich stets erhebt und fürbittend für sie eintritt.[751] Nicht zuletzt gehören die Heiligen zu seiner Gemeinde, Apostel und Kirchenväter, ebenso die Patriarchen des Alten Bundes und die Propheten. Es verwundert so nicht, daß Bloy für die Kirche außerhalb seiner »Sondergemeinde« vor allem das herannahende Gericht und die endzeitliche Katastrophe kommen sieht. Bloy ist zu ungeduldig, als daß er sich mit der trägen Masse auf den Weg zu machen bereit wäre. Und doch gibt es neben der Schelte des Propheten auch die Vision einer heilvollen Zukunft, »heilvoll« ganz im Sinne des bisher Gesagten. Diese Vision wird sich allerdings nicht durch die freiwillige Hinkehr der Kirche zu ihrem verachteten Herrn erfüllen, vielmehr werden ihr entsprechende Zeitumstände den ihr gemäßen Platz zuweisen:

> »Aber morgen kann die Kirche der vollkommenen Geringschätzung verfallen, der äußersten Verachtung. Sie kann angespien, gegeißelt, gekreuzigt werden gleich Jenem, dessen Braut sie sich nennt. Es kann geschehen, daß man ihr endgültig einen infamen Banditen vorzieht, daß alle ihre Freunde die Flucht ergreifen, daß sie verdurstend um Hilfe ruft und niemand ihr zu trinken gibt. Es kann letztlich sein, daß sie verscheidet, um der vollendeten Angleichung an ihren Christus willen, und

---

[751] »Es ist mir widerfahren - wozu es verschweigen? -, daß ich von Toten aus dem Schlaf geweckt, von Toten aus dem Bette gerissen wurde, von Toten, die mir bekannt und solchen, die mir unbekannt waren. Ein alles zerwühlendes Mitleid ließ mich von meinem Lager aufspringen, hielt mich auf den Knien liegend fest, mit zum Kreuze ausgebreiteten Armen, inmitten der großen Finsternis der Nacht, und mein Herz schlug wie eine dumpfe Glocke und ich schrie zu Gott um dieser Seelen willen«: TB I, 254f.

daß sie zwei Nächte und einen Tag im bestbewachtesten aller Grabmale verschlossen sein wird. Dann bleibt ihr in einer Apotheose der Auferstehung die Bergesketten und die Stätten der argen Völker zu sprengen, die ihres armseligen Grabes Gefüge sind, - denn sie vermag, ebenso wie Gott selbst, der ihr Seine Macht verlieh, der Vernichtung bis in das Netz des allerwirklichsten der Tode zu trotzen.«[752]

Wenn die Kirche so wirklich zur Braut des Schmerzensmannes geworden ist, kann sie ihre eigentliche Aufgabe erfüllen: das leidende Ausgleichen, die Sühne, die ihr als Leib Christi aufgetragen ist. Dann ist sie die von ihm gesandte Platzhalterin zum Heil der Völker. Und dann wird das »Ostern des Heiligen Geistes« kommen[753], das Hereinbrechen der endgültigen Herrlichkeit Gottes.
Bis dahin sind es wenige, die diese Aufgabe trotz aller Widersacher, treu und oft in aller Stille erfüllen. »Um sie herum, in Nacht gehüllt, schlafen unzählige Seelen unter den Dächern der Finsternis, Flüchtlinge vor der ewigen Vorsehung, zerstreut unter einem dunklen Schleier des Vergessens, grausig erstarrt vor Entsetzen. Selbst die Höhle, in der sie sich verbergen, schützt sie nicht vor Furcht.«[754] Diejenigen, die ihnen Angst und Verwirrung verjagen sollten, sind nicht an ihrem Platz.[755] Doch gibt es einige wenige »arme Priester oder Armuts-Priester, wie man sie nennen möchte, die wissen, was es heißt, arm zu sein, da sie immer nur den gekreuzigten Christus gesehen haben ... Sie wohnen beisammen wie die Hebräer im Lande Gossen, allein im Lichte mitten in der dichtesten Finsternis des alten Ägypten. Wenn sie die Arme ausbreiten zum Gebet, berühren ihre Fingerspitzen die Finsternis.«[756]

752 Verzw 265.

753 Vgl. ebd.

754 Blut 215.

755 Vgl. ebd. 216.

756 Ebd. 215.

Fünftes Kapitel

Schlußüberlegungen

I. Zusammenfassung

1. Noch leidet Jesus Christus

Bloys Beitrag zum Thema »Christus im Armen« hat als Grundüberzeugung (Basis) die Einsicht: Einer lebt auf Kosten der anderen. Es gibt ein unsichtbares, übernatürliches Gleichgewicht, alles muß ausgeglichen werden oder dient zum Ausgleich, keine Tat ist bedeutungslos für die anderen. Dieser Ausgleich ist keine Forderung Gottes, die von außen kommt, sondern sie liegt für Bloy gewissermaßen »in der Natur der Sache«. Die Solidarität allen Seins ist so natürlich wie die »Solidarität« der Organe im menschlichen Körper. Gott, der in sich absolut solidarisch ist, hat die Welt als eine solidarische ins Leben gerufen. Diese Solidarität kehrt sich erst durch den Sündenfall zu einem Chaos, als der Mensch beginnt, seine eigenen Wege fern von den Wegen Gottes zu gehen.

»Einer lebt auf Kosten der anderen« kann mancherlei Bedeutung annehmen; so auch die ganz schlichte: Einer lebt vom anderen, von seiner Güte, von seinem Dasein, von seiner Liebe, die anderen tragen ihn mit, wie auch er sie mitträgt. Wenn nun aber der Mensch dieses Gesetz der Solidarität verkehrt, indem er sich weigert, für die anderen zu tragen, indem er aus dem sich gebenden »Dasein für« ein nur noch nehmendes Gebrauchen und Mißbrauchen des anderen für die eigenen Interessen macht, kippt er gleichsam das Gleichgewicht, es entsteht eine Übermacht der Last, die nun die Unschuldigen erdrückt, sie leidend macht, die sie nun an Stelle der das Mittragen Verweigernden tragen müssen. Diese Last der Sünde muß getragen werden, sie sucht sich ihre Opfer, sie bleibt nicht einfach im Raume hängen. Fände sie keinen Träger, bräche alles zusammen, so wie auch der menschliche Körper zusammenbricht, wenn einzelne Organe ausfallen, ohne von den anderen ersetzt zu werden. Man muß sich auf diesen Gedanken Bloys einlassen, um seiner These folgen zu können:

Gott überläßt die Welt in diesem Zustand nicht sich selbst. Das heißt vor allem, er überläßt die, die an dieser Welt zu leiden haben, nicht sich selbst. Er spricht in diese Welt ein neues *Fiat lux* hinein, er spricht sich selbst in diese Welt hinein als der, der bereit ist, das Lösegeld selbst zu bezahlen (vgl. Mt 20,28), die Leiden zu tragen, die die Schuldigen verursachen und aufladen. Jesus ist nicht - wie all die anderen - zugleich Schuldner und Gläubiger im Gefüge des Gleichgewichts, er bleibt nichts schuldig, er lebt nicht auf Kosten der anderen, er ist bereit zu leiden, wie keiner vor ihm und keiner nach ihm gelitten hat. Weil er Gott ist und darum göttlich, d. h. unendlich leidet, kann er das gestörte Gleichgewicht durch sein Leiden heilen und so das heilsame Gegengewicht zur Sünde schaffen. Bloy kann Jesus immer nur als den Leidenden sehen, als den, der unter der Last bleibt. Nur so ist er der vollkommene Erlöser, der in seinem »Leiden pur« nicht teilhat am Trost, der ja jeweils nur durch das Leiden der anderen ermöglicht wird. Jesus führt ein Leben der Buße, in dem er auf die Annehmlichkeiten freiwillig verzichtet, solidarisch mit jenen, denen dieser Trost gegen ihren Willen vorenthalten wird.

Es bleibt aber nicht bei dieser Solidarität: Weil Jesus Gott ist, umfaßt seine Menschwerdung die ganze Menschheit, nimmt er jedes Menschsein an, leidet er auf nicht zu überbietende Weise nicht nur *für* die anderen, sondern *in* den anderen. Das heißt: In jedem Menschen, der leidet, ist Jesus Christus Mensch geworden, und diese Menschwerdung - die für Bloy immer auch Agonie bedeutet[757] - nimmt ihren Fortgang bis ans Ende der Zeit. »Der Schmerz Gottes ist der des Menschen: die Kriege, die Seuchen, die Hungersnöte, das Elend, die Hoffnungslosigkeit, die Bosheiten und die Ungerechtigkeiten und die Krankheiten ohne Zahl«[758]. Gerade das macht die Schwere des Leidens Jesu aus: das Ringen um das Ja zum Leiden seiner Glieder, d. h. aller Leidenden aller Zeiten. Sie sind das »Zahlungsmittel«, mit dem er bzw. genauer *in dem er* die Schuld der Welt bezahlt. Von daher ist mit ihm die Zeit der »vollkommenen Buße«[759] angebrochen, die dann ihr Ende finden wird, wenn wir beim Gericht im Lichte Gottes die Dinge sehen, wie sie sind, bzw. das Gesetz der Reversibilität die Dinge endlich neu ordnen wird: Die Armen kommen dann zu ihrem Recht, ihnen wird der Trost zuteil, der ihnen so lange zu Unrecht vorenthalten

---

[757] Vgl. oben S. 63.

[758] J II, 258.

[759] Vgl. oben S. 84.

wurde. Die Reichen werden dann leer ausgehen, weil sie ihr Herz verschlossen haben, als noch Zeit war.

2. Der Arme - Stellvertreter Jesu Christi

Wenn Jesus auch Kranke heilte, als er im Lande Israel umherzog: Er veränderte schon damals nicht das Angesicht der Erde auf die Art, wie es sich die Menschen erwartet hatten. Die bange Frage des Täufers im Gefängnis (Lk 7,19): »Bist Du der, der kommen soll, oder müssen wir auf einen andern warten?« ist nur zu verständlich. Wenn wir aus der Sicht des Armen auf Christus blicken, erhebt sich dann nicht die Frage: »Was hat sich denn nun für uns geändert, menschgewordener Gottessohn?« Es ist doch zu offensichtlich, daß die Leiden nicht abgenommen haben seit Gottes Menschwerdung. Man könnte einwenden, daß der Grund dafür bei den Menschen liegt, die bis heute seinen Ruf zur Umkehr nicht angenommen haben und weiterhin auf Kosten anderer leben, anstatt ihr Leben füreinander zu geben. Aber: Hatte Jesus dies nicht voraussehen können? Kannte er Welt und Menschen so schlecht? - Nein. Jesus wußte, daß es mit Appellen allein nicht getan ist. Er wußte, daß es der Leiden und auch der Leidenden bedarf, um diese Welt zu retten: In einer Welt, in der alle sich bis aufs Blut verteidigen, wurde er einer, der alles dahingab - bis aufs eigene Blut alles dahingab, nichts für sich behielt, auch nicht die Macht, die Freiheit der anderen zu zwingen. Das heißt aber auch, *er* kann den Armen ihr Leid nicht ersparen. Sie werden weiterhin von den »Bürgern« zertreten.

Bloy spricht trotzdem vom Paradies für die Armen schon hier und jetzt. Allerdings entspricht dieses Paradies nicht unseren Erwartungen. Bloy schreibt: »Das Wesentliche des Paradieses oder der Idee des Paradieses ist die Einigung mit Gott schon in diesem Leben, das will sagen, die unendliche Verzweiflung des menschlichen Herzens, und die Einigung mit Gott im zukünftigen Leben, das will sagen die Seligkeit.«[760] Konsequent seinem Christusbild entsprechend, folgert Bloy für das Leben der Menschen auf Erden: Wenn die größte Glückseligkeit des Menschen in der Vereinigung mit Gott liegt, dann ist genau der Mensch am seligsten zu preisen, der der Ärmste ist, denn er ist

---

[760] Celle 128.

Jesus Christus am nächsten. Für Bloy ist dies kein gefühlsduseliges Gerede, er kennt die »unendliche Verzweiflung des menschlichen Herzens« nur zu gut.[761] Welcher Klageschrei steckt hinter Worten wie: »Wäre es möglich, Gottes Wege zu erkennen, man stürbe wohl vor lauter Bewunderung dahin. Da man jedoch nichts zu erkennen vermag, so stirbt man eben vor Kummer...«[762] Bloy weiß, daß wir in dieser Welt alles nur »per speculum in aenigmate« erkennen und somit auch fühlen. Aber er warnt beständig seine Zeitgenossen, dieser Weltsicht zu trauen und sich deshalb an die so trügerischen und kurzen Freuden dieser Welt zu klammern. »Götzenkult heißt, das Sichtbare dem Unsichtbaren vorziehen«, mahnt er oft.[763] Er heftet eine Zeit lang an seinen Schreibtisch - wie um sich zu trösten und zur Tapferkeit zu ermutigen - den Satz: »Man kann nur an dem leiden, was nicht existiert, das was IST, macht nicht leidend.«[764] Denn wenn man die ganze Wirklichkeit sehen würde, sähe man sich zutiefst mit Jesus Christus vereint, wie es Clotilde am Ende des Romans »Die arme Frau« bekennt, nachdem sie alles verloren hat: »Man tritt heute ins Paradies ein, wenn man arm ist und gekreuzigt.«[765] Für heute hat Jesus den Armen also nichts zu geben außer der allerinnigsten Gemeinschaft, dem Einssein mit ihm.

So darf der Arme mit seinem verzweifelten Herzen wissen, daß es das verzweifelte Herz seines Gottes ist, das er spürt. Denn dieser ist nicht mehr - wie so viele andere - einer, der ihm eben nur mehr oder weniger betroffen gegenüber steht, ihn irgendwie eben doch allein läßt, schrecklich allein. In seiner Menschwerdung überwindet Gott diese grausame Distanz des Zuschauers, er läßt sich wirklich und ganz und gar betreffen, läßt keinen in seinem Leiden mehr allein. Er bleibt nicht unbeteiligt, er »ergreift Partei«, Sym-pathie in unüberbietbarer Weise,

---

761 Im Tagebuch lesen wir z.B.: »Als Jeanne vor drei Jahren, so offensichtlich durch göttlichen Beschluß, ihr Leben an das meine band, da war es ihr bestimmt, an meiner Seite nicht nur die materielle Not kennenzulernen, sondern auch - und dies vor allem - den tödlichen Verzweiflungskampf des menschlichen Herzens, der die notvollste aller Nöte und die martervollste aller Martern ist«: TB I, 55.

762 TB III, 206.

763 Z.B. TB I, 9.7.93 oder 28.7.95.

764 Jacques Petit, Léon Bloy, 39.

765 ArmeFr 373.

indem er selbst der wird, der leidet. Die Frage: »Wie kann Gott das zulassen?« muß weichen und damit auch der irgendwie doch immer schleichend anwesende Verdacht (auch von ihm - wie von den vielen, die sich je schlimmer das Leid vom Leidenden umso mehr distanzieren), verworfen zu sein. Gott läßt nicht einfach zu, er empört sich und er stellt sich an die Stelle des Leidenden, *in ihn hinein*, ihn nicht ersetzend, aber ihn dem Abgrund der Einsamkeit entreißend - in der Höchstform der Gemeinschaft, dem Einssein. Damit gibt er den Armen eine unvergleichliche Würde, befreit sie von ihrer Unansehnlichkeit (auch wenn das heute mit unseren von der Sünde verblendeten Augen nicht wahrzunehmen ist), macht sie auf Erden zu seinen »Stellvertretern«. Mit ihm liegen sie in Agonie und rufen die Menschheit zur Umkehr.

Wir sind von der Frage der Armen ausgegangen: »Was hat sich denn nun für uns verändert, Gottessohn?« und haben darauf eine Antwort gegeben. Diese Antwort ist nun aber nicht nur für das Selbstbewußtsein oder die Gottesbeziehung der Armen von Bedeutung, wenn wir diese beiden Punkte auch nicht unterschätzen dürfen. Sie ist eine gewaltige Anfrage an die Kirche und all ihre Glieder.

3. Kirche in Agonie?

Für Bloy wäre die wahre Kirche Jesu Christi eine Kirche in Agonie, in einer Agonie, die sie wie nichts sonst mit ihrem Herrn vereinigt. Da die Einheit mit Jesus Christus das höchste Gut der Kirche ist und da Jesus Christus immer leidet, muß auch die Kirche eine leidende Kirche sein. Wir sind schon der Aussage Bloys begegnet: »Wahrhaft kann man sagen, daß wenn die Kirche leidet, daß sie triumphiert ... Das Leiden ist ihr Erbteil, ihr unverbrüchliches Gut, ihr wahrer Tresor«[766]. Wie Bloy sich das vorstellt, finden wir in einem seiner Briefe:

> »Wir haben alle nur eine Aufgabe in dieser Welt, und die ist, Heilige zu werden, und dafür muß man viel leiden. Man weiß das, wenn man Christ ist, aber man sagt sich nicht genug, daß es nur eine Art gibt, wirklich zu leiden. Diese besteht darin, im Vorhinein auf jeden Trost zu verzichten. Das ist ein ganz und gar übermenschliches Opfer, daß uns

[766] Léon Bloy, Brief von 1870, in: Bol I, 119.

aber doch abgefordert ist. Falls es nicht erbracht wird, ist die Heiligkeit nur ein Traum oder etwas Lächerliches. Das ist unser Los, und ich gebe zu, daß es hart ist.«[767]

Das Leiden sichert dreierlei: Zum einen läßt die leidende Kirche Jesus nicht allein unter seiner Last, sondern trägt mit, »zahlt« mit. Sie gleicht sich ihrem Herrn an, wird wie er arm und solidarisch, das heißt, sie hat teil an der Last aller Leidenden, trägt mit ihnen und für sie, an ihrer Seite und an ihrer Stelle. Aber noch etwas anderes ist wichtig: Das Leiden soll die Kirche vor der überall lauernden Bürgerlichkeit bewahren, soll verhindern, daß sie gleichgültig wird und satt, es soll sie lebendig in ihrer Sehnsucht nach dem Reich Gottes und seiner Gerechtigkeit unterwegs halten. Und ein drittes: Das Leiden bringt Frucht, sei es, indem es Ausgleich schafft, sei es, indem es neues Leben hervorbringt, indem es die Menschen guten Willens stark macht und bereit, ihren Weg tapfer und geradlinig zu gehen und den Versuchungen des Bösen zu trotzen.
Von dieser Vision getrieben zeigt sich Bloy angewidert von der zeitgenössischen Kirche mit all ihren Kompromissen und Bequemlichkeiten.[768] Er sieht, daß die Kirche die Agonie den Armen überläßt und sich möglichst schadfrei hält. Und er erlebt, wie die Botschaft Jesu Christi verfälscht und nicht mehr in ihrer Radikalität verkündet wird. Er sehnt sich nach der Radikalität der frühen Zeit, in der Christen noch zur Heiligkeit und zum Martyrium aufgerufen wurden.
Bloy resigniert in dieser Situation nicht völlig, sondern hofft auf das Eingreifen des Heiligen Geistes, d. h. auf eine Katastrophe - von der weinenden Mutter Gottes in La Salette vorhergesagt -, die der Kirche ihren rechten Ort zuweisen wird. Und er hat ein Auge für die wenigen, die oft verborgen und unscheinbar mit Jesus arm sind und leiden.

4. Die Kirche und die Armen

»Schließt du deine Tür auch nur eine Nacht, dann fürchte, beim Erwachen einen deiner Brüder, erfroren und verhungert, vor deiner

---

767 J IV, 23.

768 Über Marchenoir schreibt Bloy: »Seit seiner Kindheit hatte er das Gefühl, viel eher ein Zeitgenosse der Kreuzzüge oder des Exodus als der demokratischen Rasselbande zu sein«, und gibt damit wohl sein eigenes Empfinden wieder: Verzw 142.

Schwelle zu finden.«[769] Diese Mahnung Bloys, eine Tagebucheintragung vom 2. Dezember 1893 ohne weitere Zufügung, könnte ganz besonders an die Kirche gerichtet sein. Denn zwei wesentliche Möglichkeiten der Christusbegegnung sind: das eigene Leiden und das Leiden der Armen. Da sie diejenige ist, die den Herrn erwarten soll, wenn er kommt, muß die Aufmerksamkeit für die Armen eine ihrer ersten Aufgaben sein. Bei ihr müssen sie Zuflucht finden, sie gehören zu ihr - unabhängig von ihrem Glauben, denn der Gott der Christen will in ihnen begegnen. Die Kirche, die ihr Herz den Armen verschließt, wird Christus *vor* ihrer Tür gestorben finden. Sie läßt *ihn* dann nicht ein, verweigert sich *ihm* und wird *ihn* vergebens in ihren Reihen suchen. Die Kirche trägt Verantwortung für Jesus Christus, und sie kann in dieser Verantwortung auf schreckliche Weise versagen.

Auf der anderen Seite kann die *wahrgenommene* Verantwortung ihr kraftvolle Identität schenken. Bloy sagt: »Die Ungerechtigkeit ist nicht schön anzuschauen, zweifellos, aber welche Kraft kann ihr düsteres und grausames Gesicht bei denen erregen, die fähig sind, es ohne Angst anzublicken!«[770] Wo die Kirche der Ungerechtigkeit ins Auge sieht, sich von ihr zu Widerstand und solidarischem Einsatz provozieren läßt, da wird ihr im Kampf eine große Kraft zuwachsen, und sie wird in der Begegnung mit und im Einsatz für die Armen *sich selbst* als Kirche Jesu Christi finden und *ihren Herrn*.
Die Kirche findet sich nur in der Antwort, indem sie sich von Jesus Christus - und das heißt: vom Armen! - rufen läßt. In einem idealisierenden Blick auf das Mittelalter schreibt Bloy:

> »Die Bettler alleine, die Barfußgänger, die ihr Brot von Tür zu Tür erbettelten, haben das ganz besondere Privileg des direkten Schutzes Jesu Christi gehabt, da sie, mehr als die anderen Christen, dem Retter der Welt gleichgestaltet sind, und es war deswegen eine sehr große Ehre und ein großer Jubel, sie zu empfangen. Wenn man im ausgetrockneten Land einem von ihnen begegnete, glaubte man, man begegne einer lebendigen Quelle.«[771]

---

[769] TB I, 159.

[770] J III, 343.

[771] Exégèse 228.

Wenn Bloy vom »Flehen der Armen« spricht, »das ohne Antwort des Vaters bleibt«[772], dann weiß er, daß es Aufgabe der Kirche ist, diese Antwort des Vaters für die Armen zu sein, indem sie sich an seiner Statt und in Gottes Namen für sie starkmacht.

Im Roman »Die arme Frau« hilft der Maler Pelopidas Gacougnol aus einer spontanen Herzensregung heraus der heruntergekommenen Clotilde zu einer neuen Existenz, indem er ihr schöne Kleider, ein sauberes Zimmer und anderes mehr vermittelt. Clotilde weiß nicht, wie ihr geschieht, da sie sich von einem Tag auf den anderen vom bittersten Elend in eine menschenfreundliche Umgebung versetzt sieht. Der Maler erkennt ihre Betroffenheit: »'Armes Wesen', sagte er sich, 'in diesem Augenblick bin ich für sie der liebe Gott, Gott der Vater!'«[773] Und über Clotilde heißt es an diesem Abend: »Clotilde blieb allein und fragte sich zum ersten Mal in ihrem Leben, was wohl die Engel Gottes sein könnten!«[774]

Bloy hat es im eigenen Leben erfahren, wie die Nähe und Hilfe von Freunden ihm zum rettenden Zeichen Gottes wurden. Er weiß deshalb um die Macht, die ein herzhaft helfendes Eingreifen besitzt. Er weiß auch um die Tragik, die ihr Ausbleiben bedeutet. Die Bürde der Armen wird in einer Kirche, die zwar frommen Trost, aber keine helfende Tat für die Armen hat, bis zur Unerträglichkeit erschwert. Und genau das ist in der Geschichte der Christenheit geschehen: »In der Christenheit wird der Arme zuweilen geladen, barmherzig geladen, sich gütlich zu tun an den Exkrementen der Mächtigen, deren Nahrung er selber war. Die Bürde der Schwachen, nunmehr noch beschwert von Spiritualismus, ließ die Knochen von neunzehntel der Menschheit erkrachen.«[775] Dieser »Spiritualismus« verweigert die Antwort auf Gottes Ruf, der im Wehgeschrei der Armen an das Ohr der Gläubigen tritt. Gott selbst ist der Bettler, er ist Lazarus: »Seit dem Gesetz der Gnade spricht Gott nicht mehr mit einer absoluten und bedrohlichen Autorität, sondern im Gegenteil mit einer Art demütig bittenden und unterwürfigen Schüchternheit, als ob wir in Purpur und Leinen geklei-

---

772 Vgl. Verzw 45.

773 ArmeFr 69.

774 Ebd. 123.

775 Verzw 153.

dete Prinzen wären und er der Bettler Lazarus.«[776] Wenn die Kirche seinen Bettlerruf aus dem Mund der Armen überhört, wird es ihr nicht besser gehen als dem reichen Prasser: Der Einsatz für die Armen, der erbrachte oder unterlassene, spricht einst Gericht.

II. Perspektiven

1. Anstöße für die Theologie

Wir betonten bereits am Anfang unserer Untersuchung, daß Bloy kein Theologe ist. Er ist auch kein bloßer Literat. Eher gleicht er den Propheten, die mit der Wucht ihrer Worte, ja mit ihrer ganzen Person, das gottferne Volk aufrütteln und zur Umkehr bewegen wollen. Bloy unterläßt nichts, um den Ernst der Lage und die Dringlichkeit der geforderten Entscheidung bewußtzumachen, um die Gleichgültigen aufzuschrecken. Er verliert dabei gelegentlich das rechte Maß, wird grell und überzogen. Er bleibt vom quantifizierenden Sühnedenken seiner Zeit nicht unberührt, so daß uns heute manches merkwürdig materialistisch erscheint. Man sollte das nicht pressen: Es gehört zur Unerbittlichkeit Bloys, die Größe und Gefahr seines Werkes beinhaltet. Die »nüchterne« Theologie tut gut daran, wenn sie die Stimme eines solchen Außenseiters ernstnimmt, der sie aus dem Binnenraum ihres Nachdenkens herausreißt und in Frage stellt. Was kann ein Prophet wie Bloy einer wissenschaftlichen Theologie sagen?
Mit Paulus könnte Bloy ausrufen: »Wir dagegen verkünden Christus als den Gekreuzigten!« (1 Kor 1,23) Das Gekreuzigtwerden ist nichts längst Vergangenes. Es vollzieht sich tagtäglich im Leiden der Menschen: Jesus Christus leidet heute in *jedem* Mann, in *jeder* Frau, in *jedem* Kind, die leiden. Das hat Konsequenzen:

- für die *Christologie*: An sie richtet Bloy die Anfrage: Es ist von der Menschwerdung Gottes die Rede. Wird auch seine »Armwerdung« - bis in unsere Tage hinein und bis ans Ende - bedacht, ausgesagt, geglaubt, gelebt? Hat sich die Christologie nicht vielleicht in einen

[776] Symbolisme 41.

vorschnellen Triumphalismus verrannt, der Jesus und den heute leidenden Menschen einander entfremdet? Muß die Auferstehung Jesu Christi nicht auch strikt im Hinblick auf das noch andauernde Leiden der Menschen gedacht werden?

In 1 Kor 2,6 schreibt Paulus von den »Machthabern dieser Welt, deren Entmachtung noch in Gang ist (katargouménôn)«: Obwohl Jesus Christus auferstanden ist und das neue Leben seinen Anfang genommen hat, ist dennoch der alte Äon noch wirksam. Sein Ende steht noch aus mit dem Ende der Zeit: »Danach kommt das Ende, wenn er [Jesus Christus] jede Macht, Gewalt und Kraft vernichtet hat und seine Herrschaft Gott, dem Vater, übergibt. Denn er muß herrschen, bis Gott ihm alle Feinde unter die Füße gelegt hat. Der letzte Feind, der entmachtet wird, ist der Tod.« (1 Kor 15,25f) Schon Paulus differenziert zwischen der bereits geschehenen Auferstehung Jesu Christi und dem Ende seines Ringens mit den todbringenden Mächten.[777] Hans Kessler schreibt dazu: »Die Aktivität des erhöhten Herrn besteht vornehmlich darin, daß er im Kampf liegt mit den gott- und lebenswidrigen Mächten, im Kampf mit dem Tod und mit denen, die das Geschäft des Todes betreiben.«[778] Dieser Kampf wird auf der Erde ausgetragen, und darf nicht gedacht werden als ein »Kampf gegen außerirdische Mächte, der sich weit weg von unserer Geschichte über unseren Köpfen abspielte«[779].

Wesentliche Träger - Leidtragende - dieses Kampfes sind die Armen, in denen Jesus Christus leidend gegenwärtig bleibt. Darauf haben schon die Kirchenväter mit Nachdruck hingewiesen.[780] Augustinus mahnt:

> »Seht, Brüder, die Liebe unseres Hauptes. Schon ist es im Himmel, und doch leidet es hienieden, solange die ecclesia hier leidet. Hienieden hungert Christus, hienieden dürstet er, ist nackt, ist fremd, ist krank, ist im Kerker. Denn was immer sein Leib hier leidet, das - sagt er - leide

---

777 Vgl. Gisbert Greshake, Auferstehung der Toten, Essen 1969, 249-304.

778 Hans Kessler, Sucht den Lebenden nicht bei den Toten. Die Auferstehung Jesu Christi, Düsseldorf 1985, 392.

779 Ebd.

780 Einen Überblick gewährt: Dictionnaire de Spiritualité XII/1, Paris 1984, col. 634-639 (Griechische Väter) und Dictionnaire de Spiritualité IX, Paris 1976, 371-375 (Lateinische Väter).

auch er … So ist ja auch in unserem Leib das Haupt oben, während die Füße auf der Erde stehen: und doch, wenn dir jemand in einem Menschengedränge auf den Fuß tritt, ruft dann nicht das Haupt: du hast mich getreten? … So ruft auch das Haupt Christus, das niemand tritt: ich hungerte …«[781]

Es gibt eine Solidarität zwischen dem auferstandenen Haupt und den noch leidenden Glieder, ein Warten, wie Origenes es schon früher im Hinblick auf die Seligkeit der heilig aus diesem Leben Geschiedenen und erst recht für die Seligkeit Jesu Christi festhält.[782] Dieses Warten ist nicht passiv, es ist höchste Aktivität, eine unendliche Betroffenheit des Auferstandenen vom heute leidenden Menschen. Paulinus von Nola spricht von Christus als dem »seit Uranfang der Geschichte Leidenden«, der bis heute »für uns und in uns die Welt erträgt, um sie durch Ertragen zu überwinden und die Kraft in der Ohnmacht zur Vollendung kommen zu lassen«.[783]

Wenn das Leiden der heutigen Menschen aber zugleich in irgendeiner Weise Christi Leiden ist, dann muß sich Christologie auch mit diesem menschlichen Leiden befassen, dann gehört der Leidende, der Arme, zum Inhalt der Christologie. Auf dem Zweiten Vatikanischen Konzil rief Kardinal Lercaro diese Zusammengehörigkeit von Jesus Christus und den Armen in Erinnerung und folgerte daraus das unbedingte

---

781 Augustinus, Sermo 137, II 2, zitiert in: Hans Kessler, a.a.O. 385.

782 »Du wirst also zwar Freude haben, wenn du als Heiliger aus diesem Leben scheidest; dann aber erst wird deine Freude voll sein, wenn dir kein Glied mehr fehlt. Warten wirst nämlich auch du, wie du selbst erwartet wirst. Wenn es aber dir, der Du Glied bist, keine volle Freude scheint, solange ein Glied fehlt, um wieviel mehr muß unser Herr und Heiland, der das Haupt und der Urheber dieses Leibes ist, es für keine volle Freude ansehen, wenn er noch immer gewisse Glieder seines Leibes entbehrt? … Er will also nicht ohne dich seine volle Glorie empfangen, das heißt, nicht ohne sein Volk, das 'sein Leib' ist und 'seine Glieder'«: Origenes, Hom. 7 in Lev n.2, zitiert in: Henri de Lubac, Glauben aus der Liebe, Einsiedeln 1970, 373.

783 »In Abel wird er durch den Bruder erschlagen, in Noe durch den Sohn verhöhnt, in Abraham aus seinem Land verbannt, in Isaak als Opfer angeboten, in Jakob zum Sklaven gemacht, in Joseph verkauft, in Moses ausgesetzt und vertrieben, in den Propheten gesteinigt und zersägt, in den Aposteln über Wasser und Land hin geworfen, in den zahllosen und verschiedensten Kreuzen der Märtyrer immer aufs neue getötet. So ist auch er es heute noch, der unsere Schwächen und Krankheiten trägt, denn er ist immer noch der Mann, der für uns mit Schwären bedeckt ist und kundig, Ohnmacht zu tragen, die wir ohne ihn weder zu tragen wissen noch auch zu tragen vermögen. Er ist es, sag ich, der für uns und in uns die Welt erträgt …«: Paulinus von Nola, Brief 38, n. 3, zitiert in: ebd. 392f.

Interesse, das den Armen von seiten der Kirche (und damit auch der Theologie) zukommen *muß*: »Es geht hier nicht nur um ein hohes Kapitel der Moral, sondern um einen integrierenden Bestandteil der Offenbarung Christi über sich selbst, um ein zentrales Kapitel der Christologie.«[784] Zur gleichen Zeit trägt Georges Mercier, der Bischof der Sahara, die Hoffnung: »Das 20. Jahrhundert wird Jesus in der Gestalt der Armen entdecken. Das wird die geistliche Bereicherung im Jahrhundert des Reichtums sein, das den Sinn für die Armen verloren hat.«[785] Es ist Verdienst der *Befreiungstheologie*, daß sie sich dieses Anliegen ganz zu eigen gemacht hat und weltweit dafür das Bewußtsein schärfte.[786] Zu wünschen ist, daß der in den Armen entdeckte Jesus nicht wieder in Vergessenheit gerät, sondern jedes theologische Denken bewegt, Jesus Christus tiefer zu erkennen und zu bezeugen.

In diesem Zusammenhang ist auf ein verbreitetes Mißverständnis bezüglich der nachösterlichen Teilhabe Jesu an der Herrlichkeit des Vaters aufmerksam zu machen: Jesu »beim Vater Sein« bedeutet nicht, daß er von nun an unberührt bliebe von aller menschlichen Not, fernab, distanziert. Auch der Vater ist ja zutiefst Betroffener[787]: Indem er die Leiden seines Volkes »erkennt« (Ex 3,7), macht er sie sich zu eigen. Sein »unergründlicher und unsagbarer 'Schmerz'« angesichts der in Sünde verstrickten Menschheit ging der Menschwerdung vor-

---

784 Kardinal Giacomo Lercaro (Erzbischof von Bologna) zitiert in: Georges Mercier, Nicht nur angeraten. Aus einem Arbeitsbericht vom Konzil, in: Jesus Caritas. Hefte zum geistlichen Leben, März 1966, 6. Das Konzil teilt diese Einschätzung, wenn es schreibt: »In ähnlicher Weise umgibt die Kirche alle mit ihrer Liebe, die von menschlicher Schwachheit angefochten sind, ja in den Armen und Leidenden erkennt sie das Bild dessen, der sie gegründet hat und selber ein Armer und Leidender war.« (LG 8)

785 Georges Mercier, Ohne Armut keine missionarische Kraft, in: Jesus Caritas. Hefte zum geistlichen Leben, März 1966, 47.

786 Vgl. z.B.: Gustavo Gutierrez, Theologie der Befreiung, München 1973, 179-196, 246-267; ders., Aus der eigenen Quelle trinken, München 1986, 105-117; ders., Die Kirche und die Armen in lateinamerikanischer Sicht, in: Hermann J. Pottmeyer/Guiseppe Alberigo/Jean Pierre Jossua (Hrsg.), Die Rezeption des Zweiten Vatikanischen Konzils, Düsseldorf 1985, 221-247; Clodovis Boff/Jorge Pixley, Die Option für die Armen, Düsseldorf 1987; Giancarlo Collet (Hrsg.), Der Christus der Armen, Freiburg 1988.

787 Vgl. Thomas Rudolf Krenski, Passio Caritatis, Einsiedeln 1990, 267-272.

aus[788]: »Aus Mitleid mit dem Menschengeschlecht«[789] sandte er seinen Sohn in die Welt. Er erleidet das Kreuz des Sohnes mit, denn: »Den Sohn leiden zu lassen, ist zugleich die Passion des Vaters.«[790] Damit ist das Leiden des Vaters aber nicht an ein Ende gekommen: Sein Herz wird nicht zur Ruhe kommen, solange ihm noch »einer seiner Söhne« fehlt, und die große Freude über einen »Wiedergefundenen« ist Kehrseite des großen Schmerzes über den Abwesenden (vgl. Lk 15). Und gemartert bleibt dieses Herz von den nie überhörten Klagerufen der Entrechteten, die nach Lohn schreien und Leben (vgl. Jak 5,4).

Was von Vater und Sohn gilt, gilt auch vom Heiligen Geist: Er ist die »unbedingte und darum grenzenlose Liebe«, die uns aus dem Schmerz des Vaters und dem Sterben des Sohnes zukommt (vgl. Mk 15,37)[791] und nimmt sich - in uns seufzend - unserer Schwachheit an (vgl. Röm 8,26). Eine geschichtsferne Seligkeit der Dreifaltigkeit ist darum abwegig und widerspricht gänzlich dem Wesen unseres Gottes.

- für die *Ekklesiologie*: »Die Kirche ist ohnmächtig, ihr eigenes Geheimnis in Worte zu fassen, solange sie es nicht ganz lebt - so sehr ist wahr, daß uns ein Eindringen in die Geheimnisse Gottes nur von innen her und mit Hilfe der Gnade gewährt wird.«[792] Die Worte von Bischof Georges Mercier beziehen sich auf die Unfähigkeit des Zweiten Vatikanums, »einen klaren Text über das Geheimnis der Armut und die Kirche der Armen zu verabschieden«[793]. Initiativen in diese Richtung gab es: Papst Johannes XXIII prägte kurz vor der Eröffnung des Konzils in seiner »Botschaft an die Welt« die Formulierung der Kirche als »der Kirche aller, vornehmlich der Kirche der Armen«.[794] Erzbischof

---

788 Vgl. Johannes Paul II, Dominum et vivificantem 39.

789 Origenes, Hom. in Ez VI 6, zitiert in: Thomas Rudolf Krenski, a.a.O. 269.

790 Josef Ratzinger, Schauen auf den Durchbohrten. Versuche zu einer spirituellen Christologie, Einsiedeln 1984, 49.

791 Jürgen Moltmann, Der gekreuzigte Gott, München 1972, 232. Vgl. auch 222-255.

792 Georges Mercier, Nicht nur angeraten. Aus einem Arbeitsbericht vom Konzil, a.a.O. 7.

793 Ebd.

794 Vgl. Yves Congar, Für eine dienende und arme Kirche, Mainz 1965, 121. Auf den Seiten 119-126 finden sich weitere wichtige Zitate zum Thema.

Georges Hakim von Nazareth und Bischof Charles-Marie Himmer von Tournai verbreiteten in den ersten Tagen des Konzils einen kleinen Aufsatz Paul Gauthiers[795] »Jésus, l'Église et les pauvres« unter den Konzilsvätern.[796] Über 50 Bischöfe und rund 30 Konzilsexperten versammelten sich daraufhin unter dem Vorsitz Kardinal Gerliers, des Erzbischofs von Lyon, ab 26. Oktober 1962 wöchentlich im Belgischen Kolleg zu einer Arbeitsgruppe »Kirche der Armen«.[797] Die Intervention Kardinal Lercaros[798] vom 7. Dezember 1962, die bis heute nichts an Aktualität verloren hat[799], erschütterte die Konzilsaula und fand große Zustimmung. Er sagte:

> »Als ich die Inhaltsübersicht des Schemas, das uns gestern ausgehändigt worden war, durchlas, war ich nicht wenig überrascht und erschüttert über folgenden Mangel: Alle Schemata, die uns ausgehändigt worden sind oder uns noch ausgehändigt werden, scheinen mit diesem Entwurf, der ausdrücklich und formal mit der geschichtlichen Konjunktur übereinstimmt, folgende wesentliche und ursprüngliche Offenbarung des Christusgeheimnisses außer acht zu lassen: jenen Aspekt, der von den Propheten voraussgesagt wurde als Zeichen der messianischen Rechtfertigung Christi, jenen Aspekt, der in der Geburt, der Kindheit, dem verborgenen Leben und dem öffentlichen Wirken Jesu sichtbar wurde, jenen Aspekt, der das Gesetz und die Grundlage der Gottesherrschaft darstellt, jenen Aspekt, der jedem Ausgießen von Gnade und dem ganzen Leben der Kirche seine besondere Prägung gibt ... Es darf nicht ein Thema des Konzils unter anderen sein, sondern muß die zentrale Frage werden. Thema des Konzils ist die Kirche, insofern sie vor allem die 'Kirche der Armen' ist.«[800]

---

795 Vgl. zur Person Paul Gauthiers: Gisbert Greshake/Josef Weismayer, Quellen des geistlichen Lebens. Die Gegenwart, Mainz 1993, 277-285.

796 Paul Gauthier hatte zuvor ein Buch veröffentlicht mit dem Titel: Les pauvres, Jésus et l'Église (deutsch: Die Armen, Jesus und die Kirche, Graz 1964).

797 Vgl. Marie-Dominique Chenu, »Kirche der Armen« auf dem Zweiten Vatikanischen Konzil, Concilium 13 (1977), 233.

798 Paul Gauthier berichtet: »Le cardinal Lercaro, archevêque de Bologne, s'était tenu silencieux jusqu'alors. On raconte que Jean XXIII lui fit passer un papier: 'On ne vous a pas encore entendu dans Saint-Pierre. Parlez donc ...' Son intervention ne fut pas improvisée. Elle avait été mûrement préparée par sa vie, son action, par tout un mouvement. Le cardinal Lercaro vit avec une cinquantaine d'orphelins dans sa résidence de Bologne. Lorsqu'il visite une usine, il regarde les hommes avant les machines ...«: Paul Gauthier, Consolez mon peuple, 198.

799 Vgl. den Wortlaut in: Paul Gauthier, Consolez mon peuple, Paris 1965, 198-203.

800 Ebd. 199-201.

Gustavo Gutiérrez weist darauf hin, daß dieser Beitrag eine »korrekte Interpretation der Intention des Papstes darstellt« und sich schlüssig aus den vom Papst vorgeschlagenen Konzilsthemen »Öffnung zur Welt« und »Einheit der Christen« ergibt.[801]
Trotz all dieser Bemühungen blieb das Thema ein nur am Rande gestreiftes.[802] Gutiérrez faßt zusammen: »Es gibt den schönen Text von *Lumen Gentium* 8 und andere Anspielungen. Aber es war nicht *das* Thema des II. Vatikanums. Vielleicht war es dazu noch zu früh.«[803]
In *Lumen Gentium* heißt es: »Wie aber Christus das Werk der Erlösung in Armut und Verfolgung vollbrachte, so ist auch die Kirche berufen, den gleichen Weg einzuschlagen, um die Heilsfrucht den Menschen mitzuteilen.« (LG 8) Zuvor erklärt das Konzil von der Kirche, sie ist »in einer nicht unbedeutenden Analogie dem Mysterium des fleischgewordenen Wortes ähnlich. Wie nämlich die angenommene Natur dem göttlichen Wort als lebendiges, ihm unlöslich geeintes Heilsorgan dient, so dient auf eine ganz ähnliche Weise das gesellschaftliche Gefüge der Kirche dem Geiste Christi, der es belebt, zum Wachstum seines Leibes (vgl. Eph 4,16).« Mit Bloy wäre anzufragen: Verlangt diese Analogie nicht *zwingend*, daß die Kirche eine *arme Kirche* und eine *Kirche der Armen* sei? Gehört die Forderung der lateinamerikanischen Bischöfe in Medellin nicht *wesentlich* zur Gestalt der Kirche, »eine wahrhaft biblische Armut zu leben, die sich in echten Bekundungen und klaren Zeichen für unsere Völker ausdrücken soll. Nur eine solche Armut wird Christus, den Erlöser der Menschen, transparent machen und Christus, den Herrn der Geschichte, offenbaren«[804]? Anders gesagt: Gehört zu den Wesenseigenschaften der »einen, heiligen, katholischen und apostolischen« nicht ebenso die »arme« Kirche? Kann sie

---

801 Vgl. Gustavo Gutiérrez, Die Kirche und die Armen in lateinamerikanischer Sicht, a.a.O. 232-234.

802 Aquinata Böckmann (OSB) bietet eine ausgezeichnete Zusammenfassung der Entwicklung während der verschiedenen Sitzungsperioden und des Ergebnisses in: Die Armut in der innerkirchlichen Diskussion heute. Ein Beitrag zu einem Neuverständnis der Ordensarmut, Münsterschwarzach 1973, 7-22.

803 Gustavo Gutiérrez, Die großen Veränderungen in den Gesellschaften und Kirchen der neuen Christenheit nach dem II. Vatikanum, a.a.O. 42.

804 Die Kirche in der gegenwärtigen Umwandlung Lateinamerikas im Lichte des Konzils. Sämtliche Beschlüsse der II. Generalversammlung des Lateinamerikanischen Episkopates in Medellin 24.8.-6.9.1968, Stimmen der Weltkirche Nr.8, 1979, 17.

überhaupt Kirche Jesu Christi sein, wenn sie sich nicht - bis in ihre ganz konkreten Lebensvollzüge hinein - »entäußert und Knechtsgestalt annimmt« (vgl. Phil 2,6) und sich ihrem Herrn angleicht, der »obwohl er doch reich war, um unseretwillen arm geworden ist« (vgl. 2 Kor 8,9)? Das Konzil bleibt bezüglich dieser Frage auf halbem Weg stehen. Im Anschluß an die zitierten Bibelstellen heißt es: »So ist die Kirche, auch wenn sie zur Erfüllung ihrer Sendung menschlicher Mittel bedarf, nicht gegründet, um irdische Herrlichkeit zu suchen, sondern um Demut und Selbstverleugnung auch durch ihr Beispiel auszubreiten.« (LG 8) Da es bei der Kenosis Jesu aber - bei allem Beispielcharakter: »Seid untereinander so gesinnt, wie es dem Leben in Christus Jesus entspricht: ...!« (Phil 2,5) - um den Angelpunkt unserer Erlösung geht, geht es auch bei der von der Kirche geforderten Armut um weit mehr als um das - selbstverständlich dringend nötige - gute Beispiel.[805] Man kann im Anschluß an Kardinal Lercaros Formulierung über die Bedeutung der Armen für die Christologie über die Bedeutung der gelebten Armut für die Ekklesiologie sagen: »Es geht hier nicht nur um ein hohes Kapitel der Moral, sondern um ein zentrales Kapitel der Ekklesiologie.«

- für die *Sakramententheologie*: Wir müssen uns hier auf wenige Andeutungen beschränken und werden darum an Eucharistie und Taufe beispielhaft erörtern, was sich für alle Sakramente zeigen ließe: die große Bedeutung der Solidarität mit den Armen. Zuerst einmal sind die Armen selbst *Sakrament*, und zwar - nach Mt 25 - das einzige zur Erlangung des Heils unbedingt notwendige Sakrament. Hans Kessler schreibt:

> »Der Arme, Unterdrückte, Verfolgte ist der bevorzugte Ort der Gegenwart des erhöhten Christus, er ist der privilegierte Zugangsort zu ihm und seine geheime, aber reale Epiphanie. Es gibt ein *Sakrament des Armen*; es ist ein öffentliches, ein politisches Sakrament. Mißachten, verdrängen, töten wir den Armen, so mißachten, verdrängen, vernichten wir die Gegenwart des Herrn in unserem Leben.«[806]

---

805 Deutlich finden wir das bei Yves Congar: »Die Nützlichkeit und Notwendigkeit der Armut für das Apostolat liegt auf der Hand, aber es geht hier, wie in unserer ganzen Darlegung, vielmehr um etwas Ontologisches«: Die Armut im christlichen Leben inmitten einer Wohlstandsgesellschaft, Concilium 2 (1966) 349.

806 Hans Kessler, a.a.O. 389.

Darum können die anderen Sakramente auch nicht unabhängig vom Armen bestehen: »Der Auferstandene bleibt der gekreuzigte und arme Christus. In die Armen hinein verbirgt er sich ... In *jedem* von ihnen sucht *er* uns. Das ist beunruhigend, das ist störend. Doch ohne diese Störung unserer Ruhe will er uns auch in Wort, Sakrament und Gemeinde nicht begegnen.«[807]

Paulus tadelt die Abendmahlspraxis der Gemeinde von Korinth und wirft ihr vor, daß sie »nicht mehr zu ihrem Nutzen, sondern zu ihrem Schaden zusammenkommt« (vgl. 1 Kor 11,17). Er sieht die Einheit gefährdet und damit die Feier des Herrenmahls, wenn die einen hungern, während die anderen ihre Speisen alleine verzehren und satt und betrunken sind (vgl. 1 Kor 11,20f). Und was für die Gemeinde in Korinth gilt, gilt für jede Gemeinde, die sich zur Eucharistie versammelt: »Wenn sie ihren Armen, Behinderten, Gedemütigten nicht Platz schafft am eucharistischen Tisch und am Tisch der Agape, wenn sie das eucharistische Tischtuch zwischen sich als relativ reicher Gemeinde und den armen Gemeinden in der Welt zerschneidet, dann 'ißt sie unwürdig vom Brot des Herrn und macht sich schuldig am Leib des Herrn' (1 Kor 11,27 mit 11,20f).«[808]

Wie die Eucharistie die Einheit der Gemeinde erfordert, die miteinander den *einen* Leib des Herrn teilt, so erfordert die Taufe die Einheit derer, die durch die Taufe alle in den *einen* Leib des Herrn hineingetauft wurden: »Es gibt nicht mehr Juden und Griechen, nicht Sklaven und Freie, nicht Mann und Frau; denn ihr alle seid 'einer' in Christus Jesus.« (Gal 3,28) Dieses Einssein in Christus verbietet selbstverständlich auch die Zerteilung in arm und reich. Darauf hat schon Pelagius hingewiesen: »Nun werden wir doch gewiß durch die Gnade des göttlichen Reinigungsbades gleich. Es kann keinerlei Unterschiede geben für die, welche in der zweiten Geburt wiedergeboren sind, durch welche der Freie und der Sklave, der Vornehme und der Einfache zu

---

807 Ebd. 388. Medard Kehl macht auf eine damit zusammenhängende Grundschwäche unserer Gemeinden aufmerksam, die den Dienst an den Armen fast gänzlich der spezialisierten Zuständigkeit der »Caritas« und anderer kirchlichen Organisationen überlassen haben. »Dadurch geraten die Armen aus unserem Blickfeld, fühlen wir uns nicht mehr unmittelbar mit ihnen solidarisch. Eine stärkere Integration der Diakonie und der ihr zugeordneten Institutionen in ein kirchliches Gemeindeleben bringt die Präsenz Christi seiner Kirche viel 'leibhaftiger' zur Erfahrung«: Die Kirche. Eine katholische Ekklesiologie, Würzburg 1992, 203.

808 Hans Kessler, a.a.O. 389f.

einem Kind Gottes werden.«[809] Aus einem solchen Taufverständnis heraus erklärt sich die rigorose Sozialethik des Pelagius, der fordert: »Niemand soll mehr, als notwendig ist, besitzen. Dann werden alle, was notwendig ist, haben. Wenige Reiche sind der Grund für die vielen Armen.«[810] Diesem Zusammenhang waren wir bei Bloy ausführlich begegnet.

- für die *Gnadentheologie*: Bloys Kernwort für die Gnadentheologie ist *Solidarität*, verstanden im Sinne der Worte des Apostels Paulus: »Einer trage des anderen Last; so werdet ihr das Gesetz Christi erfüllen« (Gal 6,2) und: »Wenn darum ein Glied leidet, leiden alle Glieder mit; wenn ein Glied geehrt wird, freuen sich alle anderen mit ihm« (1 Kor 12,26). Bloy liest daraus das *Gesetz des übernatürlichen Ausgleichs*, durch das die Tat jedes einzelnen eingebunden ist und unbedingte Bedeutung hat für das Gesamt der Geschichte. Gerade heute, wo die Sinnfrage oft lähmend über den Menschen schwebt, könnte der Hinweis auf die in jeder persönlichen Entscheidungssituation sich auftuende Chance und Verantwortung Kräfte entbinden, die wir so dringend für die Gestaltung unserer Welt benötigen. In diesem tiefen Sinn ist *Solidarität* ein Wort, das heutigen Menschen eher begreiflich ist als das von Hans Urs von Balthasar und Karl-Heinz Menke bevorzugte Wort *Stellvertretung*.[811] Es wäre wünschenswert, daß das in der Gnadentheologie eher selten angewandte Bild vom »Leib Christi« uns neu sensibilisiert für die Verantwortung einer jeden Person für jede andere und den Bereich des »Opfers« wieder erschließt: Das Opfer, das andere bringen, damit ich (so weiter-) leben kann (z. B. durch die weltweite Wirtschaftsordnung), das Opfer aber auch, das ich solidarisch auf mich nehme, um das Leiden anderer zu verhindern oder zumindest zu verringern.

---

809 Pelagius, Virg. 16, zitiert in: Gisbert Greshake, Gnade als konkrete Freiheit, Mainz 1972, 110.

810 Pelagius, Div. XII, 2, zitiert in: Gisbert Greshake, a.a.O. 36. Zu Taufe und Sozialethik bei Pelagius: vgl. ebd. 35f, 108-111, 124f.

811 Wir widersprechen der Ansicht von Balthasars: »Stellvertretung ist weit mehr, als was das heute beliebte und verwaschene Wort 'Solidarität' besagt«: zitiert in: Karl-Heinz Menke, Stellvertretung, 399.

- für die *Begegnung der Kirche mit den Juden*: Vom Ansatz Bloys her ließe sich weit eindringen in die Frage der Schoah. Es bliebe dann nicht die Frage, die Reinhold Boschki aufwirft: »Wann wirst Du, Christus, Deine Antwort auf Auschwitz geben?«[812] Diese Frage sähe Bloy auf Golgota beantwortet: Es gibt kein Leid, das nicht *sein* Leid wäre. Die Fragen lauteten: Warum haben wir, weite Teile der Kirche, Dir, Christus, als Täter und Zuschauer die Gefolgschaft damals verweigert? Wie konnten wir[813] es zulassen, daß Dein auserwähltes Volk in den Leiden alleine blieb, die die unbeschreibliche Bosheit der Naziregenten und all ihrer Mitläufer verursachte? Warum haben wir Dich in den anderen geopfert aus Angst, selbst zum Opfer zu werden? Jesus Christus ist weniger Antwort als Frage: gerade weil Bloy keine »Siegerchristologie«[814] betreibt, sondern eine Christologie, die uns begreifen läßt, warum die Botschaft vom Kreuz als »empörendes Ärgernis« oder »Torheit« empfunden werden kann (vgl. 1 Kor 1,23).
Man könnte sich ein Gespräch Léon Bloys mit Elie Wiesel vorstellen. Nicht daß sie sich in ihrer »Theologie« (beide legen Wert darauf, keine Theologen zu sein!) einig wären, im Gegenteil. Aber beide ähneln sich in der Radikalität ihres Fragens und ihrer existentiellen Betroffenheit weit über das eigene Leid hinaus. Und beide hassen den Zuschauer, den Gleichgültigen. Einige Beispiele sollen Ansatzpunkte für ein solches Gespräch aufzeigen:
Von Bloy her gelesen bekommen die Worte Schlomos an den gekreuzigten Jesus in Wiesels »Der Bettler von Jerusalem« einen neuen Beiklang: »Du glaubst für mich und meine Brüder zu leiden, während wir für Dich und wegen Dir leiden werden«[815], lesen wir dort. Bloy würde hier in einem tiefen Sinne zustimmen: Das Leiden der Juden ist wirklich Jesu Leiden, das allein Ausgleich schaffen kann für die Bosheit der anderen, *in ihnen* leidet er an der himmelschreienden Sünde

---

812 Reinhold Boschki, Der Schrei. Gott und Mensch im Werk von Elie Wiesel, Mainz 1994, 237.

813 Dieses »Wir« gälte bei Bloy auch für die Nachgeborenen, insofern niemand sicher sein kann, inwiefern seine irgendwann und irgendwo gegenüber der Qual eines anderen empfundene Gleichgültigkeit ihn hineinverstrickt in die ungeheure Schuld der Nazideutschen. Es gilt der Satz Pascals: »Jésus sera en agonie jusqu'à la fin du monde; *il ne faut pas dormir pendant ce temps-là*!«

814 Vgl. Reinhold Boschki, a.a.O. 235.

815 Elie Wiesel, Der Bettler von Jerusalem, Frankfurt 1987, 57.

der Verfolger. Weil ihm sein jüdisches Volk am nächsten ist (näher als viele der sogenannten Christen), ist es auch am tiefsten betroffen von der Last des Ausgleichs. So leidet es wirklich für Jesus und seinetwegen in einem sehr verborgenen Sinn und auch in einem tiefen Ernst, der deutlich die totale Schmucklosigkeit des Christusbildes Bloys aufzeigt.

Ein anderer Ansatzpunkt könnte das von Wiesel geschilderte Gespräch mit François Mauriac in den frühen fünfziger Jahren sein: Mauriac hatte dem von Auschwitz gezeichneten Juden (was Mauriac nicht bekannt war) viel über Jesus erzählt, bis Wiesel schließlich in Zorn geriet: »'Sie sprechen von Christus, Maitre', begann ich. 'Die Christen sprechen gern über ihn. Christi Leiden, Christi Todeskampf, Christi Tod. In Ihrer Religion geht es um nicht anderes. Nehmen Sie zur Kenntnis, daß ich vor zehn Jahren, nicht weit von hier, jüdische Kinder gekannt habe, von denen jedes tausendmal, sechsmillionenmal mehr gelitten hat als Christus am Kreuz. Und wir sprechen nicht darüber. Können Sie das verstehen, Maitre? Wir sprechen nicht darüber'«.[816] Wir haben gesehen: Für Bloy ist es nicht möglich, die schrecklichen Leiden der gequälten Kinder und die Leiden Jesu auseinanderzuhalten: Das Leiden Jesu *ist* das Leiden dieser Kinder, die Schlange stehen mußten vor dem Feuer, in das sie geworfen wurden, und deren unermeßliche Angst kein Erbarmen fand. Das Leiden Jesu hat nichts Nostalgisches, von dem wir uns in geruhsamer Meditation einschläfern lassen dürfen, es ist ein Schrei, der Aufschrei aller Leidenden, ein Schrei, der die Erde erbeben läßt. Wenn Wiesel auch selbst gelernt hat, vom Leiden dieser Kinder zu sprechen, um Zeugnis zu geben, so ist seine Mahnung doch ernst zu nehmen: »Plappern« wir in der Kirche nicht oft vom Leiden Christi, weil wir seine Tragik vergessen haben, bzw. sie einfach nicht wahrhaben wollen, weil uns das zu unbequem wäre? Und verwundert es, wenn Wiesel zu der Ansicht kommt, daß »eine Religion, die das Sterben zur erlösenden Tat macht, die Gefahr birgt, Menschen dazu zu bringen, sich angesichts des Todes zu fügen, besonders angesichts des Todes anderer«[817]? Ist es nicht genau das, was »der Bürger« aus dem Christentum gemacht

---

816 Elie Wiesel, Jude heute, Wien 1987, 31.

817 Vgl. Robert McAfee Brown. Elie Wiesel. Zeuge der Menschheit, Freiburg 1990, 187.

hat? Gott aber bleibt nicht außen, Zuschauer, sein Sich-in-den-Tod-Fügen kommt gerade aus seiner Empörung, ja, Wiesel hat Recht, er fügt sich in den Tod, in jeden Tod, er fügt *sich* in jeden Tod! Und diesen Einsatz fordert er auch von den Seinen, damit gerade so dem Tod eine Absage erteilt werden kann.

So hält Bloys »System«, das auf den ersten Blick so seltsam anmutet, in der Konfrontation mit den wirklich ernsten Fragen der Menschen stand. Die Frage ist, ob wir uns nicht entsetzt abwenden würden »von diesem grauenhaften Angesichte Christi«[818]. Wie bei Wiesel können wir auch bei Bloy sagen: »Der Glaube ist kein billiger Ausweg, mit ihm beginnen die Schwierigkeiten erst.«[819]

---

818 Vgl. Verzw 44.

819 Robert McAfee Brown, a.a.O. 65.

2. Den Armen umarmen - Gedanken zu einem Bild

Bernhard Philipps Holzschnitt »*Verbrüderung* oder: *Wenn der Gaul durchgeht*« (Franziskus und der Aussätzige) soll am Ende dieser Arbeit aufzeigen, was das bisher Gesagte für das Leben der Kirche mit den Armen bedeutet.

Franziskus bezeichnet diese Begegnung am Ende seines Lebens in seinem Testament als vom Herrn geschenkter »Anfang des neuen Weges«.[820] Im Unterschied zu vielen Darstellungen, bei denen sich Franziskus tief zum Aussätzigen hinabbeugt, begegnet dieser Franziskus dem Aussätzigen im Aufblick, er hält ihn und wird von ihm gehalten. Franziskus verdankt diesem Aussätzigen seine Bekehrung zu Jesus Christus, eine Bekehrung, die andauert bis zu seinem Tod und in der er sich noch in seinen letzten Tagen als »Anfänger« begreift.[821] Was für Franziskus gilt, hat auch für die Kirche Geltung: Sie muß den Armen im Aufblick (d. h. dankbar und mit Achtung, statt überheblich und mit - wenn auch noch so kaschierter - Verachtung) begegnen. Wo sie sich auf diese Weise mit ihnen verbündet, darf sie gewiß sein: Sie wird mit den Armen je neu den »Anfang des neuen Weges« erleben dürfen und Jesus Christus begegnen.
Daß diese Begegnung nichts Sentimentales an sich hat, bringt das Bild in zweifacher Weise zum Ausdruck: Die Begegnung ereignet sich weit außerhalb der Stadt (vgl. Hebr 13,12f), eben da, wo die Armen leben. So wird auch die Kirche, wo sie sich für »Außenseiter« starkmacht, mit ihnen an den Rand gedrängt werden und das Schicksal Jesu teilen (vgl. Mk 3,1-6).[822] Doch bleibt es nicht bei dieser äußeren Bedrängnis. Der wilde, sich aufbäumende, herumgerissene Gaul ist ein Sinnbild: Die Bekehrung zum Armen und damit zu Christus ist immer auch schmerzlich, erfordert Loslassen: Loslassen der Privilegien, der Selbstgenügsamkeit, des Selbstbildes, des Gottesbildes. Allzuoft kommen hier die mit viel Begeisterung begonnenen Initiativen zum Stillstand und scheitern am Aufbrechen der eigenen Grenzen. Und doch ist es gerade diese Erfahrung des Aufgebrochenwerdens, die Zugang gewährt

---

[820] Vgl. Die Schriften des heiligen Franziskus von Assisi. Franziskanische Quellenschriften I, Werl 1984, 217.

[821] Vgl. Thomas von Celano, Leben und Wunder des heiligen Franziskus von Assisi. Franziskanische Quellenschriften V, Werl 1988, 178.

[822] Diese Erfahrung machte und macht die Kirche Lateinamerikas: »Sie zahlt einen hohen Preis für die Umkehr zu den Armen; es ist der Preis der Glaubwürdigkeit. Die große Zahl der entführten, gefangenen, gefolterten und ermordeten Christen zeigt deutlich, daß da, wo die Kirche bereit ist, Menschen vom Tod zu befreien, sie damit rechnen muß, durch den Tod Zeugnis für das Leben ablegen zu müssen«: Medard Kehl, Die Kirche. Eine katholische Ekklesiologie, 245. - Oskar Romero hatte gesagt: »Wehe dem, der den Reichtum antastet! Dieser ist wie ein Hochspannungskabel: man verbrennt«: zitiert in: Jon Sobrino, Sterben muß, wer an Götzen rührt, Fribourg 1990, 45.

zu dem, dessen Aufgebrochenwerden unser Leben bedeutet. Wir dürfen sicher sein, daß dort, wo die Kirche (als Gesamtkirche, als Gemeinde und in jedem ihrer Glieder) im Vertrauen auf Jesus Christus in seine Bewegung einschwingt, sein Leben und seine Lebendigkeit neu unter uns aufbrechen und seine Botschaft auch unserer Welt »einleuchten« wird.[823] Das kirchliche Leben erhielte dadurch eine neue Evidenz (vgl. Mk 15,39).

Nicht zuletzt die oft als lebens- und weltfern erlebte Liturgie wird durch diese Umkehr gewinnen: Durch gelebte Solidarität mit den Armen, im Einsatz für sie, im Leiden und Mitleiden wird christliche Hoffnung geerdet und entfaltet gerade so ihre Kraft, eine Kraft, der kein Tod gewachsen ist.

---

823 Alfred Delp mahnte vor 50 Jahren: »Es wird kein Mensch an die Botschaft vom Heil und vom Heiland glauben, solange wir uns nicht blutig geschunden haben im Dienste des physisch, psychisch, sozial, wirtschaftlich, sittlich oder sonstwie kranken Menschen«: Im Angesicht des Todes, Wiesbaden 1976, 140. In diesem Sinne ist es beschämend, wie sehr innerkirchliche Diskussionen und Auseinandersetzungen zur Zeit Energien binden!

Abkürzungen

Abgekürzt wurden a) die deutschen Textausgaben Bloys[824]:

Verzw	Der Verzweifelte (Roman), Heidelberg 1954.
ArmeFr	Die Armut und die Gier (Die arme Frau - Roman). Stuttgart 1950.
Jud	Das Heil und die Armut (Das Heil durch die Juden), Heidelberg 1953.
Blut	Das Heil und die Armut (Das Blut des Armen), Heidelberg 1953.
TB I	Der undankbare Bettler (1892-1895), Nürnberg 1949.
TB II	Die heilsame Verfolgung (1896-1900), Nürnberg 1958.
TB III	Vier Jahre Gefangenschaft in Cochons-sur-Marne (1900-1904), Nürn berg 1952.
Braut	Briefe an seine Braut, Heidelberg ^{6}1958.

b) die Œuvres complètes:

J I	Journal I, Paris 1963.
J II	Journal II, Paris 1963.
J III	Journal III, Paris 1963.
J IV	Journal IV, Paris 1963.

Ansonsten erfolgt die Abkürzung durch die Kurzform des Titels.

c) die Biographien:

Bol I	Joseph Bollery, Léon Bloy. Essai de Biographie (1846-1882), Paris 1947.
Bol II	Joseph Bollery, Léon Bloy. Essai de Biographie (1882-1892), Paris 1949.
Bol III	Joseph Bollery, Léon Bloy, Essai de Biographie (1892-1917), Paris 1954.
MB	Maurice Bardèche, Léon Bloy, Paris 1989.

824 Grundsätzlich wird, falls vorhanden, die deutsche Textausgabe verwendet. Gelegentlich aber wird, der größeren Genauigkeit wegen, auf das französische Original zurückgegriffen und eine eigene Übersetzung gegeben.

Literaturverzeichnis

I. Léon Bloy

1. Chronologische Bibliographie

Bücher

Bloy Léon, La Chevalière de la Mort (1877), publ. 1891.
-, Le Révélateur du Globe (1879), publ. 1884.
-, Propos d'un entrepreneur de démolitions, 1885.
-, Le Pal, 1885.
-, Le Désespéré, 1886.
-, Christophe Colomb devant les taureaux, 1890.
-, Le Salut par les Juifs, 1892.
-, Sueur de sang, 1893.
-, Histoires désobligeantes, 1894.
-, Léon Bloy devant les cochons, 1894.
-, La Femme pauvre, 1897.
-, Je m'accuse, 1900.
-, Le Fils de Louis XVI, 1900.
-, Exégèse des lieux communs, 1902.
-, Les dernières colonnes de l'Eglise, 1903.
-, Belluaires et porchers, 1905.
-, L'Epopée byzantine, 1906 (= Constantinople et Byzance, 1917).
-, Celle qui pleure, 1908.
-, Le Sang du Pauvre, 1909.
-, Vie de Mélanie, 1912.
-, L'Ame de Napoléon, 1912.
-, Exégèse des lieux communs, 2ème série, 1913.
-, Jeanne d'Arc et l'Allemagne, 1915.
-, Méditations d'un solitaire en 1916, 1917.
-, Dans les Ténèbres (posthume), 1918.
-, Le Symbolisme de l'Apparition (posthume), 1925.

Tagebücher

Bloy Léon, Journal de jeunesse, Cahiers Léon Bloy, 1925-1926.

-, Le Mendiant ingrat (1892-1895), 1898.
-, Mon Journal (1896-1900), 1904.
-, Quatre ans de captivité à Cochons-sur-Marne (1900-1904), 1905.
-, L'Invendable (1904-1907), 1909.
-, Le Vieux de la Montagne (1907-1910), 1911.
-, Le Pèlerin de l'Absolu (1910-1912), 1914.
-, Au Seuil de l'Apocalypse (1913-1915), 1916.
-, La Porte des humbles (1915-1917), 1920 (posthume).

2. *Œuvres complètes (Paris 1963-1975)*

(Edition établie par Joseph Bollery et Jacques Petit)

I. Le Révélateur du Globe. - Christophe Colomb devant les taureaux, 1964.
II. Propos d'un entrepreneur de démolitions. - Belluaires et Porchers, 1964.
III. Le Désespéré, 1964.
IV. La Méduse Astruc. - Le Pal. - Les Funérailles du Naturalisme. - Léon Bloy devant les cochons. - Je m'accuse. - Les Dernières Colonnes de l'Eglise. - La Résurrection de Villiers de l'Isle-Adam. - Sur la tombe de Huysmans, 1965.
V. La Chevalière de la mort. - Le Fils de Louis XVI. - Constantinople et Byzance. - L'Ame de Napoléon, 1966.
VI. Sueur de sang. - Histoires désobligeantes, 1967.
VII. La Femme pauvre, 1972.
VIII. Exégèse des lieux communs, 1968.
IX. Le Salut par les Juifs. - Le Sang du pauvre. - Jeanne d'Arc et l'Allemagne. - Méditations d'un solitaire en 1916. - Dans les ténèbres, 1969.
X. Celle qui pleure. - La Vie de Mélanie. - Le Symbolisme de l'apparition, 1970.
XI. Journal I: Le Mendiant ingrat. - Mon journal, 1963.
XII. Journal II: Quatre ans de captivité à Cochons-sur-Marne. - L'Invendable, 1963.
XIII. Journal III: Le Vieux de la montagne. - Le Pèlerin de l'absolu, 1963.
XIV. Journal IV: Au seuil de l'Apocalypse. - La Porte des humbles, 1963.
XV. Inédits. - Bibliographie et Index, 1975.

3. *Briefe*

Bloy Léon, Lettres de Jeunesse (1870-1893), Paris 1920.
-, Lettres à Véronique (1877-1879), Paris 1936.
-, Lettres aux Montchal (1884-1894), Paris 1959.
-, Lettres à Georges Khnopff (1887-1894), Liége 1929.
-, Lettres à sa Fiancée (1889-1890), Paris 1922.
-, Lettres à Henry de Groux (1891-1899), Paris 1947.
-, Lettres à Josef Florian (1900-1913), Lausanne 1990.
-, Lettres à René Martineau (1901-1917), Paris 1933.
-, Lettres à ses Filleuls (1905-1917), Paris 1928.

-, Lettres à l'Abbé Cornuau et au Frère Dacien (1905-1917), Paris 1926.
-, Lettres à Pierre Termier, Jeanne Boussac-Termier et son mari (1906-1917), Paris 1927.
- Lettres à Frédéric Brou et Jean de La Laurencie (1907-1917), Paris 1927.
-, Lettres à Philippe Raoux (1907-1916), Paris 1937.
Bloy Léon, Joris-Karl *Huysmans*, *Villiers de l'Isle Adam*, Lettres (Correspondance à trois), réunies et présentées par Daniel Habrekorn, Vanves, 1980.

4. Deutsche Übersetzungen

Bücher

Bloy Léon, Auslegung der Gemeinplätze, Frankfurt a. M. 1995.
-, Das Heil und die Armut (Das Blut des Armen und: Das Heil durch die Juden), Heidelberg 1953.
-, Dem Teufel aufs Maul geschaut. Entlarvte Gemeinplätze (Auswahl), Freiburg 1962.
-, Der Verzweifelte (Roman), Heidelberg 1954.
-, Die Armut und die Gier (Die arme Frau - Roman), Stuttgart 1950.
-, Die Seele Napoleons, Heidelberg 1954.
-, Unliebsame Geschichten (Auswahl), Stuttgart 1983.

Tagebücher

Bloy Léon, Der undankbare Bettler (1892-1895), Nürnberg 1949.
-, Die heilsame Verfolgung (1896-1900), Nürnberg 1958.
-, Vier Jahre Gefangenschaft in Cochons-sur-Marne (1900-1904), Nürnberg 1952.

Briefe

Bloy Léon, Briefe an seine Braut, Heidelberg [6]1958 (1.Aufl. Leipzig 1933).
-, Briefe an Veronika, Wien 1948.

5. Textsammlungen

Bloy Léon, Der beständige Zeuge Gottes. Eine Auswahl aus dem Gesamtwerk von Raïssa und Jacques *Maritain*, Salzburg 1953.
-, Die Stimme, die in der Wüste ruft. Herausgegeben und eingeleitet von Helene *Kuhlmann*, Recklinghausen 1951.
-, Schrei aus der Tiefe. Auswahl und eingeleitet von Albert *Béguin*, übertragen von Hans-Urs von *Balthasar*, Trier 1987.

-, Sur Huysmans. Zusammenstellung und Vorwort von Raoul *Vaneigem*, Bruxelles 1986.

II. Sekundärliteratur (ausschließlich zu Bloy)

Arveiller Michel, Repères chronologiques, in: Cahier de l'Herne. Léon Bloy, Paris 1988.

Barbey d'Aurevilly Jules, Lettres à Léon Bloy, Paris 1903.

Bardèche Maurice, Léon Bloy, Paris 1989.

Béguin Albert, Léon Bloy l'impatient, Fribourg 1944.

ders., Léon Bloy mystique de la douleur, Paris 1948.

Berthier Philippe, Bloy et Barbey d'Aurevilly, Cahier de l'Herne. Léon Bloy, Paris 1988.

Birkett Jennifer, Imaginative exploitations of theological doctrines in the work of Léon Bloy, Oxford 1973.

Bloy Jeanne, Vorwort zu: *Bloy* Léon, Briefe an seine Braut, Heidelberg ^{6}1958.

Bollery Joseph, Léon Bloy. Essai de Biographie. Origines, jeunesse et formation (1846-1882), Paris 1947.

ders., Léon Bloy. Essai de Biographie. Ses débuts littéraires (1882-1892), Paris 1949.

ders., Léon Bloy. Essai de Biographie. Sa maturité - sa mort (1892-1917), Paris 1954.

Borges Jorge Luis, Vorwort zu: *Bloy* Léon, Unliebsame Geschichten, Stuttgart 1983.

Colleye Hubert, La femme de Léon Bloy, In: Onzième Cahier de Rhône. Léon Bloy. Pour le vingt-sixième anniversaire de sa mort, Neuchâtel 1944.

ders., L'Ame de Léon Bloy, Paris 1930.

ders., L'homme de l'absolu, Bruxelles 1943.

Dereu Mireille, Le Style de Léon Bloy, Nancy 1986.

Dillinger Wilhelm, Das Frankreichbild im Werke Léon Bloys, Bonn 1937.

Fumet Stanislaus, Mission de Léon Bloy, Paris 1935.

ders., Léon Bloy. Un captif de l'absolu, Paris 1967.

Glaudes Pierre, Le Désespéré, étude crisologique, Toulouse 1982.

ders., L'oeuvre romanesque de Léon Bloy, Toulouse 1986.

Goitein Denise R., Léon Bloy et les juifs, in: Cahier de l'Herne. Léon Bloy, Paris 1988.

Greshake Gisbert/*Weismayer* Josef, Quellen des geistlichen Lebens. Die Neuzeit, Mainz 1989.

Journet Charles, Déstinées d'Israël. A propos du Salut par les Juifs, Fribourg 1945.

Kaupp Lotte, Versuch über den Stil Léon Bloys, Zürich 1937.

Kuhlmann Helene, Die Armut als lebensgefährdende und lebensformende Kraft im Werke Léon Bloys. Ein Beitrag zur geisteswissenschaftlichen Interpretation seines Werkes, Lengerich 1939.

dies., Einleitung zu: *Bloy* Léon, Die Stimme, die in der Wüste ruft, Recklinghausen 1951.
Lory Marie-Joseph, La pensée religieuse de Léon Bloy, Paris 1951.
Maritain Jacques, Vorwort zu: *Bloy* Léon, Der beständige Zeuge Gottes, Salzburg 1953.
ders., Vorwort zu: *Bloy* Léon, Briefe an Veronika, Wien 1948.
Maritain Raïssa, Beitrag in: *Bloy* Léon, Das Heil und die Armut, Heidelberg 1953.
dies., Les grandes amitiés, Paris 1949.
Petit Jacques, Léon Bloy, Paris 1966.
Pfleger Karl, Bloy der Pilger des Absoluten, in: Geister die um Christus ringen, Heidelberg 1946.
ders., Das Mysterium der Armut bei Léon Bloy, Beitrag in: *Bloy* Léon, Das Heil und die Armut, Heidelberg 1953.
ders., Nachwort zu: *Bloy* Léon, Dem Teufel aufs Maul geschaut, Freiburg 1962.
ders., Ein Dokument der Liebe, Vorwort zu: *Bloy* Léon, Briefe an seine Braut, Heidelberg [6]1958.
Polet Jean-Claude, Barbey d'Aurevilly et Léon Bloy face à l'Angleterre, Louvain 1976.
Rombeaut Albert, La Présentation de l'exégèse: stratégies et conditions de la pratique bloyenne, Lille 1980.
Romeissen Martha, Katholizismus als Mystik bei Léon Bloy, Leipzig 1935.
Roß Jan, Gekreuzigtes Geld, in: FAZ 86 (1995), L 29.
Sarrazin Bernard, L'Interpretation symbolique de la Bible par Léon Bloy, Lille 1976.
Sotiroff Susan, Fictions, reality and prophecy in the novels of Léon Bloy, Ontario 1973.

III. Revues consacrées à Léon Bloy

Bulletin de la Société des Études Bloyennes, Paris, depuis 1988.
Cahiers Léon Bloy (1924-1939), revue animée par Joseph Bollery. Réédition offset, Génève 1973.
Cahier de l'Herne. Léon Bloy, dirigé par Michel *Arveiller* et Pierre *Glaudes*, Paris 1988.
Les Dossiers H. Léon Bloy, dirigé par Michel *Aubry*, Lausanne 1990.
Onzième Cahier du Rhône. Léon Bloy. Pour le vingt-sixième anniversaire de sa mort, Neuchâtel 1944.

IV. Weitere Literatur

Balthasar Hans Urs von, Herrlichkeit II (Fächer der Stile), Einsiedeln 1962.
Bessède Robert, La crise de la conscience catholique dans la littérature et la pensée française à la fin du XIXe siècle, Paris 1975.

Blanc de Saint-Bonnet Antoine, De la douleur, Le Mans 1961.
Böckmann Aquinata, Die Armut in der innerkirchlichen Diskussion heute. Ein Beitrag zu einem Neuverständnis der Ordensarmut, Münsterschwarzach 1973.
Boff Clodovis/*Pixley* Jorge, Die Option für die Armen, Düsseldorf 1987.
Brown Robert McAfee, Elie Wiesel. Zeuge für die Menschheit, Freiburg 1990.
Cattaui Georges et *Madaule* Jacques, Entretiens sur Paul Claudel, Paris 1968.
Chenu Marie-Dominique, "Kirche der Armen" auf dem Zweiten Vatikanischen Konzil, in: Concilium 13 (1977), 232-235.
Christoflour Raymond, Einleitung zu: *Blanc de Saint-Bonnet* Antoine, De la douleur, Le Mans 1961.
Claudel Paul, Journal I, Paris 1968.
ders., Journal II, Paris 1969.
ders., Gesammelte Werke, Band II (Dramen I), Heidelberg 1959.
ders., Gesammelte Werke, Band III (Dramen II), Heidelberg 1958.
ders., Ein Lesebuch, herausgegeben und mit einem Nachwort versehen von Edwin Maria *Landau*, Zürich 1988.
Claudel Paul et *Massignon* Louis. Les Grandes Correspondances, Paris 1973.
Collet Giancarlo (Hrsg.), Der Christus der Armen, Freiburg 1988.
Congar Yves, Für eine dienende und arme Kirche, Mainz 1965.
Delp Alfred, Im Angesicht des Todes, Wiesbaden 1976.
Dictionnaire de Spiritualité (IX et XII), Paris 1976 et 1984.
Drewermann Eugen, Kleriker. Psychogramm eines Ideals, München 1989.
Duployé Pie, Die religiöse Botschaft Charles Péguys, Freiburg 1970.
Franziskus von Assisi, Die Schriften des heiligen Franziskus von Assisi. Franziskanische Quellenschriften I, Werl 1984.
Gauthier Paul, Consolez mon peuple, Paris 1965.
ders., Die Armen, Jesus und die Kirche, Graz 1964.
Greshake Gisbert, Auferstehung der Toten, Essen 1969.
ders., Gnade als konkrete Freiheit, Mainz 1972.
Greshake Gisbert/*Weismayer* Josef, Quellen des geistlichen Lebens. Die Gegenwart, Mainz 1993.
Griffiths Richard, Révolution à rebours, Paris 1971.
ders., The reactionary revolution, London 1966.
Grimm Jürgen (Hrsg.), Literaturgeschichte, Stuttgart 1991.
Gutiérrez Gustavo, Aus der eigenen Quelle trinken, München 1986.
ders., Die großen Veränderungen in den Gesellschaften und Kirchen der neuen Christenheit nach dem II. Vatikanum, in: *Alberigo* Guiseppe/*Congar* Yves/*Pottmeyer* Hermann J. (Hrsg.), Kirche im Wandel, Düsseldorf 1982.
ders., Die Kirche und die Armen in lateinamerikanischer Sicht, in: *Pottmeyer* Hermann J./*Alberigo* Guiseppe/*Jossua* Jean-Pierre (Hrsg.), Die Rezeption des Zweiten Vatikanischen Konzils, Düsseldorf 1985.
ders., Theologie der Befreiung, München 1973.
Herzen Alexander, Textes philosophiques choisis, Moskau 1864.
Huysmans Joris-Karl, Vom Freidenkertum zum Katholizismus. Selbstbekenntnisse, Hildesheim 1947.

ders., Sainte Lydwine de Schiedam, Oeuvres complètes XV, Paris 1932.

Cahier de l'Herne. Huysmans, dirigé par Pierre *Brunel* et André *Guyaux*, Paris 1985.

Kehl Medard, Die Kirche. Eine katholische Ekklesiologie, Würzburg 1992.

Kessler Hans, Sucht den Lebenden nicht bei den Toten. Die Auferstehung Jesu Christi, Düsseldorf 1985.

Krenski Rudolf Thomas, Passio Caritatis. Trinitarische Passiologie im Werk Hans Urs von Balthasars, Einsiedeln 1990.

Lagarde André und *Michard* Laurent, Les grands auteurs français. XXe siècle, Paris 1969 (Lagarde & Michard).

Lioure Michel, Claudel lecteur du *Désespéré*, in: Cahier de L'Herne. Léon Bloy, Paris 1988.

Lowrie Joyce O., The violent mystique, Génève 1974.

Lubac Henri de, Glauben aus der Liebe, Einsiedeln 1970.

Maistre Joseph de, Les Soirées de Saint-Pétersbourg, Lyon 1831.

Mauriac François, Huysmans, in: Cahier de l'Herne. Huysmans, Paris 1985.

Menke Karl-Heinz, Stellvertretung, Einsiedeln 1991.

Mercier Georges, Nicht nur angeraten. Aus einem Arbeitsbericht vom Konzil, in: Jesus Caritas. Hefte zum geistlichen Leben, Freiburg, März 1966.

ders., Ohne Armut keine missionarische Kraft, in: Jesus Caritas. Hefte zum geistlichen Leben, Freiburg, März 1966.

Moltmann Jürgen, Der gekreuzigte Gott, München 1972.

Pascal Blaise, Pensées (Édition von Louis Lafuma), Paris ^{2}1975.

Péguy Charles, L'Esprit de Système, Paris 1959.

ders., Oeuvres en prose I (1898-1908), Paris 1959.

ders., Oeuvres en prose II (1909-1914), Paris 1957.

ders., Oeuvres poétiques complètes, Paris 1975.

ders., Par ce demi-clair matin, Paris 1952.

Rahner Karl und *Vorgrimler* Herbert, Kleines Konzilskompendium, Freiburg 1990.

Ratzinger Josef, Schauen auf den Durchbohrten. Versuche zu einer spirituellen Christologie, Einsiedeln 1984.

Schoeps Hans Joachim, Jüdische Geisteswelt, Hanau 1986.

Sekretariat der Deutschen Bischofskonferenz (Herausgeber), Die Kirche in der gegenwärtigen Umwandlung Lateinamerikas im Lichte des Konzils. Sämtliche Beschlüsse der II. Generalversammlung des Lateinamerikanischen Episkopates in Medellin 24.8.-6.9.1968, Stimmen der Weltkirche Nr.8, 1979.

Six Jean-François, L'aventure de l'amour de Dieu. 80 lettres inédites de Charles de Foucauld à Louis Massignon, Paris 1993.

Sleumer Albert, Vorwort zu: *Huysmans* Joris-Karl, Vom Freidenkertum zum Katholizismus, Hildesheim 1947.

Sobrino Jon, Sterben muß, wer an Götzen rührt, Fribourg 1990.

Thomas von Celano, Leben und Wunder des heiligen Franziskus von Assisi. Franziskanische Quellenschriften V, Werl 1988.

Wiesel Elie, Der Bettler von Jerusalem, Frankfurt 1987.

ders., Jude heute, Wien 1987.

Studien zur systematischen und spirituellen Theologie

Herausgegeben von Gisbert Greshake, Medard Kehl und Werner Löser

Band 1: Manfred Scheuer: **Die evangelischen Räte.** Strukturprinzip systematischer Theologie bei H.U. von Balthasar, J.B. Metz und in der Theologie der Befreiung. 1990. ²1992. XIII + 449 Seiten. ISBN 3-429-01296-1.

Band 2: Dagmar Heller: **Schriftauslegung und geistliche Erfahrung bei Bernhard von Clairvaux.** 1990. IX + 228 Seiten. ISBN 3-429-01332-1.

Band 3: Anneliese Herzig: **"Ordens-Christen".** Theologie des Ordenslebens in der Zeit nach dem Zweiten Vatikanischen Konzil. 1991. XI + 464 Seiten. ISBN 3-429-01369-0.

Band 4: Christoph Benke: **Unterscheidung der Geister bei Bernhard von Clairvaux.** 1991. XI + 320 Seiten. ISBN 3-429-01366-6.

Band 5: Sabine Pemsel-Maier: **Rechtfertigung durch Kirche?** Das Verhältnis von Kirche und Rechtfertigung in Entwürfen der neueren katholischen und evangelischen Theologie. 1991. XIV + 415 Seiten. ISBN 3-429-01399-2.

Band 6: Peter Scharr: **Consensus fidelium.** Zur Unfehlbarkeit der Kirche aus der Perspektive einer Konsenstheorie der Wahrheit. 1992. XI + 257 Seiten. ISBN 3-429-01465-4.

Band 7: Gerd Summa: **Geistliche Unterscheidung bei Johannes Cassian.** 1992. XI + 266 Seiten. ISBN 3-429-01468-9.

Band 8: Gerhard Marschütz: **Die verlorene Ehrfurcht.** Über das Wesen der Ehrfurcht und ihre Bedeutung für unsere Zeit. 1992. XI + 340 Seiten. ISBN 3-429-01469-7.

Band 9: Eva-Maria Faber: **Kirche zwischen Identität und Differenz.** Die ekklesiologischen Entwürfe von Romano Guardini und Erich Przywara. 1993. XI + 449 Seiten. ISBN 3-429-01491-3.

Band 10: Stefan Zekorn: **Gelassenheit und Einkehr.** Zu Grundlage und Gestalt geistlichen Lebens bei Johannes Tauler. 1993. X + 256 Seiten. ISBN 3-429-01516-2.

Band 11: Andreas Wollbold: **Therese von Lisieux.** Eine mystagogische Deutung ihrer Biographie. 1994. IX + 367 Seiten. ISBN 3-429-01601-0.

Band 12: Herbert Hecker: **Phänomenologie des Christlichen bei Edith Stein.** 1995. XII + 399 Seiten. ISBN 3-429-01642-8.

Band 13: Toni Witwer: **Die Gnade der Berufung.** Allgemeine und besondere Berufung bei Hieronymus Nadal am Beispiel der Gesellschaft Jesu. 1995. X + 299 Seiten. ISBN 3-429-01686-X.

Band 14: Peter-Felix Ruelius: **Mysterium Spes.** Gabriel Marcels Philosophie der Hoffnung und ihre Relevanz für die Eschatologie. 1995. XII + 412 Seiten. ISBN 3-429-01687-8.

Band 15: Josef Freitag: **Geist-Vergessen - Geist-Erinnern.** Vladimir Losskys Pneumatologie als Herausforderung westlicher Theologie. 1995. XVI + 459 Seiten. ISBN 3-429-01688-6.

Band 16: Roland Faber: **Der Selbsteinsatz Gottes.** Grundlegung einer Theologie des Leidens und der Veränderlichkeit Gottes. 1995. XII + 472 Seiten. ISBN 3-429-01689-4.

Band 17: Stefan Kiechle: **Kreuzesnachfolge.** Eine theologisch-anthropologische Studie zur ignatianischen Spiritualität. 1996. XII + 446 Seiten. ISBN 3-429-01787-4.

Band 18: Gabriele Kieser: **Jesus Christus im Armen.** Zur Bedeutung der Armut und des Armen bei Léon Bloy. 1996. X + 213 Seiten. ISBN 3-429-01829-3.